MINGJIA JIAONI XIE SH

# 名家教你写说明文

崔文智　编著

作文
新理念

山西出版传媒集团　山西人民出版社

**图书在版编目（CIP）数据**

名家教你写说明文 / 崔文智编著 . —太原：山西
人民出版社，2018.8
ISBN 978-7-203-10106-2

Ⅰ . ①名… Ⅱ . ①崔… Ⅲ . ①说明文 – 写作 – 中学 –
教学参考资料 Ⅳ . ① G634.343

中国版本图书馆 CIP 数据核字（2017）第 216766 号

**名家教你写说明文**

编　　著：崔文智
策　　划：樊　中
责任编辑：王新斐
复　　审：魏美荣
终　　审：员荣亮
装帧设计：谢　成

出　版　者：山西出版传媒集团·山西人民出版社
地　　址：太原市建设南路 21 号
邮　　编：030012
发行营销：0351 – 4922220　4955996　4956039　4922127（传真）
天猫官网：http://sxrmcbs.tmall.com　电话：0351 – 4922159
E – mail：sxskcb@163.com　发行部
　　　　　sxskcb@126.com　总编室
网　　址：www.sxskcb.com

经　销　者：山西出版传媒集团·山西人民出版社
承　印　者：山西出版传媒集团·山西新华印业有限公司

开　　本：787mm×1092mm　　1/16
印　　张：13.25
字　　数：250 千字
印　　数：1—4000 册
版　　次：2018 年 8 月　第 1 版
印　　次：2018 年 8 月　第 1 次印刷
书　　号：ISBN 978-7-203-10106-2
定　　价：38.00 元

**如有印装质量问题请与本社联系调换**

# 前　言

科技进步带动的社会发展呈现给我们的是一个日新月异的世界，国力日渐强盛的今天，科学文化也随着国家建设事业的发展日趋进步。在了解天下形势、顺应时代潮流、掌握科学技术、传递文化信息等方面，说明文的地位和作用也逐渐显现出来。本来就存在于我们工作、生活、学习中的说明文，更是起着其他文体无法替代的作用。说明文是用来传授科学知识、介绍新鲜事物、解答疑难问题的，所以学会说明文颇有益处。了解写作说明文的基本知识、掌握说明文写作技巧，会使我们在学习和工作中发挥更大的作用。

我们这本《名家教你写说明文》，根据现代社会对说明文的需要，继承说明文体的优良传统，借鉴名家创作和教学的经验，结合广大读者尤其是青少年学习写作说明文的现状，进行了创新式的编排。全书十五章，引用古诗文名句作标题，涵盖本章内容，突出专项知识，选一位名家的名篇作赏析对象，在全面鉴赏的基础上引导读者逐类逐项学习。"写法指导"部分侧重讲解文体知识；"常见失误"部分主要强调指出初学写作者最容易犯的错误；"名作赏析"部分是主体，从结构、内容、写法多方面细致赏析，为学写者提供各种参考；同时设置一些基础性的关键问题供学写者试答。尽管现代说明文浩瀚如海，指导写作的书也不可胜数，但名家佳作的示范性却不可超越，这就是我们引导学写者跟名家学写说明文的初衷。

说明文从不同角度分，可以有不同类别，本书尽可能照顾到各种分类方法，试图从不同角度解读这一文体，让读者感受不同的特点，以不同的方法掌握说明文的写法。但说明文的基本知识却是确定的，在不同的篇章中，有的知识可能交叉重叠，这只是为了侧重某种类别，但同时也表明这些基本知识的重要性。类别只是形式的变化，重点知识却是说明文的灵魂。

名家作品，经得起推敲，值得反复吟咏，貌似死板的知识在名家笔下灵活体现，感觉孤立的方法在名家文中综合运用，抽象的事理被具体地表现出来，深奥的知识被通俗地传达出来，陌生的事物被生动地展现出来……我们不得不赞叹名家这生花的妙笔，进而心向往之。

虽然我们尽最大努力为初学写作者提供尽量多的帮助，但限于能力，难免挂一漏万，希望广大读者能提出宝贵意见，粗疏之处，万望批评指正。

# 目　录

## 导语

说明文是一种以说明为主要表达方式的解说事物、阐明事理的文章。它通过对客观事物的性质、状态、特征、成因、关系、功效或发生、发展过程的说明，使人们对事物有个明晰、完整的了解和认识。总的说来，说明文具有以下文体特点：

1. 说明文与其他文体从表达方式上相区别的标志是以说明为主。

2. 在各种文章样式中，说明文文体最具客观性，是说明事物、阐明事理的一种文体。

在人们的社会生活中，说明文越来越显示出它的重要作用和实用价值。现实生活充分表明，说明文不是一种无足轻重的文章形式，而是运用极为广泛的常用文体，它与人们的生产、工作和生活的关系相当密切。而且由于社会生活的需要，说明文正在大量涌现，并更多地融入我们的生活。对说明文适当地进行分类，有助于我们全面了解和掌握说明文，也有助于我们学习过程中的阅读和写作。

说明文按照不同的分类标准，有多种多样的分类方法。按照不同的构成成分，可以分为简单说明文和复杂说明文；按照不同的写作目的，可以分为介绍性说明文、记叙性说明文和阐释性说明文；按照不同的表达方式，可以分为科学性说明文和文艺性说明文、实用性说明文；而按照不同的说明对象，又可以分为说明事物和说明事理两类。

# 娓娓道来似觉易，曲尽其妙显功夫

## 跟郭黛姮学写介绍性说明文

### 名家简介

郭黛姮，清华大学建筑学院教授、博士生导师，国家一级注册建筑师，兼任中国建筑史学会常务理事、学术委员，中国紫禁城学会理事，"雷峰塔"改建总设计师，著名古建筑专家，师从中国建筑史学大师梁思成先生。著作有《东来第一山——保国寺》《中国古代建筑史》（第三卷，宋、辽、金、西夏建筑）、《华堂溢采：中国古典建筑内檐装修艺术》。

### 写作指导

介绍性说明文是根据某种特定的需要，介绍某种事物或说明某种事物特点的一种说明文体。它主要运用说明的表达方式，向别人介绍清楚事物"是什么样"的，对被介绍对象起呈现、表达的作用，有时根据需要，也有一些解释、阐述的作用。《人民英雄纪念碑》《雄伟的人民大会堂》《中国石拱桥》，它们抓住事物的特点，按一定的顺序进行介绍，分别介绍了纪念碑、大会堂、石拱桥，是介绍性说明文。郭黛姮的《我国古代的几种建筑》给读者介绍了我国古代常见的七种建筑，丰富了人们的见识，是典型的介绍性说明文。

在传统高考中，纯科技类说明文（《颅脑与肠脑》），如社会科学类说明文（《铜奔马》）、自然科学类说明文（《沙尘暴》），都属于介绍性说明文。传统高考一般把它们放在第一卷，以选择题的形式出现，侧重考查学生对概念、语句、内容的理解和把握，考查学生筛选信息的能力，以推断的形式考查学生处理信息的能力，可见这类说明文有重要的地位。

介绍性说明文的特点：

1. 知识性。介绍性说明文以知识的传导作为文章写作的出发点和落脚点，让读者认识介绍对象是它的责任和义务。这样，知识性便成了介绍性说明文的内涵。介绍性说明文的知识性内涵，建立在写作态度的"客观""如实"之上。作为文章，介绍性说明文不可能没有见解，不可能不包含着作者的倾向，不过，这种"倾向"是历史的、客观的定论在作者头脑中的反映，不能带有作者的偏见。

2. 直接中介性。介绍性说明文是作者和读者之间的中介，作者通过介绍性说明文，把知识传授给读者。这种中介，不是通过暗示，不是通过旁敲侧击，不是通过画龙点睛，而是直截了当地把作者想让读者知道的知识展示出来。

以上两种特点，在《我国古代的几种建筑》中都能表现出来。

介绍性说明文的基本结构：

1. 总分式，包括总—分、分—总、总—分—总等。事物说明文多用总分式，其"分"的部分又常按并列方式安排。《我国古代的几种建筑》正是采用了这种结构方式。

2. 递进式。事理说明文多用递进式结构，一层一层地剖析事理。主体部分详写说明对象，结尾部分总结说明对象。

介绍性说明文的说明顺序：

1. 空间顺序。按照事物的空间位置关系依次说明，说明相对静止的事物。诸如园林、建筑物、工艺品等，多用这种顺序。

2. 时间顺序。按事物发展的时间先后顺序写，事物的发展变化常用这种顺序。

3. 逻辑顺序。按事物的内部联系来解说，具体表现在：从现象到本质、从原因到结果、从特点到用途、从整体到部分、从概括到具体、从主要到次要等。

介绍性说明文常用的说明方法：

1. 下定义。用简洁、准确、周密的语言揭示出一事物区别于他事物的本质属性。

2. 分类别。把被说明事物按一定标准分成若干类进行说明。

3. 列数字。援引有关数据以解说一定事物的性状。

4. 举例子。列举事实材料来说明事物。

5. 做比较。把两种或两种以上同类或异类事物做比较，通过同点和异点的分析，达到说明事物本质的目的。

6. 做比喻。运用比喻的方法，形象地说明事物的性质特征。

7. 画图表。用图画、表格对被说明事物作较直观明晰的说明。

以上几种说明方法，《我国古代的几种建筑》中主要使用了"列数字""举例子""做比较""分类别"四种。

## 常见错误

1. 出现知识性的错误。对所要介绍的对象认识不正确，一知半解或一厢情愿地介绍说明事物，将对象的属性、特点等搞错了，闹出笑话来。

2. 出现片面或偏激的知识。说明文应该客观介绍事物，不可以从个人喜恶出发带情感说明。切忌取舍或塑造，也不能扬弃。

3. 出现体裁混淆现象。即使是说明文，也有不同的类别，介绍性说明文强调的是说明对象"是什么"，将对象客观、全面、清楚地呈现出来就是成功的说明。

## 导师名作

这篇文章介绍了我国古代的七种建筑，写作的目的是让读者了解这些建筑，所以采用了介绍性说明文的方式。在介绍时，作者分别抓住这些不同建筑各自的特点，从不同角度加以介绍说明。但这些建筑并不是各自独立、彼此割裂的，其实它们在内部是有着密切联系的，那就是不管什么样的建筑，都是由其功用决定形式的。写作者在构思时，要站在全面把握材料的制高点上，选择材料，安排结构。

## 我国古代的几种建筑

郭黛姮

第 1 段，引入对古代几种建筑的介绍。

我们祖国的建筑，具有久远的历史和独特的艺术传统。在长期的发展演变中，我国古代宅第和园林建筑，逐步形成了多种类型，它们各有特点，具有比较固定的制式。人们常常提到的有厅、堂、楼、阁、亭、榭、轩等。这里仅就这几种建筑作些简单的介绍。

# 厅

厅在古典园林或宅第中，多具有小型公共建筑的性质，用来会客、宴请宾客、观赏花木，需要用较大的室内空间来满足接纳众多宾客的要求，因此，在建筑群中，厅的体量往往是最大的。门、窗等装修也是最考究的。厅的造型典雅端庄，前后多置花木、叠石，使人们在里面就能够欣赏园林景色。有些厅四面都开门窗，称为"四面厅"；有些厅由前后两幢长方形房屋并在一起，以增加进深，扩大室内空间，但两幢房屋的结构又常自成体系，称为"鸳鸯厅"。还有一些厅当中少用几根立柱，代之以自梁悬吊的木雕花篮，这就是江南园林或住宅中所特有的"花篮厅"。

# 堂

堂常常是对居住建筑群中正房的称呼。它是长者居住的地方，也常作为举行家庭重要庆典的场所。在离宫型园林中，供居住用的那一部分建筑也往往称为堂。如颐和园内光绪居住的四合院正房名为"玉澜堂"，慈禧居住的四合院正房名为"乐寿堂"。一些文人、士大夫喜欢把自己宅第的正房叫做堂，如"世伦堂""秉礼堂""慎德堂"等等，以标榜其风雅和有德。堂多位于居住建筑群的中轴线上，体型严整，整修瑰丽，一般作两坡悬山、硬山屋顶，偶有用歇山顶的。室内往往用隔扇、屏门、落地罩、博古架、太师壁等分隔空间。

"厅"的介绍。

（1）这部分从哪些方面介绍了"厅"？

"堂"的介绍。

（2）"堂"有什么样的功用？

# 楼

"重屋曰楼"，这是古人常说的一句话。从古代建筑实例来看，这"重"字不限于两重，二层以上的就可称之为"楼"。楼有很广泛的用途，在宋画《清明上河图》中绘有作为商业建筑的茶楼酒肆；在明、清的住宅和园林中有作为卧室、书房和观赏风景的楼，如"见山楼""明瑟楼""听橹楼"等等。古代建筑中还有许多不同于前者的楼，如汉画像石所刻的大住宅旁的"望楼"，北宋在汴梁城中所建监视火警用的"望火楼"，古代城防工程中的敌楼、城楼，许多古城中的钟楼、鼓楼。它们虽然很高，但多数不是"重屋"，下半部有的以木构架支撑，有的是夯土台或城墙。楼的体型繁简不一，人们常见的钟楼、鼓楼、城楼是较简单的型式，历史上曾出现过体型非常复杂的楼，如宋画中的黄鹤楼。类似这样的建筑今天已不多见，仅山西省还幸存有明、清所建的万泉飞云楼和介休玄神楼，是极宝贵的遗构。

# 阁

阁在古代往往是对收藏贵重文献的建筑的称呼。历代的寺院中常可见到"藏经阁"这样的名字；汉代陈建有藏书的"天禄阁""石渠阁"；清代乾隆皇帝为收藏四库全书专门修建类似国家图书馆性质的"内廷四阁"，即北京故宫的"文渊阁"，沈阳的"文溯阁"，圆明园的"文源阁"，承德避暑山庄的"文津阁"。这四阁的建筑型式均仿宁波私人藏书的"天一阁"，做成长方形平面，两坡硬山顶，二层楼，阁的正面满开门窗，其余三面都是实墙。

"楼"的介绍。

（3）"楼"的总体特点是什么？

"阁"的介绍。

（4）这部分作者从什么角度介绍了几种不同的阁？

阁在园林中是作观赏风景用的建筑。例如苏州拙政园的"留听阁",命名用了"留得枯荷听雨声"这句诗的意思,表明建它是为了欣赏荷花。

在一些宗教建筑群中,供奉高大佛像的多层建筑也被称为阁,如辽代建筑的河北蓟县独乐寺"观音阁",明代建筑的广西容县"真武阁",清代建筑的承德普宁寺"大乘阁"、颐和园"佛香阁"等。它们的平面有长方形、凸字形、八角形,立面造型挺拔庄重,是中国多层木构建筑的代表,其中"大乘阁"在现存木构建筑中高度居第二位(39米多),"佛香阁"高度居第三位。

## 亭

亭是我国园林中几乎不可缺少的建筑,无论公园、私园,大园、小园,古园、今园,都可找到亭子。在我国古典文学作品中,有许多名篇描写了亭子,至今脍炙人口。亭既是供游人在内停留小憩的得景建筑,又是供游人自外观赏的点景建筑。例如苏州拙政园西部的"补园",本来是另一家的园子,园内小山上有一座"宜两亭",这个亭名据说寓意是"一亭宜作两家春"。登上这个亭子,就可以饱览两园春色。由于亭子是点景建筑,人们对它们的体型推敲得更为细致,总是力求完美。匠师们依据它们所处的不同自然环境,常把它们的平面设计成三角、四面、六边、八边、扇面、圆形、梅花等不同的形式,供人们欣赏。

## 榭

东汉末年刘熙著的分科词典《释名》中说:

"亭"的介绍。

(5)作者从哪些方面着重介绍"亭"?

（6）"榭"有哪些突出特点？

"榭者，藉也；藉景而成者也。"这个解释点明了榭的含义。榭也属于园林中的得景建筑。它的突出特点是建在水边，往往从岸上延伸到水上。榭多是长方形或近于方形的单层建筑，结构轻巧，立面开敞，常用歇山屋顶。跨水部分由立在水中的石构梁柱支撑，临水的一面多不设门窗，而置带弓形靠背的坐凳栏杆，供人凭栏而坐。典型的实例，如苏州拙政园的"芙蓉榭"，网师园的"濯缨水阁"，颐和园里谐趣园的"饮绿""洗秋"等都是。

## 轩

"轩"的介绍。

（7）作者是怎样介绍"轩"的？
彼此相近的建筑容易被搞混。

轩是古典园林中观赏性的小建筑，也是起点景作用的，但在轩中往往陈放简单家具，供人们饮茶、下棋、鉴赏书画使用，这是和亭不同的地方。轩可以露在水边，也可以隐于半山，建筑布局较为自由，风格也多轻盈疏朗。网师园的"竹外一枝轩"和颐和园的"写秋轩"，代表了私家园林和皇家园林中轩的不同形式。

轩还是江南民间厅、堂等建筑中天花板装修的名称。这是一种以弧面向上凸起的天花板，表面显露出一条条假椽，可以在两排纵列的柱子间形成一个单元。一座厅内如在进深方向设五列柱子，则可出现四个单元，称为"四轩"。假椽弯曲的曲线形式不同，又有不同的名称，如弓形轩、菱角轩、鹤胫轩等。

上述几种建筑，从它们的用途与建筑形式看，有些是彼此相近的，例如厅与堂，楼与阁，亭与轩。因此有些园林建筑往往把名称搞混，如拙政园的主厅被称为"堂"，有些私人的藏书建筑，往往被称为藏书楼。也有些建筑则由于文人士大夫随意题名，把厅、堂类型的建筑称为轩、馆，如苏州留园的"五峰仙馆""林泉耆硕馆"，怡园的"藕香榭"，网师园的"小山从桂轩"等，实际上都属厅一类的建筑。这种称呼往往使人们不易把握厅、堂、楼、阁的确切含义。

今天，对建筑的称呼，有的还保留着传统的含义，有的随着时代的变迁，含义已经发生了变化，如人民大会堂的"堂"就跟乐寿堂的"堂"大不相同了。

现代对建筑的称呼与古代有所不同。

（选自《无忧无虑中学语文网》）

## 赏析

厅、堂、楼、阁、亭、榭、轩几种是我国古代建筑的杰出代表，从传统文化的角度，与我们的现代生活也有着密切的联系，可对于生活在现代社会的我们来说，却是很陌生的。作为一篇介绍性的说明文，如何利用有限的篇幅，通过简单的文字让读者全面理解这些建筑呢？作者非有极高的写作才能不可。

先看本文的结构：

文章开头部分，概括说明我国古代建筑历史悠久，有着独特的艺术传统，以此铺垫，引出要介绍的几种古建筑名称。

文章主体部分，作者用简洁的语言来概括这几种建筑物的特点。厅——典雅端庄，堂——严整瑰丽，楼——体型不一，阁——造型各异，亭——形式多样，榭——傍水而立，轩——轻盈疏朗。

文章结尾部分，交代两种名实不符建筑的情况，一种是搞混了名称，另一种是题名随意，并且提醒人们，不要因为这两种情况而搞混了各种建筑的确切含义。

全文结构层次清楚，突出主体部分对各种不同建筑的介绍。

再看本文主体部分的具体介绍：

主体部分具体介绍了我国古代七种建筑，并突出其特征。

（1）厅：先从性质、功用、体量、装修、造型、前后布置等方面说明一般厅的特点，再介绍三种更有特色的厅。在说明特征时，作者不仅抓住厅的外部特征，而且注重揭示厅的功能。

（2）堂：先抓住功能上的特点说明堂的种类，然后从位置、体型、风格、屋顶、分隔室内的陈设等方面来说明它的特征。

（3）楼：先说楼的一般特点和用途，再介绍那些不是"重楼"的楼，说明它们的功能和下半部分构造的特点，然后通过具体的实例说明楼的体型特征。

（4）阁：先说阁的一般用途和形式特点，再介绍园林和宗教建筑群中的阁，揭示了园林中阁的功用，说明了宗教建筑群中阁的功用以及形式特征。

（5）亭：先说亭在园林中的特殊地位，再介绍它的用途，然后说明它的体型特点，并揭示了亭的平面形式与自然环境的关系。

（6）榭：先说榭的用途，再说它的突出特点，然后从形状、结构、立面、屋顶等方面加以说明。

（7）轩：先通过与亭的比较说明轩的特点，再介绍它的布局和风格。最后补说作为天花板装修名称的轩，目的是要人们不要混淆"轩"的两种概念。

这样写来，文章不仅眉目分明，而且重点突出，说明效果很好。但作者又是怎样表现出被说明事物的各自特征的呢？

首先，各自特征独立说明。七种建筑，有相似，有区别，作者抓住这些事物各自的特征，逐一加以说明。对于相近的建筑，如厅与堂，楼与阁，亭与轩，作者不仅抓住它们各自的特征来介绍，而且将形式相近的建筑放在文章中相邻的位置加以说明。例如，在介绍三种不同用途的阁时，文章都注意抓住每种阁的各自特征进行说明，如说明作为收藏贵重文献的阁与供奉佛像的阁时，说明它们的体型都体现了各自的特征，与"四阁"相比，除了长方形一点相同之外，其余区别很大，二者的说明抓住了各自特征。

如此写来，各种建筑都有形式和功用的相似联系，又有各自特点，介绍完备，交代分明。

其次，这些不同的建筑从根本上来说，都有其成为该建筑的原因。作者注意从事物的内在联系上来说明事物的特征。作者在进行介绍时，对每一种建筑，先说功用上的特点，再说建筑上的特征。因为功用决定建筑形式，是什么样的建筑，为什么是这样的建筑，读者都能了然于心。例如：在说明"厅"时，作者并不只是从表面上说明其特征，而是注意其内在联系。"厅"的性质是公共建筑，功用是会客，宴请宾客，正是由于这个原因，就要求它的体量是最大的，装修也是最考究的。说明了它们之间的一种因果关系。介绍"堂"时，"是长者居住的地方，也常作为举行家庭重要庆典的场所"，这个功用一经先说，堂体型严整瑰丽，室内有分隔空间等特点就容易交代清楚了。

作者还注意根据建筑的不同特点，从不同角度作介绍说明。如，文章从用途这一角度介绍了三种不同用途的阁，它们是收藏贵重文献的建筑，观赏风景用的建筑，供奉高大佛像的多层建筑。介绍作为收藏贵重文献用的阁时，先举例子，列举出"藏经阁""天禄阁""石渠阁""内廷四阁""文渊阁"等，使人对阁的收藏作用有一了解。然后"内廷四阁"作为典型。作为观赏风景用的建筑，只说明了它的作用特点是"用作观赏风景"，没有介绍它的体型特点。说明作为供奉高大佛像多层建筑的阁时，同样先举一些具有代表性的"阁"，"观音阁""真武阁""大乘阁""佛香阁"。然后，说明其体型特点，"它们的平面有长方形、凸字形、八角形、立面造型挺拔庄重。"

文章运用了多种说明方法，收到良好的说明效果。

（1）举例子。如讲到"有些园林建筑往往把名称搞混"时，举例"例如厅与堂，楼与阁，亭与轩"，"如拙政园的主厅被称为'堂'，有些私人的藏书建筑，往往被称为藏书楼"。

（2）做比较。如在介绍"轩"时，"轩是古典园林中观赏性的小建筑，也是起点景作用的，但在轩中往往陈放简单家具，供人们饮茶、下棋、鉴赏书画使用，这是和亭不同的地方"。将"轩"与"亭"两相比较，既有利于读者进一步了解"亭"，也有利于读者将"亭"与"轩"区分开来。

（3）做引用。如东汉末年刘熙著的分科词典《释名》中说："榭者，藉也；藉景而成者也。"很好地解释了"榭"这一名称。

（4）列数字。如说明"阁"的文字部分，其中"大乘阁"在现存木构建筑中高度居第二位（39米多），"佛香阁"高度居第三位。所列数字准确地说明了"大乘阁"的高度。

（5）分类别。如说明"厅"的部分中，将"厅"分为"四面厅""鸳鸯厅""花篮厅"几种，分门别类地表现了"厅"的不同样式。

作者一切精心的构思，最终都得通过语言表现出来。本文语言的表现力，是值得我们研究学习的。

（1）副词运用得当而有分寸。如："厅的体量往往是最大的。门、窗等装修也是最考究的。"句中"往往"说明是时常存在，经常发生，增强了肯定效果，又留有余地。"往往"最大，说明了厅的体量特点。用"前后多置花木"的"多"而非"都"，避免了将一般的特征绝对化。两个"最"是表明在整个建筑群中相对比较而言。"亭既是供游人在内停留小憩的得景建筑，又是供游人自外观赏的点景建筑。"句中的"既是""又是"点明了多种作用。"这就是江南园林或住宅中所特有的花篮厅"，句中的"特有"一词就说明只在这里有，别处没有的特点。

（2）动词运用得当。如"宴请宾客""观赏花木""以标榜其风雅和有德""有的是夯土台""收藏贵重文献""在内停留""自外观赏""饱览两园春色""登上这个亭子""体型推敲得更为细致""凭栏而坐""延伸到水上""鉴赏书画使用""随意题名"句中的动词运用均与其宾语搭配得当，不但写出了动作的行为，更准确写出了其内涵的神韵。

（3）描写性词语的运用，生动形象，体现了不同建筑的不同特点。在说明"厅"的造型时，作者是用"典雅端庄"，而在这里说明"堂"的体型时，是"严整""整修""瑰丽"，用词十分准确，说明了各自的特点。此外如"体型繁简不一""贵重文献""挺拔庄重""脍炙人口""两园春色""力求完美""轻盈疏朗"等词语的使用也很有效果。

本文为我们讲明了一个写说明文的道理，那就是平时要认真观察，并能抓住事物的特征，才能做到说得清楚具体，写出准确、鲜明、有特色的文章来。

# 胸有丘壑巧布阵，落笔自然善遣兵

## 跟达尔文学写记述性说明文

### 名家简介

查尔斯·罗伯特·达尔文是英国生物学家、进化论的奠基人，曾经乘坐贝格尔号舰作了历时 5 年的环球航行，对动植物和地质结构等进行了大量的观察和采集；出版《物种起源》，提出了生物进化论学说，从而摧毁了各种唯心的神造论以及物种不变论。除了生物学外，他的理论对人类学、心理学、哲学的发展都有不容忽视的影响。恩格斯将"进化论"列为 19 世纪自然科学的三大发现之一（其他两个是细胞学说、能量守恒转化定律），对人类有杰出的贡献。

### 写作指导

通过简述概况或情节来介绍事物的说明文叫记述性（也作述说性）说明文。这类说明文的关键特点在于"记述"两字。如果说，介绍性说明文要点在于"是什么"，阐释性说明文要点在于"为什么"，那么，记述性说明文的要点就在于"怎么样"。这类说明文说明结合记述，常用以说明事物的发展或生产操作过程，如《缩微图书》，再如《活板》，科学地、准确地记述了泥模字的制作和泥模活字印刷的过程，是通过记述来说明的记述性说明文。达尔文的《物种起源导言》一文，既交代了著书经过及相关情况，又阐明了自己的科学观点，也是一篇规范而典型的记述性说明文。

电影、电视剧和戏曲的剧情简介，小说和其他文学作品的内容提要，连环画或某些摄影照片的解说词等都属于这一类。

1. 电视连续剧《亮剑》第6集剧情介绍：次日，正打算出发的李云龙收到总部来电，赵参谋早已在第一时间把李云龙的决策报告了上级，上级掌握到敌军情况有变，立即下令取消了计划，并派独立团保证总部安全。李云龙又私自率一营留守，留守后的突然袭击，打破了日军的计划，在进攻总部的途中，日军观摩团部队全军覆没，而保卫总部的赵刚二营却受到了日军特种部队的强劲围困，师长不得不撤离本部。最终，赵参谋胜利完成了任务。

2. 电影《不见不散》剧情简介：移民美国洛杉矶多年的北京人刘元一直没有固定工作，为挣钱接的活非常杂。一次，他接待国内某电影摄制组，邂逅了刚到美国为人临时看管房子的北京姑娘李清。李清在大房子里遭遇了盗贼抢劫，吓得不敢再住，好心的刘元将她接到自己的房车中，并劝她哪儿来回哪儿，还为李清买了张回程的机票。但没想到，李清并没有走，一年后，两人偶然相遇，并约着一起去吃饭。可去的饭馆恰好有劫匪，饭没吃好，倒受了一番惊吓，令二人的心情非常差。又过不久，刘元的朋友弄了个旅行社，他好心邀请李清到旅行社工作，但刚接的第一笔活就是非法移民。从警察局出来后，李清慎重地告诉刘元不要再同她联系。

一年后，刘元登报寻找李清，两人再次重逢，并一起开办语言学校，事业蒸蒸日上。最后，几经波折的两个人终于明白了彼此的心意，一起乘上了飞往北京的飞机。

3. 中篇小说《红高粱》内容简介：在出嫁的路上，新娘被赶跑劫匪的轿夫余占鳌所吸引。三天后新娘回门，与余占鳌在红高粱地里激情相爱。新婚丈夫被人杀死，新娘勇敢的主持了酿酒厂，在赶走其他土匪之后，余占鳌在酒缸里撒了一泡尿，竟成了喷香的好酒。9年后，日军强迫村人砍倒高粱修建公路，并将罗汉大爷剥皮示众。余占鳌带领乡人报复日军，乡人们全死了。痴呆的余占鳌，站在女店主的尸体旁，放声高歌……

诸如自然现象记述、工艺流程介绍、人物生平简介也属于这一类。例如《一次大型的泥石流》中的一段：

1. 26日夜间，蒋家沟一带乌云密布。次日凌晨3时，狂风呼啸，大雨倾盆。到天亮，大雨逐渐转为细雨。6时25分的时候，雨还在下，从山沟里传出火车轰鸣似的巨响，震撼着山谷。这种怪声就是泥石流爆发的响声。在巨响传出之前，往常流水不大的沟槽中，流量很快增大到3—4立方米每秒。稍过片刻，突然出现断流状态。又过了几分钟，随着响声增大，泥石流就滚滚而出。

再如《景泰蓝的制作》中有关填色的一段：

2. 各种色料的细末都盛在碟子里，和着水，像画家的画桌上一样，五颜六色的碟子一大堆。点蓝工人用挖耳似的家伙舀着色料，填到铜丝界成的各种形式的小格子里。大概是熟极了的缘故，不用看什么图样，自然知道哪个格子里该填哪种色料。湿的色料填在格子里，比铜丝高一些。整个表面填满了，等它干燥以后，就拿去烧。一烧就低了下去，于是再填，原来红色的地方还是填红色料，原来绿色的地方还是填绿色料。要填到第三回，烧过以后，色料才跟铜丝差不多高低。

记述性说明文要科学地、精确地记述某种事物的发展变化过程。（如天象、物象的变化，生产的过程，实验的经过等）这类文章有记叙有说明，但记叙不是给人以形象的感染，而是为了更精确地说明问题。区分记叙文和记述性说明文是为了避免文体的混淆。

记叙文，是以叙述为主要表达方式，以写人物的经历和事物发展变化为主要内容的一种文体。说明文是以说明为主要表达方式来解说事物、阐明事理而给人知识的文章体裁，它通过揭示概念来说明事物特征、本质及其规律性。

记叙文是用来描述事物的文章，时间、人物、地点、事件（起因、经过、结果）是记叙文的四要素（或者六要素）。描写物体的就要从运动状态、物体形态或变化上来说了。说明文一般介绍事物的形状、构造、类别、关系、功能，解释事物的原理、含义、特点、演变等。

记叙文写的是生活中的见闻，要表达出作者对于生活的真切感受。记述类说明文写的也可以是自己的耳闻目睹，但它主要对自己观察到的事物进行外在的、过程的或原理的交代解释，一般不表达内心感受。

记叙文写作，是把自己的亲身感受和经历，通过生动、形象的语言，描述给读者；而记述性说明文则是把一个客观的事物或现象以准确、平实的语言介绍或讲述出来，生动、形象的语言表达只是为科学、条理的表达服务。

记叙文包括的范围很广，如记人记事，日记、游记、传说、新闻、通讯、小说等，都属于记叙文的范畴。说明文实用性很强，它包括广告、说明书、提要、提示、规则、章程、解说词、科学小品等。

记叙文以记叙和描写为主要表达方式，写作时伴随自然流露的适当议论和抒情。正因为它写的是生活中的见闻，所以一定要表达出作者对于生活的真切感受。记述类说明文仍然以说明为主要表达方式，即使文艺性说明文也只是通过文艺的形式介绍科学知识，科学性和客观性是其特点，记叙只是为说明服务。

说明文以说明为主要表达方式，但没有其他表达方式（如叙述、议论、描写等）的恰当配合，无法圆满地完成向读者介绍事物、解释事理的任务；学写说明文，如果能注意准确使用叙述、议论等方式来辅助说明，说明文就能写得有声有色，文采斐然。在说明中融入适当的记叙、描写时，需要注意的是，说明文中的记叙，一般为概括记叙，并不宜展开，其着眼点不在说明对象发展过程中的细节，而在于介绍其过程的概况及其特点；说明文中的描写，只是起辅助说明的作用，是更具体、清晰地显示说明对象特征，这种描写十分简洁，必须在力求真实的前提下进行，不能夸张、渲染，也不能含蓄、隐晦。

比如达尔文的《物种起源》导言一文，记叙仅止于介绍《物种起源》的相关情况，目的是为下文阐明自己的观点服务，而阐明观点，又是为引导读者接受科学新知服务。文章内容是"记述性"的，而性质却是"说明文"。

## 常见错误

1. 将说明文和记叙文混淆起来，文章内容、表达方式都倾向记叙文格式，有过多的描写、渲染甚至议论和抒情，发生了文体错误。

2. 没能以"记述"的方式进行说明，要么过分偏于外在特点的介绍，要么过多解释内在原理，缺少时间性、过程性、完整性。

## 导师名作

《物种起源》全名为《依据自然选择或在生存斗争中适者生存的物种起源》，是一部关于生物界历史发展一般规律的学说，奠定了科学基础，对以后生物学上的成就和发展意义重大、影响深远。该著作批判了创造论的错误，阐明了进化论的思想。达尔文通过环球考察，搜集了大量有关动植物演变和发展的科学资料，总结了用人工选择方法获得家畜和农作物新品种的实验成果，进一步论证了自然选择学说。进化论是人类对生物界认识的伟大成就，给形而上学、神造论和物种不变论以沉重的打击，在推动现代生物学的进展方面起了巨大作用。马克思和恩格斯对达尔文学说给予很高的评价，说《物种起源》是划时代的著作。本文是该书导言部分。

# 《物种起源》导言

## 达尔文

我曾以博物学者的资格参加贝格尔号巡洋舰的环球远航，在南美洲看到的关于生物的地理分布和现存生物与古生物在地质上的关系，给了我很深刻的印象。回国以后，在 1837 年我就想到，如果耐心搜集与这问题有关的各种材料，加以整理研究，也许可以得到一些结果。这样，在五年的时间内，我专心思考这个问题，并且作了一些札记。1844 年又把这些札记加以充实，写成当时我认为是正确的结论的纲要。从那时候起，一直到现在，我对这个问题的探讨始终没有间断。我希望读者能原谅我作这些琐屑的陈述，我之所以说明这些，是为了要表明我并没有轻率地下结论。

现在（1859 年）我的工作将近结束；但是全部完成还需要更多的岁月，并且我的体力渐感不支，所以不得不先将这个摘要付印。现在在马来群岛研究博物的华莱斯先生，他对于物种起源问题所得到的一般结论，几乎和我完全相同，这也是使我早日发表这个摘要的一个原因。

本书还是摘要的性质，未必完备；有许多论述，我没能指明它的来历和参考资料，但是我希望读者相信我的正确。同时，我虽然力求审慎，使一切能根据正确的证据，但是错误的窜入，还是不可避免的。本书所述及的，仅仅是我所得到的一般结论，略举少数事实作为说明，希望读者不要嫌其过简。我极其盼望，并且感到有这样的需要，将来能把我所根据的一切事实和参考文献，详尽地刊印出来。因为我十分清楚：本书中所讨论的几乎没有任何一点不能引用事实来作证，而

物种，生物分类的基本单位，种是种类的意思，在生物的分类中采用几级分类单位，一般分为种、属、科、目、纲、门等。

第 1 段：整理写作经过。
札记：读书时摘记的要点和心得。

琐屑：细小而繁多。

（1）作者为何介绍研究"物种起源"问题及写作《物种起源》一书的经过？

第 2 段：提早发表的原因。
（2）第 2 段从哪两个方面说明《物种起源》要早日发表？

审慎：周密而谨慎。
第 3 段：内容过简的说明。
（3）"还是摘要的性质"是优点还是缺点？

亲缘关系：指生物在种类方面互相接近的关系。

第4段：物种由演变而来。

（4）作者以啄木鸟、槲寄生为例是想证明怎样一种看法？

变异：指同种生物世代之间或同代不同个体之间的性状差异。

槲（hú）寄生：一种寄生的小灌木，多寄生在槲、栗等树的树干上。

传布：广泛散布。

第5段：介绍研究的方法。

每一论点显然往往会引到一些与我所得到的完全相反的结论。我们处理一个问题，必须把两方面的事实和证据，加以详细叙述和比较，然后才能得到完善的结果，但这是这里所不能办到的。

关于物种起源的问题，如果一位博物学家，对于生物相互间的亲缘关系、它们的胚胎的关系、地理的分布以及在地质期内出现的程序等等事实加以思考，那么，我们可以推想得到，生物的种，和变种一样，是由以前别的种演变而来，而不是分别创造出来的。这个结论，即使很有根据，但是如果不能说明地球上的无数生物，怎样经历变异而达到它们的极其完善的构造和相互适应，仍然是难以令人满意。一般博物学家常以外部环境如气候、食物等等作为唯一可能引起变异的原因。就某一狭隘的意义上来说，这可以算是正确的，这点以后当再讨论到；但是如果把像啄木鸟的构造，它的足、尾、嘴、舌如此巧妙地适应于捉取树皮里面的昆虫，仅仅归因于外界的条件是不合理的。又如槲寄生，它生长在某几种树木上以吸取养料，需要鸟类传布它的种子，更因为它是雌雄异花，必须依赖昆虫才能完成传粉作用；如果我们仅仅以外部环境，或植物习性的影响，或植物本身的倾向，来解释这种寄生植物的构造以及它与其他几种生物的关系，必然也同样是不合理的。

因此，我们对于生物变异及相互适应的原因和方法，迫切地需要有个明确的了解。我从事本题研究的初期，就觉得要解决这个困难问题，应当从研究家养动物和栽培植物着手；果然没有使我失望，我经常获得动物因由家养而变异的知识，虽然还不够完备，但总可以为处理这个问题和其他一切复杂事件提供最良好最可靠的线索。所以这类的研究，虽然常为一般博物学家所忽略，但是我却相信它的价值的重大。

根据上述理由，我把家养变异的问题，放在本书的第一章。我们将由此看到，大量的、遗传的变异是可能的；同样的，或者更其重要的，是我们将看到人类选种力量的伟大，能使微小的变异逐渐累积起来。然后，我们将讨论物种在自然状态下的变异。但是很不幸，我在这里所讲的，不得不很简略，因为要使这个问题讨论得恰当，必须举出大量的事实。

如果认识到我们对于生活在我们四周的许多生物的相互关系还有很多不了解的，那么，关于物种或变种的起源问题，我们即使有很多地方不能解释，也就不足为奇了。为什么某种生物的分布广泛而繁多，而它的邻种却分布得狭小而稀少呢？谁能解释这个问题呢？然而这些关系，实在是非常重要，因为我相信，这是决定地球上每一生物的现在和将来的命运，以及变异的趋向的。对于生活在过去的地质时代的无数生物的相互关系，我们所知道的就更少了。虽然许多事实现在还是不清楚，而且在未来长期内也还弄不清楚，但是我们经过了精细的研究和冷静的判断，可以毫不怀疑地断言创造论的错误。创造论这一观点，虽为近代许多博物学家所信奉，我自己以前也曾信奉过，但是事实上决不能成立。我深信生物的种不是不变的；所谓同属的种，都是其他大概已经灭亡的种所传下来的直系后代，而现在认为同种的各项变种，都是这同种的后代。我又确信自然选择作用，它虽然不是物种变异的唯一条件，也该是最重要的条件。

（选自《无忧无虑中学语文网》）

第6段：家养变异的作用。
（5）本段开头，"根据上述理由"具体指什么理由？

第7段：坚信观点的正确
变种：物种以下的分类单位，指变异比较显著的个体或个体群。变异比较显著的个体群就相当于亚种（例如东北虎和华南虎就是两个亚种）。

创造论：一种认为每一物种都由上帝创造的谬论。

（6）作者认为"物种"是怎样产生的？

## 赏析

"导言"即"绪论"，也称"引言"，是学术论著或一篇文章开头的话。一般说明全书的主旨和内容及有关问题等，做出介绍、说明。这篇文章是科学论著的导言，介绍研究和写作经历，说明发表原因，表明自己的著作言必有据，没有妄下结论，然后说明自己研究的思路，阐述立论的根据，点出主要观点，并扼要介绍了《物种起源》一书的内容和联系。

全文共分两个部分：第一部分（第1—3段），交代了《物种起源》的写作经过，提早发表的原因，说明了本书"摘要"的性质，表达了对提供过帮助的学者的谢意；第二部分（4—7段），介绍了《物种起源》的主要内容、研究方法，阐明了进化论的基本观点等。

这篇文章主要说明了《物种起源》的写作经过和作者对物种起源问题的一些基本看法，透过说明的文字，我们可以看到达尔文的科学精神和人格魅力。

比如第1段，从"远航"（1831）到"现在"（1859），其间"深刻的印象""耐心搜集""整理研究""专心思考""又把这些札记加以充实"等等，一个正确的结论，从考察到研究，从感性到理性，从纲要到全书，历经二十多年，可以看出达尔文对待科学工作的严谨审慎的态度和长期刻苦钻研及对真理的追求，坚持不懈、持之以恒的精神。第2段"华莱斯先生，他对于物种起源问题所得到的""一般结论，几乎和我们完全相同"（这是指英国的自然科学家，1858年他写了一篇关于生物进化的自然选择的科学论文寄给达尔文。达尔文于当年把自己的研究成果和华莱斯的论文同时在林奈学会的杂志上发表），可以看出达尔文实事求是的态度。第3段指出本书的缺陷，"还是摘要的性质"，说明今后的打算，"详尽地刊出"，避免使别人"得到完全相反的结论"，反映出达尔文对理论著作严肃、审慎的态度及知之为知之，不知为不知的谦逊的精神。第4段"仍然难以令人满意"，表明作者决不轻率地做出结论的科学态度。第5段"这类的研究，虽然常为一般博物学家所忽略，但是我却相信它的价值的重大。"说明作者注重亲身实践的科学态度。第6段"很不幸""不得不简略"，反映出不回避缺陷与不足的实事求是的态度。第7段"毫不怀疑地断言创造论的错误""我相信""我深信""我又确信"，这些文字突出地说明了达尔文在科学研究工作中毫不动摇的信念和勇于坚持真理的精神。

从文字的表层意义的阐明深入到文字的深层含义的探究，从了解伟大的科学家的基本观点、理论深入到追求他的精神世界、人格魅力，可以看到达尔文尊重客观事实，深入细致，严肃认真的科学态度和刻苦钻研的精神。这都是值得我们学习的地方。

本文兼用说明、叙述和议论多种表达方式。不同体裁的文章采用的表达方式有别，以科技文章而言，则以说明为主，结合使用叙述和议论。本文作者是一位科学家，旨在向读者介绍《物种起源》这本书问世的经过、书的内容和观点，所以既要叙述，又要说明，加上由于《物种起源》涉及当时不同的见解，是科学上长期争论的问题，因而本文不得不通过议论阐述观点。但本文从总体上说，是以说明为主的，如第一部分中除第 1 自然段回顾写作经过主要是叙述外，其后的解说出版原因、书的性质、书的不足之处及以后的打算这些内容主要是说明；第二部分介绍的书的内容和主要观点，则是说明中有议论，如说明引起生物变异的原因不仅仅归因于外界条件，使用槲寄生和啄木鸟为例进行论证；还如最后一段结论性地指出研究物种起源和变异的巨大意义就是非常精辟的见解。总之，达尔文写这篇科技著作的序言所选用的说明、叙述和议论相结合的方法是十分恰当的。

科学论著的特点在于科学性，表述极其准确，遣词造句无不严谨周密。对这些词句的准确理解，有助于我们准确把握文章信息，也有助于我们养成严密周到的思维习惯。本文语言准确、严密，作者讲究选词，讲究用结构复杂的句式表达周密严谨的意思。长句：容量大，信息丰富，显得庄重的句子，有时是单句，有时是复句，适用于详尽地叙述事物或严密地阐述道理，多用于书面语，特别是科技文和政论文。

例 1："在 1837 年我就想到，如果耐心搜集与这问题有关的各种材料，加以整理研究，也许可以得到一些结果。"

句中信息有：写作前三个必不可少的过程——搜集、整理、研究；搜集过程中的关键——耐心、全面（各种）；说明估计的谨慎：也许、一些。

例 2："又如槲寄生，它生长在某几种树木上以吸取养料，需要鸟类传布它的种子，更因为它是雌雄异花，必须依赖昆虫才能完成传粉作用；如果我们仅仅以外部环境，或植物习性的影响，或植物本身的倾向，来解释这种寄生植物的构造以及它与其他几种生物的关系，必然也同样是不合理的。"

这些句子压缩后的信息就是：我们想正确解释生物的构造、生物之间的关系，就不能归因于某一方面，槲寄生就是一个例证。

例 3："我们处理一个问题，必须把两方面的事实和证据，加以详细叙述和比较，然后才能得到完善的结果，但这是这里所不能办到的。"

句中"事实"与"证据"两词能否去掉一个？不能。因为事实是指一般的感性材料，而"证据"是指材料中足以反映事物本质的例子，两个词联用，体现了作者的周密。

那么，"叙述"和"比较"两个词能否去掉一个？也不能。前者能使人了解得比较全面、具体，但还不能表现本质；后者能使人鉴别感性材料，去粗取精、由表及里，以掌握事物的本质，体现了作者的严谨。

文中有的词语表现了说明文语言的准确性，这些词语不仅表达准确、严谨、周密，而且充分表现出作为科学家的达尔文的实事求是、一丝不苟的精神和品格。对这些词句我们要多加揣摩品味。

例如"归国以后，在 1837 年我就想到，如果耐心地搜集和思索可能与这个问题有任何关联的各种事实，加以整理研究也许能够对于这个问题得到一些了解。"

"搜集"是研究必不可少的过程，"耐心地""各种"透露出工作的艰巨、材料的浩繁。没有"搜集"，就丧失了思考的基础，事实不全，思考不周，当然难于取得成果。

再如："1844 年，我把这些札记加以充实，写成当时我认为是正确的结论的纲要。"

"当时"一词不可忽视。由此可见达尔文的思想在不断发展、不断完善，他总是不断地超越自我，一旦有了新的发现，就修正自己的观点。

# 天机云锦用在我，剪裁妙处非刀尺

## 跟梁思成学写阐释性说明文

### 名家简介

梁思成（1901—1972），中国现代建筑学家、建筑史学家、建筑教育者。广东省新会县人。毕业于清华学校，在美国宾夕法尼亚大学学习建筑，获得学士学位，在美国哈佛大学研究院研究世界建筑史，回国创办东北大学、清华大学建筑系。他是中国建筑教育的开拓者之一，任中国建筑学会副理事长，1955年当选为中国科学院技术科学部委员。梁思成长期研究中国古代建筑，为中国建筑史的研究做了开创性的工作。1943年写成《中国建筑史》，第一次对中国古代建筑特征及发展历程做出系统的论述。他是"人民英雄纪念碑"等重要建筑设计的领导人之一。

### 写作指导

阐释事理的说明文叫阐释性说明文。所谓"事理"，就是与事物有关的某种道理。人们在生产、生活中，特别是在科学研究中，常常不满足于对事物表象的认识，而要进一步探究其中的原委，这就需要做事理的说明。这类说明文阐述事物的变化过程和规律，解释原因，阐明事理，有关物理、化学、生物、历史、地理、语言、文艺等方面的知识性文章或教材以及实验性报告、器物工艺说明等都属于这一类。例如钱学森的《现代自然科学中的基础学科》，阐明现代自然科学的基础学科是什么，使读者清楚地认识基础学科，特别是物理和数学在现代自然科学体系中的位置。抓住事物本质及与其他事物的联系进行阐述性说明，是阐述性说明文。梁思成的《千篇一律与千变万化》一文，不仅说明了建筑艺术之美，而且阐释了它为什么美，将重点放在形成美的艺术原理上，就成为一篇极为典型的阐释性说明文。

从概念上讲，阐释性说明文是对事理、物理、事因、物因进行分解辨析的文章。其写作目的是通过对抽象的事理的阐述和分析，使读者不但知其然，而且知其所以然。因此，它一般按逻辑关系组织安排材料，要求科学性，概念明确，行文条理，语言平实严谨。但它与非说明类的议论文不同，两者都重视对事理的深入分析，但议论文需要充分的论据来支持观点，为此还必须讲究观点与材料的关系。但阐释性说明文不需要论证，只需要讲清楚内在原理即可，这是一种客观解说，不需要加入作者的主观见解。说明文中的议论，是对说明对象、内容作扼要的概括、简明的评说，内容上要求高度概括，要求字词精炼，言简意赅；说明文中也可能有点抒情，但应该是增强说明效果的，要恰到好处，目的不是以浓郁的感情打动读者，而是要有助于读者进一步认识事物的本质特征。

和介绍、记述类说明文相比，阐释性说明文也有明显不同。介绍事物的说明文主要说事物的特征、现象，要表现的是"是什么"这样的特征，直观性较强；记述类说明文主要交代过程和形式，或是内容，前因后果，相互关联是其重点。阐释性说明文的重点在于介绍事物的内在原理，而事物间的内在联系比较抽象，有的还很复杂，要说得明白相对困难。首先得对被说明事物即说明对象有深入的了解，这建立在平时的观察和积累的基础上，必要时还得查找资料，广泛学习。其次，写作时还要认真构思，注意选择材料，安排顺序，突出特征，采用恰当的方法，并注意语言表达。

对说明对象的理解和把握，要由表及里，由浅入深。要说明事理，必须先了解事理，事物是可观的，而事理只凭人的感官是感觉不到的。我们不能只把注意力停留在对事物表现和形象的感性认识上，还必须透过事物的表面现象，进行深入细致的分析研究，把握事物的本质特征。从"是什么"的层面再深入一步，探求其"为什么"。这要求我们对事物的了解不能简单满足，要"贪得无厌"，而且要"不厌其烦"，要勇于探索、实事求是，力争动笔之前对事物所包含的道理有一个比较全面、准确、深入的了解，做到了"胸有成竹"，下笔就能"游刃有余"。

但事物的内在联系是抽象的，是建立在其外部形象和特征之上的，探求时的认知过程，也应是写作时的表达过程，应先写出事物的现象，然后揭示其原理。这是人们认识了解事物的一般性规律。不可失却"本"而极端追求"末"，忘掉"源"而追求"流"。说明顺序也是阐释性说明文需要讲究的。写作时，合理安排材料，安排文章结构，要由读者熟悉的讲到不熟悉的，由简单的讲到复杂的，由浅层次的讲到深层次的，这种科学的说明顺序，符合人们认识事物了解事理的规律，容易使读者接受。

还要注意事物之间的联系是多样的，有时，事物的原理并不直接从事物本身表现出来，其内因外因多种原因错综复杂、共同作用。写作时，就得顺藤摸瓜、按图索骥，哪怕是蛛丝马迹也不放过，从事物内外之间，外部关联之间，内部关联之间多方探讨。

阐释性说明文要阐明的是事物的原理，常常会用到"推理"的思维方式；而"推理"，则是由已知引出未知的一种思维过程。阐释性说明文常用到以下三种推理形式：

1. 因果推理。因果推理可以是由因到果或由果到因的推理。这是我们日常生活中经常用到的一种思维方式。比如，"路上堵车了，所以我迟到了。"这是个因果推理的例子。人们根据因果推理建立了一种原因与结果的相互关系，此例的因果关系是很直接的，我们也可以这样反推：如果路上没有堵车，我就不会迟到。

2. 演绎推理。演绎推理是由一般原理推断个别现象的性质的推理，它从一般性的前提出发，通过推导即"演绎"，得出具体陈述或个别结论的过程。演绎推理的逻辑形式对于理性的重要意义在于，它对人的思维保持严密性、一贯性有着不可替代的校正作用。

3. 归纳推理。归纳推理就是从许多相似的个别现象中概括出它们共有的一般原理。根据前提所考察对象范围的不同，把归纳推理分为完全归纳推理和不完全归纳推理。完全归纳推理考察了某类事物的全部对象，不完全归纳推理则仅仅考察了某类事物的部分对象，并进一步根据前提是否揭示对象与其属性间的因果联系，把不完全归纳推理分为简单枚举归纳推理和科学归纳推理。

总之，在阐释性说明文的写作中就是要把这些推理过程写得有根有据、有条有理，才能把道理讲清楚。

为了达到说明事理的目的，不论是清楚、透彻，或是通俗浅显，还是形象有趣，联想和想象就是一种很好的手段。它可以旁证说明对象、丰富文章内容、增强语言的生动性和趣味性。联想是由一事物引起想到其他事物的心理过程。比如由桂林山水想到石灰溶岩，由气候反常想到厄尔尼诺现象，由作用力想到反作用力，由电脑软件想到电脑病毒，由拱桥联想到彩虹，由滚滚倾泻的泥石流联想到蜿蜒的长龙等等。

写作阐释性说明文，同样需要借助各种说明方法。举例和比喻可使抽象而深刻的事理变得具体浅显，下定义和列数字可使事理准确严密，做比较和分类别能使事理特征明显、关系明确。

阐释性说明文的语言除科学严谨之外，还要尽量做到通俗易懂、生动有趣。

阐释性说明文只是说明文中的一种类别，说明文的大部分手段适合这种文体。但它毕竟是有别于其他文体的，手段要服从目的，而目的就是把事理、事因说清楚，让读者不仅知其然，还要知其所以然。《千篇一律与千变万化》正是以此为侧重，结合其他艺术形式做比较，把建筑艺术美的本质呈现了出来。

## 常见错误

1. 和议论文体相混淆。说明时，一味求证，把过多的力量用在了论据的运用上，结果未能探求到事物的根本原因上，虽然可以让读者相信它"的确是这样"，最终却不能明白它"为什么是这样"。说明文与议论文的区别，主要在于说明文的目的主要是说明，议论文的目的则主要是说理；说明文要求把实体事物或抽象事理本身的情况说清楚，议论文则要求提出个人对议论对象的看法或主张。

2. 写成了介绍或记述性的文体。同样是说明，这三类文体是有区别的，阐释性说明文的侧重点在于交代清楚事理，事物的外在表现只是其根据和基础，而事物的内在联系和原因才是其目的。表—里、浅—深、果—因是其写作的根本思路。

3. 表现形式上过于拘谨。虽然是探求事理的说明文，但并不意味着"深奥"才是其本质。"深入"是其手段，"浅出"才是其目的。说明方法就是用来达到这个目的的，恰当借助语言手段，也可以使深奥的道理浅显易懂。

## 导师名作

从阐释事理的角度看，本文要说明的是不同艺术门类之间相通的艺术规律，即重复和变化的统一。这是一种客观规律，作者只是来解释它，而不是作者提出这样一个观点来证明它。所以本文不同于议论文。在说明过程中，作者不是简单介绍某些建筑物，也不是介绍一个艺术规律，而是要讲清楚建筑中为什么应该这样，这就使本文不同于介绍性和记述性的说明文。

# 千篇一律与千变万化
## ——音乐、绘画、建筑之间的通感

梁思成

在艺术创作中，往往有一个重复和变化的问题。只有重复而无变化，作品就必然单调枯燥；只有变化而无重复，就容易陷于散漫零乱。在有"持续性"的作品中，这一问题特别重要。我所谓"持续性"，有些是时间的持续；有些是空间转移的持续，由于作品或者观赏者由一个空间逐步转入另一空间，同时也具有时间的持续性，所以又有时间、空间的综合的持续。

音乐就是一种时间持续的艺术创作。我们往往可以听到在一首歌曲或乐曲从头到尾持续的过程中，总有一些重复的乐句、乐段——或者完全相同，或者略有变化。作者通过这些重复而取得整首乐曲的统一性。

音乐中的主题和变奏也是在时间持续的过程中，通过重复和变化而取得统一的另一例子。在舒伯特的《鳟鱼》五重奏中，我们可以听到持续贯串全曲的、极其朴素明朗的"鳟鱼"主题和它的层出不穷的变奏。但是这些变奏又"万变不离其宗"——主题。水波涓涓的伴奏也不断地重复着，使你形象地看到几条鳟鱼在这片伴奏的"水"里悠然自得地游来游去嬉戏，从而使你"知鱼之乐"焉。

舞台上的艺术大多是时间与空间的综合持续。几乎所有的舞蹈都要将同一动作重复若干次，并且往往将动作的重复和音乐的重复结合起来，但在重复之中又给以相应的变化；通过这种重复与变化以突出某一种效果，表达出某一种思想感情。

（1）标题把"千篇一律"与"千变万化"这两个矛盾的词语放在一起，如何理解？

第1段，在有持续性的艺术作品中，重复与变化缺一不可。

第2段，音乐就是一种时间持续的艺术创作。

第3段，音乐中的主题和变奏也是在时间持续的过程中，通过重复和变化而取得统一的。
（2）作者举舒伯特的《鳟鱼》五重奏为例要说明什么？
宗：宗旨，根本。

第4段，舞台上的艺术大多是时间与空间的综合持续。
（3）舞蹈中的"千篇一律"指什么？

第5段，在绘画的处理上，也可以看到重复与变化的统一。

瓦垄：屋顶上用瓦铺成的凸凹相间的行列。也叫瓦楞。

第6段，宋朝画家张择端的例子。

手卷：横幅书画长卷，只供案头观赏，不能悬挂。
第7段，宋朝名画家李公麟《放牧图》中对于重复性的运用的例子。

寥寥：非常少。

第8段，将"重复与变化的统一"从艺术过渡到建筑。

第9段，人民大会堂的实例。
（4）人民大会堂的几十根柱子有什么特点？

在绘画的艺术处理上，有时也可以看到这一点。

宋朝画家张择端的《清明上河图》是我们熟悉的名画。它的手卷的形式赋予它以空间、时间都很长的"持续性"。画家利用树木、船只、房屋，特别是那无尽的瓦垄的一些共同特征，重复排列，以取得几条街道（亦即画面）的统一性。当然，在重复之中同时还闪烁着无穷的变化。不同阶段的重点也螺旋式地变换着在画面上的位置，步步引人入胜。画家在你还未意识到以前，就已经成功地以各式各样的重复把你的感受的方向控制住了。

宋朝名画家李公麟在他的《放牧图》中对于重复性的运用就更加突出了。整幅手卷就是无数匹马的重复，就是一首乐曲，用"骑"和"马"分成几个"主题"和"变奏"的"乐章"，表示原野上低伏缓和的山坡的寥寥几笔线条和疏疏落落的几棵孤单的树就是它的"伴奏"。这种"伴奏"（背景）与主题间简繁的强烈对比也是画家惨淡经营的匠心所在。

上面所谈的那种重复与变化的统一在建筑物形象的艺术效果上起着极其重要的作用。古今中外的无数建筑，除去极少数例外，几乎都以重复运用各种构件或其他构成部分作为取得艺术效果的重要手段之一。

就举首都人民大会堂为例。它的艺术效果中一个最突出的因素就是那几十根柱子。虽然在不同的部位上，这一列柱和另一列柱在高低大小上略有不同，但每一根柱子都是另一根柱子的完全相同的简单重复。至于其他门、窗、檐、额等等，也都是一个个依样葫芦。这种重复却是给予这座建筑以其统一性和雄伟气概的一个重要因素，是它的形象上最突出的特征之一。

历史中最杰出的一个例子是北京的明清故宫。从已被拆除了的中华门（大明门、大清门）开始就以一间接着一间，重复了又重复的千步廊一口气排列到天安门。从天安门到端门、午门又是一间间重复着的"千篇一律"的朝房。再进去，太和门和太和殿、中和殿、保和殿成为一组"前三殿"与乾清门和乾清宫、交泰殿、坤宁宫成为一组的"后三殿"的大同小异的重复，就更像乐曲中的主题和"变奏"；每一座的本身也是许多构件和构成部分（乐句、乐段）的重复；而东西两侧的廊、庑、楼、门，又是比较低微的，以重复为主但亦有相当变化的"伴奏"。然而整个故宫，它的每一个组群，每一个殿、阁、廊、门却全部都是按照明清两朝工部的"工程做法"的统一规格、统一形式建造的，连彩画、雕饰也尽如此，都是无尽的重复。我们完全可以说它们"千篇一律"。

但是，谁能不感到，从天安门一步步走进去，就如同置身于一幅大"手卷"里漫步；在时间持续的同时，空间也连续着"流动"。那些殿堂、楼门、廊庑虽然制作方法千篇一律，然而每走几步，前瞻后顾、左睇右盼，那整个景色的轮廓、光影，却都在不断地改变着，一个接着一个新的画面出现在周围，千变万化。空间与时间，重复与变化的辩证统一在北京故宫中达到了最高的成就。

颐和园里的谐趣园，绕池环览整整三百六十度周圈，也可以看到这点。

至于颐和园的长廊，可谓千篇一律之尤者也。然而正是那目之所及的无尽的重复，才给游人以那种只有它才能给人的特殊感受。大胆来个荒谬

第 10 段，明清故宫的"千篇一律"。

（5）北京故宫的前三殿、后三殿，廊、庑、楼、门等有什么特点？

庑（wǔ）：正房对面和两侧的小屋子。

第 11 段，千篇一律中千变万化。
左睇（dì）右盼：向左右看。睇，盼，这里都泛指看。

第 12 段，颐和园里的谐趣园的例子。
（6）"这点"指的是什么？

第 13 段，颐和园的长廊的例子。

第 14 段，回廊整体是大统一中的小变化。

第 15 段，举世界建筑史上的建筑为例。

（7）画线句在文中有什么作用？

第 16 段，我国城市建筑的不足之处。

（8）如何理解"损人"且不"利己"？

绝伦的设想：那八百米长廊的几百根柱子，几百根梁枋，一根方，一根圆，一根八角，一根六角……一根肥，一根瘦，一根曲，一根直……一根木，一根石，一根铜，一根钢筋混凝土……一根红，一根绿，一根黄，一根蓝……；一根素净无饰，一根高浮盘龙，一根浅雕卷草，一根彩绘团花……这样"千变万化"地排列过去，那长廊将成何景象！

有人会问：那么走到长廊以前，乐寿堂临湖回廊墙上的花窗不是各具一格、千变万化的吗？是的。就回廊整体来说，这正是一个"大同小异"，大统一中的小变化的问题。既得花窗"小异"之谐趣，又无伤回廊"大同"之统一。且先以这些花窗的小小变化，作为廊柱无尽重复的"前奏"，也是一种"欲扬先抑"的手法。

翻开一部世界建筑史，凡是较优秀的个体建筑或者组群，一条街道或者一个广场，往往都以建筑物形象重复与变化的统一而取胜。说是千篇一律，却又千变万化。<u>每一条街都是一轴"手卷"、一首"乐曲"</u>。千篇一律和千变万化的统一在城市面貌上起着重要作用。

12 年来，在全国各城市的建筑中，我们规划设计人员在这一点上做得还不能尽满人意。为了多快好省，我们做了大量标准设计，但是"好"中既也包括艺术的一面，就也应"百花齐放"。我们有些住宅区的标准设计"千篇一律"到孩子哭着找不到家；有些街道又一幢房子一个样式、一个风格，互不和谐；即使它们本身各自都很美观，放在一起就都<u>"损人"且不"利己"</u>，"千变万化"到令人眼花缭乱。我们既要百花齐放，丰富多彩，又要避免杂乱无章，相互减色；既要和谐统一，全局完整，又要避免千篇一律，单调枯燥。这恼人的矛盾是建筑师们应该认真琢磨的问题。

（选自《大家知识随笔（中国卷）》，中国
文学出版社 2000 年版）

## 赏析

作者要说明的是：重复与变化的有机统一构成了建筑之美，两者缺一不可。

第 1 段是全文的总纲，谈的是在有持续性的艺术作品中，重复与变化缺一不可。"千篇一律"指的是重复，"千变万化"指的是变化。本段的意思是说，凡是有持续性的艺术创作，就既需要重复，又需要变化。只有重复而无变化，作品就必然单调枯燥；只有变化而无重复，就容易陷于散漫零乱。"音乐、绘画、建筑之间的通感"，指的就是这些艺术创作中的重复和变化。

前几段是说作为有持续性的艺术创作，音乐、舞蹈和绘画都是重复和变化的统一。第 2、3 段，谈在音乐中是通过主题（重复）与变奏（变化），体现重复与变化相统一这一审美原则的。第 4 段，谈舞蹈也是通过动作的重复和音乐的重复结合，又给以相应的变化，来突出要表现的某种感情和艺术效果。5—7 段，谈在绘画的处理上，也可以看到重复与变化的统一。

从第 8 段到最后，是本文的主要内容，作者通过举我国建筑的实例，来具体说明重复与变化统一的审美原则是如何在建筑上体现的。这几段的意思是说作为一种空间持续的艺术，绝大多数建筑都是千篇一律和千变万化的有机统一。作者列举了人民大会堂、故宫、颐和园的谐趣园和长廊等建筑，有力地证明了这一点。

末段指出文章的现实意义，我们现在的建筑中，有的问题在于重复与变化不能做到很好统一，给人民生活带来不便，从艺术角度看，影响了美观，这些应该引起建筑师们的注意。

本文重在谈建筑设计，虽然副标题写的是"音乐、绘画、建筑"，但谈音乐和绘画也是为了谈建筑。"通感"本为用一种感官印象来形容另一感官感受的修辞手法，如《荷塘月色》中用"远处高楼上渺茫的歌声似的"对淡淡的荷香的描述，"梵阿玲上奏着的名曲"来描写"光与影有着和谐的旋律"，效果奇特。本文中"通感"一词是指艺术的变奏即"变化"；音乐的主题即"重复"，变奏即"变化"，作者举了舒伯特的"鳟鱼"五重奏为例加以说明。几乎所有的舞蹈都在变化中有重复，即动作的重复。绘画中的"手卷"也多是时空综合持续的艺术，都有重复和变化的统一，作者以张择端的"清明上河图"和李公麟的"放牧图"为例来说明。

音乐、舞蹈、绘画等艺术形式，并非作者要说明的对象，它们只是用来具体阐释第1段中提出的艺术创作中重复与变化相统一的原则，并由此引出对建筑艺术中这一原则的分析讨论。这种方法，从人们熟悉的音乐、舞蹈谈起，引入到建筑这一人们不很熟悉的艺术门类，用具体可感的实例阐释了抽象的美学原则，容易让读者理解。

作者详细解说了故宫和颐和园的长廊。故宫从中华门到天安门的千步廊，天安门到午门的朝房，午门中的大殿。故宫中的每一组群建筑，都是统一规格和形式建造的，彩画、雕饰也一样。统一中又有变化，朝房到大殿的变化，大殿的主体与两侧的廊、庑、楼、门的变化，并不使人感到单一。颐和园的长廊是无尽的重复，但长廊前的临湖回廊上的花窗是变化，这是重复和变化的和谐统一。

本文自身就是"重复与变化"这一原则的范例。和其他艺术形式一样，建筑也必须体现在"千变万化"的艺术创造中"千篇一律"的艺术规律，这是"重复"；但音乐、舞蹈、绘画、建筑，这些不同的艺术形式都有其独特的艺术表现方式，这是"变化"。文中说明时所举例子有详细、具体之例，如明清故宫、颐和园长廊；有略举之例，如颐和园谐趣园；有概举之例，如世界建筑史上的例子。举例在重复中有变化，既让人信服，又不给人以重复累赘之感。语言也是如此，第13段通过"重复"使用20个"一根"之词，设想柱子形状的"方""圆""八角""六角""变化"，说明因为没有了持续性而带来的视觉效果的差异，从而生动说明了"重复与变化相统一"的必要。

本文是一篇科技说明文，内容丰富、涉及多个学科，作者并未脱离地气，深奥难懂地做专业解释，而是平易朴实、明白晓畅。文章开门见山，一开始便明确提出说明对象，接着将音乐、舞蹈、绘画等艺术形式的特点一一道来，然后进入正题，阐释建筑中的重复与变化，最后直指现实之弊。语言平实、层次清晰、结构完整。

本文说明事理时还能够通俗、明白、形象地表达。比如运用比喻说理的方法：第15段中，"每一条街都是一轴'手卷'、一首'乐曲'"。语言风趣，贴近生活化：第16段，"即使它们本身各自都很美观，放在一起就都'损人'且不'利己'，'千变万化'到令人眼花缭乱"。批评了我们有些住宅设计的弊端，要么变化得眼花缭乱，要么重复得让孩子找不到家，即单一的千篇一律或千变万化，没有把二者结合起来，提醒建筑设计师们注意。

本文所要说明的对象既抽象又深奥，但作者却能轻易驾驭，不费功夫，借助其他各种艺术形式，体现了作者宽广的艺术知识、广阔的视野及深厚的积淀。作者是学贯中西的学者型建筑师，却能写出平易朴实、明白晓畅的说明语言，使文章亲切易懂，似与读者促膝交谈。可见深入浅出的说明方式是阐释性说明文必要的特点。

# 河以逶迤故能远，山以陵迟故能高

## 跟哥尔斯密学写事物说明文

### 名家简介

奥立佛·哥尔斯密（1730—1774）英国诗人、剧作家、小说家。1759年作为文学批评家和散文家初露锋芒。他是感伤主义文学的另一位代表性作家，是十八世纪后期重要作家，写过许多类型的作品，他的诗歌、小说、喜剧都有相当成就。作品有《威克菲牧师传》、《世界公民》（原名《中国人信札》）、风俗讽刺喜剧《好心人》和《委曲求全》、诗作《荒村》。

### 写作指导

说明对象，就是作者到底要向读者介绍什么，这个被介绍的事物或事理就是说明对象。说明对象决定的，不仅仅是怎么切入，它还有选择文体类别的决定权、说明顺序和说明方法的决定权。我们在这里要讨论的，主要是事物说明文和事理说明文。

说明对象与说明内容，是首先要弄明白的。

这两者是有明显区别的。一般情况下，说明文根据其说明对象的不同有事物说明文和事理说明文之分。事物说明文的说明对象就是它所要说明的那个事物，事理说明文的说明对象就是它所要说明的那个事理。如：《动物的眼睛》，它的说明对象就是"动物的眼睛"，《非凡的蜻蜓》它的说明对象就是"非凡的蜻蜓"。当然，哥尔斯密的《蜘蛛》，说明对象就是蜘蛛了。而说明内容则是指文章所介绍的那个对象的某些具体情况，比如：《动物的眼睛》的说明内容就是动物眼睛的总的特征，也就是说文章所要说明的是"动物的眼睛与它们的需要和环境相适应"这一总的特征，而不是说明别的什么方面；《非凡的蜻蜓》说明的是"速度快，姿态悠闲、自如，变幻莫测"这一特征，而不是说明蜻蜓的形体、生命、智慧等，那么蜻蜓的总的特征也就是本文的说明内容了。《蜘蛛》一文的内容，到底是蜘蛛的哪些方面呢？读过文章，我们自然会明白。《大自然的语言》则是一篇事理说明文，它要说明的是"物候及物候学"的事理，因而"物候及物候学"就是它的说明对象了，而什么是物候及物候学、物候观测对农业的重要性、影响物候的几方面因素、研究物候学的意义等则是本文的说明内容。有的标题用生动形象的比喻、拟人的方法说明事物的特征，如《天空的表情》一文运用拟人的修辞方法称天气变化情况为"表情"，生动有趣地说明了天气的各种现象。

那么，如何确定说明对象呢？具体到一篇文章中，办法主要有两种。

1. 标题表明，不少题目都可以表示说明的对象。如《我国古代的几种建筑》。试着看下面的标题中哪些能表明说明对象。

（1）塵尾

（2）哈勃，太空中的千里眼

（3）闲话台阶

（4）植物"预测术"

（5）编钟里的科技与奥秘

（6）追随春天的脚步

（7）祸从天降，谁为真凶

（8）被妖魔化的沙尘暴

（9）用什么点亮黑夜

（10）成语里的歌声

（1）是单一的事物，自然就是说明对象；（2）"太空中的千里眼"是对"哈勃"的阐释，"哈勃"就是说明对象；（3）"台阶"作"闲话"的宾语，明显就是说明对象；（4）"植物"作"预测术"的定语，中心词是"预测术"，可这里的"预测术"使用的是比喻手法，不清楚指的是植物的什么功能，没法确定说明对象；（5）虽然是偏正关系，但修饰语和中心词都很明确，说明对象自然就清楚；（6）"脚步"一定是比喻，指什么？不明确，而"追随"也不够清楚，说明对象不确定；（7）什么"祸"，让人不明白，"谁为真凶"本来就是发问，说明对象不确定；（8）偏正关系，中心词是"沙尘暴"，说明对象确定；（9）"用什么"是发问，"点亮"

显然是修辞手法，而黑夜不可能是中心词，说明对象不确定；（10）偏正关系明确，说明对象确定。

2. 抓首括句和中心句。好的说明文往往运用这种句子来突出所要说明的事物和特征。《蜘蛛》一文的首句"在我观察过的独居的昆虫中，蜘蛛最聪明"，说明对象就是蜘蛛。如下边这个句子，很容易就能看出说明对象是白鹭。

白鹭，世界各地均有分布，俄罗斯、中国、日本、菲律宾、马来西亚等国家的白鹭数量相对较多。在我国，许多省份都有白鹭的栖息地。

试一试：指出下列各句说明的对象。

（1）扬州漆器是我国民族文化艺术的瑰宝之一。漆器一般指在表面涂漆的木材、陶瓷和金属等器物。（扬州漆器）

（2）人们一般认为，害羞就是一个人性格内向造成的。但是科学家通过行为研究、大脑扫描甚至是基因测试，逐渐了解到，害羞是一种复杂的状态。（害羞）

（3）乾清宫是皇帝处理日常政务，批阅各种奏章的地方，后来还在这里接见外国使节。（乾清宫）

（4）2010年12月22日上午10时18分，和谐号4806次列车缓缓驶离恩施火车站，开往宜昌，这喻示着5万铁路工人奋战7年的宜万铁路正式通车。（宜万铁路）

确定说明对象后，并非万事大吉，只是走出了第一步，接下来，根据对象，区分它是事物还是事理，才能确定如何写作。

可为什么说明对象要有事物和事理之分呢？小孩子处于成长阶段，需要对身边的事物有感性和理性的认识，成年人处于事业和生活阶段，需要安排和处理一些具体的事务，掌握一些生活和工作必需的技巧。这样，我们可以大致得出这样的结论：判定一篇说明文的说明对象，一种是事物，文章主要介绍这些事物中眼睛能看到的、耳朵能听到了、鼻子能嗅到的、嘴能品尝出来的、皮肤能够触摸到的、内心能够直接感受到的特征特点；一种是事理，它是经过人的大脑对感官摄入的信息进行深入分析归纳后得出的抽象的结论，它离开了事物的本身，集中表现在：原因、方法、规律、关系、方式上面。

有些文章，作者在说明时直接将事物和事理分开，泾渭分明，所以很容易判断。如：《雄伟的人民大会堂》《辣椒趣说》《我们为何"压不住火"》《能否拿金牌，基因决定？》前两篇表现为单一的事物，后两篇表现为单一的事理，从字面上就可以一目了然地判断。《蜘蛛》这个标题，明确传达出是一篇事物说明文，可让我们感到为难的地方在于，当这种判断指向某篇文章、某个段落，事物和事理同步出现在一个语境时，学生就茫然了。

下面我们就具体的例子来解决这些难点。

例1：花儿为什么有各种颜色？

有同学面对这个标题时，可能产生以下几种不同思维：第一种，这句话独立构成一个语境，主语是"花儿"，所以说明对象是就是花；第二种，这句话既说明了"花儿"，又说明了"为什么"，所以这段文字的说明对象有两个——花儿和花有各种颜色的原因；第三种，作者要说明的核心或侧重点是"为什么"，不是"花儿"这个具体事物，所以，答案应该是花"这样红"的原因。

当然，第三种思维方式是正确的，我们要看作者说明的核心，而不是看语境里都有什么。所以，判断说明对象，应该具备分析句子内部关系的能力。

例2：①哈尔滨老火车站的选址是经过精心考虑的。②它位于南岗区、道里区和道外区三个主城区的交界处，是名副其实的城市中心。③由车站街（今红军街）、铁路街（今曲线街）、松花江街及医院街（今颐园街）相交而成半圆形的广场，交通便捷。④这个半圆形广场视野开阔，便于人们更好地欣赏建筑。⑤每当广场上鲜花盛开，繁茂的树木成为衬托建筑的绿色飘带，建筑优美而舒展的丰姿则尽现眼前。

解决这个问题面临的是：第一句说明哈尔滨火车站的选址；第二句说明它的位置；第三句说明它的交通便利；第四、五句说明它便于赏景。有的同学会误以为它的选址只是考虑了交通便捷，有的同学则认为是便于赏景。如果我们仔细分析结构，就不难看出，这段话是总分结构，位置、交通、赏景三者都是选址考虑的因素。这说明，安排说明对象，要与段落结构紧密结合起来。

例3：为什么我国的石拱桥会有这样光辉的成就呢？首先，在于我国劳动人民的勤劳和智慧。他们制作石料的工艺极其精巧，能把石料切成整块大石碑，又能把石块雕刻成各种形象。在建筑技术上有很多创造，在起重吊装方面更有意想不到的办法。如福建漳州的江东桥，修建于八百年前，有的石梁一块就有二百来吨重，究竟是怎样安装上去的，至今还不完全知道。其次，我国石拱桥的设计有优良传统，建成的桥，用料省、结构巧、强度高。再次，我国富有建筑用的各种石料，便于就地取材，这也为修造石桥提供了有利条件。

因为过了例一的句子关，大家都能准确判定这段文字重点说明的是"为什么"，并能绝对肯定本段文字的说明对象是事理，然而有很多同学会认为它讲的是"石拱桥取得辉煌成就的原因"，那对象应该是"石拱桥"了，于是，疑惑产生了：难道这段文字说明对象是事物，不是事理？

之所以出错，症结不在对说明对象究竟是事物还是事理的区分上，关键是运用概念时外延出现了问题。这段文字要说明的核心内容指向的不是"石拱桥"——世界所有的石拱桥，而仅仅是"我国的石拱桥"，去掉了"我国"这个限制词，外延就扩大到全世界的范围，所以错了。因此必要的修饰语无论在阅读还是写作中，千万不要省略，否则会犯不小的错误。

这样，我们可以得出结论：根据说明对象阅读或写作，重点在于区分事物说明文和事理说明文。

说明文按说明对象可分为两大类：

一、实体事物说明文——以事物为对象，侧重解说其性质、特征、状态、发展过程、功能、作用等。可分为：动物、植物、建筑物、日用品、工艺品、土特产等。《蜘蛛》就是这一类说明文。

二、抽象事理说明文——以事理为对象，侧重阐释其本质、属性、关系、规律等。可分为科学原理、自然现象、生活常识等。

"说明事物"的说明文如何写作？

"事物说明"也可以理解为"实物说明"，广义的实物包含动、植物，建筑物，物品等。在日常生活中，"实物说明文"的使用范围极其广泛，如：介绍道路交通、建筑物特点，推荐新版书籍，还有各种实物说明书等。

"事物说明文"的写作方法，不外乎以下几方面：

1. 准确抓住说明对象——事物的特征；

2. 根据写作目的，有选择地介绍实物的有关内容（形状、性质、结构、功能、发展变化等）；

3. 选择恰当的顺序进行说明；

4. 巧妙使用多种说明方法，多角度介绍事物；

5. 用准确、平实或生动的语言加以说明。

世间万物各有其体、事物说明文就是要把特殊的事物介绍给读者，河就是河，逶迤万里的水流，山就是山，高达千仞的峰岭，高明的作家呈现给我们的，是细致而毕肖的事物。

## 常见错误

1.有部分同学分不清说明对象与说明内容，以致在写作的起步阶段就出现了问题，在材料选择、内容安排、结构形式多方面失误，导致写作陷入困境。之所以在这样的简单判断中出现失误，最根本的原因是，自己没有弄明白在一篇文章或一个段落中，作者到底要介绍一个具体的"物"，还是要讲明一个抽象的"理"；是着眼事物表面特征，还是为了揭示事物或事物间的抽象本质。

2.混淆事物说明文和事理说明文，从对象起就乱了套，以致特征说明、角度切入、顺序安排、方法选择、语言表达都出了大问题。

## 导师名作

哥尔斯密的《蜘蛛》是一篇说明事物的科学小品，阅读文章时，请从组织安排材料、选择说明顺序、使用说明方法、突出说明对象特点等方面体会其说明事物的成功之处。作者通过长期观察，详细记述了蜘蛛捕食、结网、产卵、争斗等一系列活动。那么,作者是怎样记述详细、描写生动却使文章明显区别于记叙文的?文章说明蜘蛛是最聪明的动物之一，具有顽强的生存能力，有许多值得研究探讨的方面。作者有自己的发现，自己的见解，文章又是怎样明显区别于议论文的?作者培养了与蜘蛛的感情，亲切自然，用了许多情感性的话语，但又怎样使文章保持了对于蜘蛛描述的客观性、科学性的?

### 蜘蛛

（英）奥立佛·哥尔斯密

在我观察过的独居的昆虫中，蜘蛛最聪明。它的动作，就是对曾经专心研究过它们的我来说也似乎难以置信。这种昆虫的天生形体，是为了

第1段，写蜘蛛的天生形体是为了战斗。

（1）"这种生活景况"指的是什么？

第2段，具体写蜘蛛形体的特殊性。

第3段，介绍蜘蛛的眼睛和嘴巴。

第4段，说明蜘蛛的主要战斗武器是它编织的网。
（2）"装备在蜘蛛身上的战斗武器"有哪些？

第5段，具体介绍蜘蛛的织网过程。

（3）"我们的织网艺术家"指的是什么？

战斗，不仅和其他昆虫，而且和它们同类相斗。大自然似乎就是为了这种生活景况而设计了它们的形体。

它们的头和胸覆以天然的坚硬甲胄，这是其他昆虫无法刺破的。它们的身躯裹以柔韧的皮甲，可以抵挡黄蜂的螫刺。它们的腿部末端的强壮，与龙爪类似，并且脚爪之长简直像矛一般，足以对付远处的进攻者。

蜘蛛的几只眼睛，宽大透明，遮以某些有刺物质，但这并不妨碍它的视线。这种良好的装备，不仅是为了观察，而是为了防御敌人的袭击；此外，在它的嘴巴上还装备一把钳子——这是用以杀死在它脚爪下或网里的捕获物。

凡此种种，都是装备在蜘蛛身上的战斗武器，而它编织的网更是它主要的武器，因此，它总是要竭尽全力，把丝网织得尽善尽美。天然的生理机能还赋予这种动物以一种胶质液体，使之能拉出粗细均匀的丝。

当蜘蛛开始织网时，为了固定其一端，它首先对着墙壁吐出一滴液汁，慢慢硬化的丝线就牢固地粘在墙上了。然后，蜘蛛往回爬，这根线越拉越长；当它爬到线的另一端应该固定的地方，就会用爪把线聚集拢来以使线绷紧，也像刚才一样固定在墙壁的另一端上。它就这样牵丝拉线，固定了几根相互平行的丝，这就准备好了意想中的网的经线。为了做成纬线，它又如法炮制出一根来，一端横粘在织成的第一根线（这是整个网圈最牢固的一根）上，另一端则固定在墙壁上。所有这些丝线都有黏性，只要一接触到什么东西就可以胶住；在这个网上容易被毁损的部分，我们的织网艺术家懂得织出双线以加固之，有时甚至织成六倍粗的丝线来加大网的强度。

约摸四年前，在我屋子里的一个角落上，我观察到一个大蜘蛛正在织它的网；虽然，那个仆人举起她致命的扫帚瞄准这个小动物要毁灭它的劳动成果，但很幸运，我立即制止了这一厄运的发生。

三天以后，这个网就完成了；我不禁想到这个昆虫在新居过活，一定欢乐无比。它在周围往返地横行着，仔细检查丝网每一部分的承受力，然后，才隐藏在它的洞里，不时地出来探视动静。不料想它碰到的第一个敌手，竟是另外一个更大的蜘蛛。这个敌手没有自己的网，也可能已经耗尽了积蓄下来的汁液，因而现在<u>不得不跑来侵犯它的邻居</u>。

于是，一场可怕的遭遇战立刻由此展开。在这场拼搏中，那个侵略者似乎占了体大的上风，这个辛勤的蜘蛛被迫退避下去。我观察到那个胜利者利用一切战术，引诱它的对手从坚强的堡垒中爬出来。它伪装休战而去，不一会儿又转身回来，当它发现计穷智竭以后，便毫不怜惜地毁坏了这个新网。这又引起了另一次战斗，并且，同我的估计相反，这个辛勤的蜘蛛终于反败为胜成了征服者，杀死了它的对手。

在被侵略者占领时，它以极度的忍耐等了三天，又几度修补了蛛网破损的地方，却没有吃什么我能观察到的食物。但是，终于有一天，一只蓝色苍蝇飞落到它的陷阱里来，挣扎着飞走。蜘蛛使苍蝇尽可能把自身胶粘起来，可是蜘蛛最终怎能缚住这只强有力的苍蝇呢？我必须承认，当我看见那只蜘蛛立即冲出，不到一分钟，就织成了包围它的俘虏的罗网，我真有点诧异。一会儿工夫，蝇的双翅就停止了扇动；当苍蝇完全困乏时，蜘蛛就上前将它擒住，拉入洞中。

第6段，写自己阻止仆人破坏蜘蛛织网的一件事。

第7段，写织好网的蜘蛛碰到了同类敌手。

（4）"不得不跑来侵犯它的邻居"这句话在文中体现的内容与下文哪一段相呼应？

遭遇战：敌对双方在行进中相遇而发生的战斗。
第8段，写两只蜘蛛的殊死搏斗过程。

计穷智竭：计谋和智慧用完了，没有法子可想了。这里的穷和竭都是尽、完了的意思。

第9段，蜘蛛捕蝇的详细过程。

第 10 段，蜘蛛放弃强大的对手并重新织网。

根据这种情景，我发现，蜘蛛是在一种并不安全的状况中生活的，因而，大自然对这样的一种生活好像作了适当的安排：因为一只苍蝇就够维持它的生命达一周之久。有一次，我把一只黄蜂放进一个蛛网中，但当蜘蛛照常出门来捕食时，先是观察一下来的是个什么样的敌人，根据量力的原则，制伏不了的对手，它立刻主动上去解除紧紧束缚对手的丝线，以放走这样一个强大的敌手。当黄蜂得到自由后，我多么希望那个蜘蛛能抓紧修理一下网的被破坏的部分，可是，它似乎认定网已无法修补了，便毅然抛弃了那个网，又着手去织一个新网。

量力：估计自己力量或能力的大小而行事。

第 11 段，因破坏失去织网能力的蜘蛛仍有捕食能力。

我很想看看一只蜘蛛单独靠自己的储备能够完成多少个丝网。因此，我破坏了它织就的一个又一个的网，那蜘蛛也织了一个又一个。当它的整个储存消耗殆尽，果然不能再织网了。它赖以维持生存的这种技艺（尽管它的生命已被耗尽）确实令人惊异无比。我看见蜘蛛把它的腿像球一样旋动旋动，静静地躺上几小时，一直小心翼翼地注视着外界的动静；当一只苍蝇碰巧爬得够近时，它就忽然冲出洞穴，攫住它的俘获物。

第 12 段，蜘蛛的侵略能力。
（5）"厌倦""决心"两个词使用了什么修辞手法？
领地：这里指动物为自己圈定的活动场所。

但是，它不久就厌倦了这种生活，并决心去侵占别的蜘蛛的领地，因为它已不能再织造自己的罗网了。于是，它奋起向邻近蛛网发动进攻，最初一般都会受到有力的反击，但是，一次败绩，并不能挫其锐气，它继续向其他蛛网进攻，有时长达三年之久，最后，消灭了守卫者，它便取主人而代之。

第 13 段，蜘蛛捕食时的耐心特点。

有时，小苍蝇落入它的陷阱时，这个蜘蛛并不急于出击，它只是耐心等待着，直到它有把握捕捉对方时，它才动手。因为，如果它立刻逼近苍蝇，将会引起这个苍蝇更大的惊惧，还可导致这个俘虏奋力逃走；所以，它学会了耐心等待，直到这个俘虏由于无效的挣扎而精疲力竭，就变成一个被玩弄于股掌间的战利品啦！

我现在描述的这只蜘蛛已经活了三年；每年，它都要更换皮甲，生长新腿。有时，我拔去了它的一只腿，两三天内，它又重新长出腿来。起先，它还惊惧于我挨近它的网，但是，后来，它变得和我如此亲密，甚至从我的手掌中抓去一只苍蝇，当我触着它的丝网的任何部位时，它就会马上出洞，准备防卫和向我进攻。

第 14 段，蜘蛛和我的三年相处。

为了描绘得完善一点，我还要告诉诸位，雄蜘蛛比雌蜘蛛细小得多。当雌蜘蛛产卵时，它们就得把网在蛋下铺开一部分，仔细地把蛋卷起，宛如我们在布上卷起什么东西一样，于是，它们就可以在它们洞里孵育小蜘蛛了。遇到侵扰，它们在没有把一窝小蜘蛛安全转移到别的地方以前，是绝不考虑自己逃遁的，正由于这样，它们往往会因父母之爱而死于非命。

第 15 段，雌雄蜘蛛的父母之爱。

死于非命：遇到意外的灾祸而死亡。

这些小蜘蛛一旦离开父母为它们营造的隐蔽所后，就开始学习自己织网，几乎可以看到它们日长夜大。如果碰上好运气，长一天，就可捉到一只苍蝇来饱餐一顿。但是，它们也有一连三、四天得不到半点食物的时候，碰上这样的情况，它们也能够继续长得又大又快。

第 16 段，小蜘蛛的成长过程。

（6）作者从哪几个方面具体写出了蜘蛛的聪明？
（7）蜘蛛捕虫时遇到了几种情况，分别是怎么处理的？

然而，当它们老了以后，体积就不会继续增加。只是腿长得更长一点。当一只蜘蛛随着年龄的增长而变得僵硬时，它就不可能捕捉到俘获物，最后就将死于饥饿。

（选自《世界文学随笔精品大展》，上海文艺出版社 1992 年版）

第 17 段，蜘蛛年长后的归宿。

## 赏析

本文是一篇事物说明文，说明对象是蜘蛛，说明内容是蜘蛛的生理特征和生存方式。作者开篇直接点出全文要旨："在我观察过的独居的昆虫中，蜘蛛最聪明。"然后，先介绍蜘蛛的"天生形体"特征，接着，完整地、具体地描绘了作者观察蜘蛛在各种不同情况下如何制敌、捕食的过程，以及在此过程中具备了哪些生理机能和心理特性，直到最后如何延续和终结自己的生命。

本文是一篇描述蜘蛛生态的科学小品文，然而作者并没有将蜘蛛单纯作为一个小动物来写，而是以拟人手法，赋予了它人的某些特征。因而我们在文中看到的是一只有性情、有思想、有智谋、有意志的蜘蛛。作者说蜘蛛的"聪明"表现在："这种昆虫的天生形体，是为了战斗，不仅和其他昆虫，而且和它们的同类相斗。大自然似乎就是为了这种生活景况而设计了它们的形体。"一生的"战斗"正体现出作者所说的蜘蛛的智慧，文中的这个句子，上承"聪明"做解释，下启具体内容做介绍，揭示了文章的主题，突出了蜘蛛的特征。

文章着重描述了一只蜘蛛的"战斗"，在介绍蜘蛛的生理特征时，从防护和战斗的武器的角度，突出概括蜘蛛的这一生理机能，并以其他各种方式的生存斗争来全面说明。在描述蜘蛛的生存方式时，详细描绘这只蜘蛛作网固网、却敌制敌、捕食弃食、储备食物、出击夺网、孵卵繁殖一直到死亡的一系列过程，通过对这只"独居"的蜘蛛的观察，从个体的生存状态来反映蜘蛛的共同特征。

文章以一只蜘蛛为说明对象，基本上是以时间为顺序，来组织安排材料，兼顾到蜘蛛的各种属性，同时引入蜘蛛的不同特点。首句表现蜘蛛的"聪明"之后，详细描写了蜘蛛有利于"战斗"的形体器官头、胸覆、眼睛、嘴巴以及它的主要武器"网"的编织情况。这些都为下面写发生在蜘蛛身上的战斗做了很好的铺垫。对于蜘蛛的"战斗"，作者用大量篇幅，进行了生动、详细的描写。作者以一个蜘蛛作为研究对象，写了它与同类、苍蝇、黄蜂的"战斗"场面。最后一段，写了蜘蛛的生长、繁殖、死亡等情况，这样组织安排材料，既符合蜘蛛的生命过程，也符合读者的认知过程。

文章在具体的说明过程中，使用了多种说明方法。

（1）做比较。如"它们的腿部末端的强壮，与龙爪类似……"，通过与龙爪的比较，形象地说明了蜘蛛强壮的腿部末端，使读者对此有了深刻的印象。

（2）打比方。如"并且脚爪之长简直像矛一般，足以对付远处的进攻者"，把蜘蛛长长的脚爪比作长矛，既表现了其形体特点，又突出了其尖锐锋利。

（3）做对比。如"起先，它还惊惧于我挨近它的网，但是，后来，它变得和我如此亲密……"用蜘蛛前后不同态度的对比，表现了作者长期与蜘蛛接触所产生的彼此熟悉感。还有，抓捕苍蝇和放弃黄蜂的对比，表现了蜘蛛审时度势的聪明智慧。

（4）举例子，如文中写蜘蛛的战斗装备，举蜘蛛的几次战斗例子，具体表现蜘蛛的生活习性和聪明智慧。

作者介绍详尽、说明细致、描写生动、概括准确。这是长期精心观察的成就。首段"在我观察过"简单几个字，已经包含了作者长达几年的仔细而认真的观察过程，其中有过怎样的艰辛也许是我们读者无法想象的。但也正是这样的付出，使得作者不仅十分熟悉描写的对象，而且对其产生了深厚的感情，文中蜘蛛的每一活动都渗透着作者的努力。作者将自己全部的体会和感受，倾注在作品中，使用第一人称，像给读者介绍老朋友般，用语自然亲切、叙事娓娓道来，不仅写出了作为昆虫的蜘蛛的生理和生存特点，而且描绘出一个大自然"天生形体"的生物形象。以人格化的手法，表现了蜘蛛的聪明、机智、勇敢、韧性和父母之爱的各种品质。不仅形象生动地表现了说明对象的特点，而且渗透了作者对它们的强烈感情，如果我们能够冷静思考，不难发现，作品还告诉我们：大自然的所有生物，包括人类，都在"战斗"中生存，一切生物都逃不开的进化法则。人类与昆虫，只是表现方式不同而已。

文中的蜘蛛，通过作者的生花妙笔，完全表现出独居虫类中最聪明的这一特征。身体结构的独特、结网技能的高超、战斗精神的勇敢和作战方式的智慧，意志的坚忍、强大的耐心，呈现出我们平素并不知道的蜘蛛形象，甚至有那么几分可爱。作者的写作技能应该为我们掌握，而我们在说明事物时，只要抓住事物的特点，处处留心、时时用心、坚持细心地观察体会，也会写出这样的感人的说明文来。

# 剖开顽石方知玉，淘尽泥沙始见金

## 跟吴昭谦学写事理说明文

### 名家简介

吴昭谦，1932 年生，安徽省枞阳县人。安徽省地质矿产局高级工程师、科普作家。毕业于南京大学。中国科普作家协会会员。安徽省地质学会秘书长、副理事长，安徽省科普作家协会理事、安徽省文史研究馆馆员，长期从事科技情报的管理、学会组织及地质科普工作。学术论著有《安徽科学技术史稿》，获 1991 年科技进步二等奖。《对我省矿产资源综合评价、综合利用若干问题的研究》获省科委三等奖，发表论文 10 余篇，编著《黄山探奇》《地与人》等 5 部书稿，发表科普短文近千篇，曾获全国、部（省）、市级科普、游记奖 10 多次。旅游地学专家，出席过 15 届国际地质学史讨论会。

### 写作指导

不管是事物说明文还是事理说明文，写作的基本要求和步骤是大致相同的，只是表现的方法和形式略有不同而已。正是这些细微的区别，有时决定着一篇文章的成败。所以我们学习起来，还非得将它们细致区分不可。

根据对象说明，首先是区分事物和事理，然后才可确定写作的角度。对于写作者来说，事物事理分清楚了，抓住事物特征来写就是下一步的关键了。你能看出下面的文字用来说明的对象及特点是什么吗？

肌肉是身体的重要组成部分，"肌纤维"则是组成肌肉最基本的"单元"，肌纤维中，除了有细胞必备的配置外，还有大量的"肌丝"，也就是肌蛋白。肌丝受神经支配，可以发生形变，造成肌纤维的伸缩，而不计其数的肌纤维发生伸缩，就是肌肉的收缩与舒张。

这段的说明对象是肌肉，其基本特征是受神经支配可以发生形变。

下面一段话中，可以看出作者要表现的"屏"的特点是什么？

"屏"，我们一般都称"屏风"，这是很富有诗意的名词。记得童年与家人在庭院纳凉，母亲总要背诵唐人"银烛秋光冷画屏，轻罗小扇扑流萤"的诗句，其情境真够令人销魂的了。后来每次读到诗词中咏屏的佳句，见到古画中的屏，便不禁心生向往之情。因为研究古代建筑，接触到这种似隔非隔、在空间中起着神秘作用的东西，更觉得它实在微妙。我们的先人，擅长在屏上做这种功能与美感相结合的文章，关键是在一个"巧"字上。怪不得直至今日，外国人还都齐声称道。

特点是："似隔非隔、在空间中起到神秘作用"或"功能与美感相结合"。

"野草芳菲人难识"这个标题，简单看来，似乎"野草"就是说明对象，"芳菲"就是对象特征。其实不然，在句中，"野草芳菲"与"人难识"分别是两个主谓短语，两个短语的关系是因果关系（非转折关系），凭什么切掉后一个短语，主观地以前一个短语来断定本文的说明对象和特征呢？由此可见，"野草芳菲"才应该是本文的说明对象，而"芳菲"的内涵才应该是对象特征。内中有深刻的逻辑关系，"芳菲"岂可只作字面解释？

事物的特征主要表现在构造（内外）、形态（大小、长短等）、性质（硬、软、冷、热等）、变化（动、静、快、慢）、成因（简单、复杂）、功用（宽窄、正反）等等方面。

一般来说，说明文的要点，往往就是事物的特征。写作时，除交代出说明的重点外，还要表达清楚介绍的是事物哪些方面的特征，又是从哪些角度介绍的。

说明对象的特征，可以通过标题明确表现出来：例如《死海不死》，"不死"就是死海的全面特征。

说明对象的特征，还可以通过总括句或中心句提示出来。如《苏州园林》一文，"无论站在哪一个点上，眼前总是一幅完美的图画"，就是说明对象的总体特点。

如《野草芳菲人难识》中第三段，"草啊！草！你究竟是怎样一种植物呢？你与人类又有什么关系呢？"其中的"怎样一种植物""与人类又有什么关系"就是本文要说明的对象特征。

有的事物的本质特征，作者在文章中明确地指出来了，以方便读者阅读时找出这些关键句。例如《中国石拱桥》一文中，"这种桥不但形式优美，而且结构坚固"和"我国的石拱桥有悠久的历史"两句，就点明了中国石拱桥的特点：形式优美、结构坚固、历史悠久。

有的说明文虽然不设置明显的关键句，但读者经过细心琢磨，也应该不难从中提炼。例如："永定河发水时，来势很猛，以前两岸河堤常被冲毁，但是这座桥从没出过事，足见它的坚固。桥面用石板铺砌，两旁有石栏石柱。每个柱头上都雕刻着不同姿态的狮子。这些石刻狮子，有的母子相抱，有的交头接耳，有的像倾听水声，千态万状，惟妙惟肖。"这段文字没有关键句，但用了做比较的说明方法和生动形象的描写。拿两岸的河堤常被冲毁与这座桥从没出过事做比较，是为了说明卢沟桥"结构坚固"的特点；用排比、拟人的修辞方法描写柱头上石刻狮子的情态，是为了说明卢沟桥"形式优美"的特点。

这样，就不可避免地将说明对象的特征和说明方法关联了起来。写作说明文时，可根据文章所要说明的内容选择使用恰当的说明方法，一定要使这些说明方法对准确说明事物特征起重要的甚至是不可替代的作用。

常用的说明方法有：下定义、分类别、举例子、做比较、列数字、打比方、画图表、做诠释等。采用什么说明方法是由说明目的和说明内容决定的。例如下段：

虽然我们的身体离不开盐，但是过多的摄入盐却对身体产生危害。日本秋田县的居民喜欢吃咸食，每人每天盐的摄入量为20—30克，比其他县的居民多两倍。结果秋田县居民中高血压等疾病的发病率明显偏高，是日本有名的短命县。

通过举例子，更加增强了"过多地摄入盐对身体产生危害"这一说法的可信度。通过列数字，更加准确地说明了秋田县居民每人每天盐摄入量高。通过做比较，更加清楚地说明了秋田县居民比其他县居民每天盐的摄入量多。

再如下段：

现实社会里的粗鄙化、市侩化的语言也在互联网上蔓延开来，并经由网络再创造，如野草一般疯长，论坛、微博、微信中广泛应用的污言秽语污染了语言环境的清洁。据统计，2014年全年中，12个网络低俗用词的原发微博数量达到百万次以上，4个网络低俗用词的原发微博数量达到了千万次以上。

段中运用了打比方和列数字的说明方法。如"野草一般疯长"是打比方；"据统计"后面使用了数据，是列数字。使用打比方的说明方法，形象生动地说明了网络低俗语言传播速度之快。使用列数字的说明方法，将网络低俗语言传播速度具体化。

《野草芳菲人难识》一文中使用的多种说明方法，正是为了从不同角度，全面突出"人难识"这一特征而精心选用的。

以上这些方法,其表现目的都得依靠语言来实现,所以要完善这部分工作,还要具备语言的功夫。

准确是说明文语言的重要特点。成功的说明文语言,关键在于遣词造句是怎样准确说明被说明事物的特征的。要注意让关键词语起到重要的作用。如《向沙漠进军》一文中,"沙漠是人类最顽强的自然敌人之一"中去掉"最"不足以说明沙漠危害之严重;去掉"自然""敌人",性质就不清楚;去掉"之一"就绝对化了。

当然,文字的生动性也应充分注意。《芹菜》一文中,作者是这样写的:"芹菜可与其他蔬菜的叶子不同。它的叶像鸭子的'脚掌',脚掌上好像擦过油似的,光滑青翠,给人一种清鲜凉爽的感觉。再细看,芹菜的经脉清晰可见,活像一幅五彩缤纷的地图。"

这样写来,芹菜就不只是生动形象了,而且增添了许多趣味。让读者在读说明文的同时,还有不少语言上的享受,何乐不为?

品读《野草芳菲人难识》时,我们一定要留心作者是怎样做到语言的准确生动这一点的。

不管是事物的还是事理的,写起来大同小异。把以上讲述的各方面要点总结起来,写好说明文应注意的是以下几点。

1. 审题——弄清说明对象。

弄清说明对象可以从审题入手。根据我们掌握的材料,分析要说明的是什么。有了确定的说明对象,也就有了大致的说明范围,选用材料就有了中心,安排材料就有了章法。如下面这道作文题:

根据下面材料,以《书,人类最奇妙的朋友》为题,写一篇关于书的小品文,不少于 600 字。

(1)早在 3000 多年以前,我国就有了世界上最早的字———甲骨文。这是书籍的雏形。

(2)正式的书籍,是在 2000 多年前战国秦汉时代出现的,这时的书有竹简、木牍。

(3)春秋末期,出现了写在绸子上面的书,这种书叫帛书。

(4)到了近代,出现了形形色色的书,像油印书、石印书、胶版彩印书、影印书和复印书。

(5)近年来,又出现了许多奇妙的书,像会说话的书、带着香味的书、能活动的书、立体的书以及缩微型的书。

（6）莎士比亚说，书籍是人类知识的总结，书籍是全世界的营养品。

（7）高尔基说，书籍是人类进步的阶梯，爱书吧！它能使你愉快，它教你尊敬人，也尊敬自己；它鼓舞你的思想感情去爱人类、爱和平。爱书吧！它是你知识的源泉。

（8）杜甫说，读书破万卷，下笔如有神。

（9）无情岁月增中减，有味诗书苦后甜。

（10）书，是我们每天都要接触到的，它可以告诉我们许许多多知识，丰富我们的生活，因此书是我们的好教师，又是我们离不开的好朋友。

（11）书有平装的、精装的、文学书、科技书等。

审题提示：根据给出的十一段材料来看，前五段在谈书的发展历史，但后六则材料的重心明显放在了书的作用上。由此可知，本文的对象当然是书，但内容就不仅仅是书的发展历史了，发展只能作为铺垫，而要重点陈说各种奇妙的书及其奇妙的作用——书作为"精神食粮"对人的身心健康，对于社会主义物质文明和精神文明建设所起的重要作用。书作为独特的精神营养品，让每一个读者从中得到无穷的力量。写此文时，首先要阅读分析提供的材料，正确确定重点，将书与人类的关系作为中心来经营。同时题目"书，人类最奇妙的朋友"也给了我们写作的提示。写起来，正文就不能仅仅是对书的纯客观的陈述，而应深入联系实际，结合个人经验，调动情感来写。

《野草芳菲人难识》一文，从题目看，写作对象是"野草"，可文章要说明的内容是野草的什么呢？主要表现的是野草的"芳菲"，这是表面特点，容易为人所知。但正是这个突出的表面特点掩盖了野草的许多价值，因而作者真正要说明的，是"芳菲"掩盖下的"人难识"的其他特点。

弄清说明对象之后，还要弄清是写事物说明文还是事理说明文。如《睡眠为身体解毒》，文章要说明的是睡眠为什么能为身体解毒，又怎样为身体解毒。《用虾皮制成的可降解生物塑料》，"用虾皮制成的""可降解""生物"都是修饰语，指出说明对象的特征，"塑料"是说明对象。由此可以判断出《睡眠为身体解毒》是事理说明文，《用虾皮制成的可降解生物塑料》是事物说明文。

上面给出的写作材料中，无论是材料重心还是作文标题，都明确指向，《书，人类最奇妙的朋友》应该是一篇事理说明文。既然"野草芳菲人难识"这个标题的重心在"人难识"上，和"芳菲"形成了辩证关系，那么，本文就应该是一篇事理说明文。

接下来就要就题立意——确定中心思想。确定中心思想时，要注意以下三点。首先是正确。也就是说，我们解说的事物的本质及规律性要有科学的根据，经得起实践的检验。其次是深刻。深刻是指说明事物要透过现象揭示本质，反映事物内部的规律性。要使读者不仅了解事物"是这样的"，而且要明白"为什么是这样的"。第三是集中。所谓集中就是重点突出，中心明确。我们对客观事物的认识是多方面的，感性材料是丰富的，但在确定中心时不能没有重点，没有中心，不能企图在一篇文章里面面都说到。如果面面都讲得不深不透，反而会把中心思想给湮没了。

上面的写作材料中，标题中"朋友"二字已经确定了书和人类的关系，"奇妙"两字则是对"朋友"关系的修饰限定，也是我们写作时可以发挥的地方，但它又受到材料（6）—（9）的限定。这篇文章的中心其实是比较容易确定的。仔细分析"野草芳菲人难识"这个标题，就会发现，作者对野草的说明不可能止步于"人难识"，而应该是"人应识"的层面。那么，本文的中心就会是人如何利用野草了。

2. 注意说明顺序——时间、空间、逻辑顺序。

如果是事物说明文，可以按照事物产生发展的时间安排，也可以按照人们认识事物的空间顺序安排。这两种顺序的写作安排比较明显。如果是事理说明文，则按事物内在联系安排材料，进行说明，可以用逻辑顺序。事理说明文是阐述事理的，用逻辑顺序便于说明得清楚明白。《人类捕鸟，灾难其后》就是用了由因及果的说明顺序。阐述比较抽象的自然科学原理，一般要由具体到抽象，由事物的表象分析到事物的本质，这样一种逻辑顺序来说明，符合人们认识事物的规律。比如《花儿为什么这样红》一文，开头先介绍"花朵的红色是热情的色彩……"然后由红花的表象分析到"为什么这样红"的本质。《野草芳菲人难识》一文，先谈野草的"芳菲"，再谈"人未识"，最后才说"人应识"，逻辑顺序非常分明。同学们在写作时，究竟使用哪种说明顺序，主要是根据说明对象的自身规律和人们认识事物的规律来确定，没有固定的格式。

此外，文章结构安排应该在审题时考虑过了，而说明方法则受到说明对象的决定。语言表达又受到文体类别和说明方法的制约。其实，事物说明文和事理说明文在写法上没有绝对的区别，关键在于能将所选的对象准确地说明。细微的区别，主要取决于说明对象和作者的构思。

## 常见错误

1.对说明对象特征搞不清楚,使得组织安排材料不够条理。说明方法不够得当,说明逻辑极不合理。

2.错误地使用时空顺序,使得说明停留在"是什么"的表象,不能深入到本质探求"为什么",错把事理说明文写成事物说明文,文章重点出现偏移。

## 导师名作

本文是一篇介绍草与人类关系的说明文。文章先介绍了草的相关知识和草与人类的密切关系,运用材料充分翔实,同时说明草对改进人类生活以及改善人类环境的重要作用,从正、反两方面进行了说明。在此基础上,阐释了种草、养草的必要性、重要性,以及开辟多种途径种草、养草的可能性。作者综合运用了举例、比较、引用、数字等多种说明方法,具体、全面地进行介绍,丰富了读者的知识,提高了人们对草的认识,激发了人们种草、养草,保护环境的积极性。末段呈现本文的说明中心——"草是人们的朋友,愿人们爱草、惜草、养草、研究草,让青青的野草育肥更多的牛羊,创造更好的环境,为人类作出更大的贡献",将文章与现实生活结合得非常紧密。

## 野草芳菲人难识

吴昭谦

第1段介绍古今文人用草来抒发情怀,表达意志。

(1)这一段主要运用了什么说明方法?

绿茸茸、青幽幽的草,在古代往往引起文人忧怨、思念、惜别之情,"王孙游兮不归,草木生兮萋萋"之类的诗句,在许多诗集中不乏其例。在现代人们的眼中,野草又成了人们象征革命的火种,白居易的"离离原上草"这首诗赋予了野草新的涵义。夏衍的《野草》一文，以草的顽强生命力比喻革命者的坚韧性。

但是在一般人，尤其是农民的心目中，草就是指杂草、荒草，应该除掉。现代还有人专门研究制造除草剂，"百草净""敌百草"等除草良药不断更新。看来除尽天下草，乃是一部分人的愿望。

草啊！草！你究竟是怎样一种植物呢？你与人类又有什么关系呢？

第2段，介绍农民对草的认识及现代人除草、灭草的行为。
（2）这一段在文中有什么作用？

第3段，感叹草的命运，引发人们的思考，引起下文的具体介绍。

## 百草古今都是宝

远在石器时代，草就与人类结下了不解之缘。草是人类最早的食物的一种。远古有神农尝百草的传说。明代皇帝朱元璋的第五子朱橚不爱珍宝爱野草。他编著了《救荒本草》一书，共搜集414种可食植物，其中草类占245种。李时珍编著《本草纲目》更是驰名中外。直到今天，还有新的中草药不断被发现利用。

第1段，介绍草可做食物，可以入药。
（3）这一段主要说明什么？

草的最广泛的用途还是作牧草，<u>单是我国的牧草就有1500种以上</u>。牧草含有丰富的蛋白质。一般含量达百分之十几。苜蓿所含蛋白质优于小麦、玉米、高粱。牛羊等动物，吃进青青的草，产出富含高蛋白的乳。

第2段，介绍"草的最广泛的用途"是作牧草。
（4）画线句使用的是什么说明方法？

野草枝茎横生，盘根固土，可以减少河水的径流量和泥沙量。"寸草挡丈风"，野草和树林并肩战斗，为抗风沙侵袭立下了功勋。

第3段，说明草具有"盘根固土和抗风沙"的作用。

## 幽碧芳菲洁无尘

草，单是那么绿就够使人心怡神爽的了。绿草如茵，芳草长堤，历来是人们赞美的景色。清帝王的园林承德避暑山庄，就有好多由天然的草

第1段，介绍草对人精神、心理的影响。
（5）从这段看来，草与人类有什么关系？

第 2 段，介绍草皮为人们的体育活动和孩子们玩耍提供了方便。

第 3 段，介绍草坪能够净化空气，吸尘，减少噪音。

第 4 段，介绍草原的优美风光，说明草原"是巨大的天然花园"。

（6）这段写的是草原，与人类生活有关吗？

第 1 段，草是"第二森林"。

第 2 段，我国种草的情况和面临的艰巨任务。

坪构成的名胜景致。

那铺草皮的草，别看名称不那么动听，什么结缕草、狗牙根、羊胡子草、野牛草等，但是它们软如毛、平似毯，千踩万踏都不怕，踢球赛跑任驰骋，还有那天鹅绒、地毯草，细柔平整，孩子们在上面翻筋斗打滚，乐趣无穷。

"霜凝肥草净无尘"。草坪是天然的净化器，城市中平均每人有 20 平方米以上的草地，就足以调节二氧化碳与氧气的平衡。草坪又是天然的吸尘器，可以减少飘尘。它还可以减少噪音。草坪的上空，富含负离子，无怪乎徘徊散步于草坪上，人们感到身心健爽。

广阔无垠的草原，也是巨大的天然花园，野花野草不分家，谁说草儿不开花。即使在海拔四、五千米的青藏高原上，也生长着千姿百态的耐寒杂草，如报春花、龙胆草、金莲花、银莲花、楼斗草、高山虎口草等。盛夏时它们在高山上吐出一片片云锦彩霞，新疆天山下的草原更是红艳夺目，浓郁芬芳。还有那巴音布鲁克草原，那儿是天鹅的乐园。白鹅、绿草、蓝湖，恍如仙境。"风吹草低见牛羊"，内蒙古的广阔无垠的草原驰名中外，吸引着外宾观光游览。

### 人若有知应种草

草，可以说是"第二森林"。绿化既要植树，也要种草。只有乔木、灌木、草本综合养育，才可以大大提高森林的经济效益，改善生态平衡和提高防护效果。

面对着我国草原比 10 年前减少一半的严重局面，对那种给山剃光头、逢坡铲草皮的破坏行为，我们再也不能容忍了。事实上近几年来种草已经成为广大群众的行动,1983年我国北方13省、区种草1798万亩。当然,全国沙化、碱化、退化了的草地有7亿亩,要夺回这些草地是很不容易的,我们还得继续努力,大力种草、养草。

种草、养草还要开辟多种途径。现在,人们除了在陆上空地种草外,在海滩也开始试验种草。有一种大米草,种在海滩可加快促淤造地的速度,每亩一年收鲜草三千斤,可以用来养羊。地下的根茎腐烂,相当于万斤肥料。在海滩大量种植大米草,真是一箭三雕。

"手把个锄头锄野草呀,锄去野草好长苗呀。"陶行知先生这首著名的歌,现在看来也并不完全对了。在甘肃的河西走廊,已有种草专家取得了麦草套种,小麦不减产,多收几千斤饲料草的经验。

稗草历来是稻田的死敌,农民的眼中钉,可安徽省已经有几处在种稗草,利用种的稗草养鱼。

草是人们的朋友,愿人们爱草、惜草、养草、研究草,让青青的野草育肥更多的牛羊,创造更好的环境,为人类作出更大的贡献。

(选自《光明日报》,1985年3月8日,有改动)

第3段,说明"种草、养草还要开辟多种途径"。

第4段,陶行知的两句歌词"现在看来也并不完全对了",介绍甘肃河西走廊麦草套种的经验。
(7)引用陶行知的歌词有什么作用?

第5段,简略介绍安徽省种稗草养鱼的情况。

第6段,发出呼吁,点明中心。

## 赏析

分析标题"野草芳菲人难识",由两部分构成,前一部分是"野草芳菲",主谓短语,主语"野草",谓语"芳菲";后一部分"人难识",主语"人",谓语"难识"。两个部分又是并列关系,暗含转折。文章介绍草与人类的关系,但以介绍野草为主,对草的分析评价则以"人"的生存生活为标准。故而侧重于事理说明。文章运用翔实、充分的材料,介绍了草的相关知识以及草与人类的密切关系,并从正、反两方面说明了草对改进人类生活和改善人类环境的重要作用,进而阐释了种草、养草的必要性和重要性，以及开辟多种途径种草、养草的可能性。由此可见，本文的说明对象是草的价值和种草的作用。

作者为什么要确定这样的说明对象呢？文章为社会生活和生产服务，本文的说明中心，于文末可见，即"草是人们的朋友，愿人们爱草、惜草、养草、研究草，让青青的野草育肥更多的牛羊，创造更好的环境，为人类作出更大的贡献。"这一说明中心的确定也是来源于人类的现实生活的。

20世纪以来，人类生存环境日渐恶化，自然的报复已引起人们的高度重视，人类的环保意识不断增强。人们普遍关心通过保护环境，改善人类生存的环境，从而提高人类生活的质量。作者意识到这一现象，凭借自己的知识，运用说明文这一载体，宣传环保，呼吁种草。本文告诉我们，文章是社会生活的反映，说明文和其他文体一样，有着其重要的社会功用。

草，是人们熟知的事物，然而，对草全面而正确的认识，并未在大众中完全形成。人们总是站在自己的立场上，一知半解地理解草。作者在第一部分总写人们对草的不同认识，引起下文。文人和农民对草的认识恰好形成对比，而文人的吟咏和农民的行动相比，草在现实中面临的厄运也是不言而喻的。于是，作者连用两个独词句感叹草的命运，"草啊！""草！"又连用两个疑问句引发人们的思考，引起下文的具体介绍："你究竟是怎样一种植物呢？""你与人类又有什么关系呢？"

这样入题，就是充分利用了现实背景，有利于为下文张本。

本文中，草的特征也就是草的价值。文中的三个小标题，就是从三个不同的角度解读草的重要价值。第一个小标题"百草古今都是宝"，从古今两个时代介绍草的药用、营养、固沙几个方面的价值。突出强调了草与人类的密切关系。第二个小标题"幽碧芳菲洁无尘"，分别说明草的色泽、铺垫、净化和观赏作用。进一步说明草对改进人类生活、改善人类环境的重要作用。第二个小标题"人若有知应种草"，在前文充分说明草的价值和作用的基础上，水到渠成地介绍我国的种草情况，说明种草、养草的必要性、重要性以及开辟种草、养草新途径的可能性。这样，"草有巨大的价值和作用"就是说明对象——草的特征。

本文整体上采取"总—分—总"的形式来安排结构。可分为三部分：第一部分（1—3自然段），写人们对草的不同认识和态度，引出正确认识：种草的必要性；第二部分（三个小标题所包含的部分），具体介绍草的巨大价值和重要作用，说明种草、养草的重大意义。这正是作者真正的写作目的所在。第三部分（最后一个自然段），发出呼吁。"总—分—总"的结构安排使文章条理明晰，层次清楚。局部来看，人们对草的认识——草的价值——草的作用——草的利用前景，都是以草为中心，从不同角度来认识草，是对"草"这一事物的解读。总体来看，因为百草都是宝，可以供人食用、治病，还可以净化人的心灵，陶冶人的情操，给人以美的享受，所以，应大力种草、养草。行文上由因到果，层层推进，具有很强的逻辑性。可见本文是按逻辑顺序组织材料的。

作者综合运用了举例、比较、引用、数字等多种说明方法，把有关草的知识，草与人类的密切关系等介绍得具体、全面，丰富了人们的知识，提高了人们对草的认识，激发了人们种草、养草，保护环境的积极性。

（1）举例子。如第1自然段介绍古今文人用草来抒发情怀，表达意志，作者分别以《楚辞》、白居易诗和夏衍的《野草》为例进行具体说明。以"苜蓿"为例，说明牧草含有丰富的蛋白质；"牛羊等动物，吃进青青的草，产出富含高蛋白的乳"，直接说明草与人类生活的关系，以"大米草"为例，具体说明了"一箭三雕"的作用。

（2）做对比。第1自然段古今文人用草来抒发情怀，与第2自然段介绍农民对草的认识及现代人除草、灭草的行为形成了正反对比，为下文的具体介绍做铺垫。

（3）作引用。如"王孙游兮不归，草木生兮萋萋"、白居易的"离离原上草"表现古代文人用草抒情寄志；"寸草挡丈风"表现草的抗风沙作用；"风吹草低见牛羊"表现草的观赏作用。"霜凝肥草净无尘"的诗句，说明"草坪是天然的空气净化器"

（4）列数字。如"他编著了《救荒本草》一书，共搜集414种可食植物，其中草类占245种。"用以说明草的药用价值；"1983年我国北方13省、区种草1798万亩"，用以说明广大群众的种草行动。

（5）作描摹。如"草，单是那绿就够使人心怡神爽的了。绿草如茵，芳草长堤，历来都是人们赞美的景色"，用以表现草的绿色令人爽心悦目。"孩子们在上面翻筋斗打滚，乐趣无穷"，说明草皮的铺垫作用有利于人们的身体健康。

（6）打比方。如把草原比作"是巨大的天然花园"。

本文是一篇文艺性的事理说明文，语言上充分体现了说明文语言的准确性。准确性首先体现在对史料的引用，如"明代皇帝朱元璋的第五子朱橚不爱珍宝爱野草。他编著了《救荒本草》一书，共搜集414种可食植物，其中草类占245种。李时珍编著《本草纲目》更是驰名中外。"这一材料，翔实地说明了百草是宝的事实。准确性还表现在对事实的引用，如"事实上近几年种草已经成为广大群众的行动，1983年我国北方13个省、区种草1798万亩。当然，全国沙化、碱化、退化了的草地有7亿亩，要夺回这些草地是很不容易的，我们还得继续努力，大力种草、养草。"这一材料，运用具体、准确的数字说明了种草的成果及面临的艰巨任务。

这些材料，看似信手拈来，实则与作者花大力气作阅读了解，作生活调查密不可分。手上有材料，才能运用材料。本文还具有形象、生动的特点，活泼多趣。作者善于运用比喻、拟人等修辞手法，增强了语言的表现力。如"野草又成了象征革命的火种"，"草坪是天然的空气净化器"，"野草和树林并肩战斗，为抗风沙侵袭立下了功勋"，"千踩万踏都不怕"等。作者还善于运用描摹手法，使人对草这一说明对象具体可感。如，用"绿茸茸、青幽幽""绿草如茵""芳草长堤"等形象生动的词语来描绘草的形状。同时，文中大量引用的古代诗文及陶行知先生的歌词等，也增强了语言的形象性和生动性。

# 应嫌素面微微露，故着轻云薄薄遮

## 跟贾祖璋学写文艺性说明文

### 名家简介

贾祖璋（1901—1988）是我国著名的科普作家，浙江海宁人。早在 20 世纪 30 年代，他就有《中国植物图鉴》等专著，1931 年商务印书馆出版的《鸟类概论》，是我国最早的一部现代鸟类学著作。他创作了大量的科普作品，出版《鸟与文学》《动物珍话》《生活素描》《生物学碎锦》等。贾祖璋的科普作品大多以绚烂多彩的生物为写作对象，把丰富的科学知识、历史知识和文学知识融为一体，有着相当高的思想性、科学性、艺术性。

### 写作指导

通常情况下，依据说明对象与说明目的的不同，把说明文按语言生动不生动分类，大致包括三种具体样式：文艺性说明文、科学性说明文、实用性说明文。

运用形象化手法介绍事物、阐述事理的说明文叫文艺性说明文。这类说明文具有较多的文学色彩。知识小品（科学小品）、名胜古迹、文物的说明简介等都属于这一类，如《桥之美》《南州六月荔枝丹》等。

文艺性说明文，即科学小品，它与其他说明文不同之处，是采用了文学的表现手法。文学是其手段，传播科学知识才是其目的。

一般地，科学小品具有以下特点：

①短小精悍，也可称千字文，一篇集中说明一个问题，具有"小品"的特点；

②资料可靠、数据确凿，力求知识的科学性；

③文笔轻松、活泼、生动、形象，颇有文采，可叙述，也可描写；

④题材新颖、适时，是广大读者所关心的问题；

⑤语言深入浅出，通俗易懂，多用比喻、拟人等修辞手法，融科学于艺术，富有情趣，引人入胜。

我们一起来比较这两篇同学们课本中学过的文章：《中国石拱桥》和《桥之美》，探究平实性说明文与文艺性说明文在写法上的不同。

从说明对象看，《中国石拱桥》的说明对象是中国石拱桥，《桥之美》的说明对象是桥，桥之美美在哪里？从对象看，文体上似乎并无多大区别。

从说明对象的特征看，《中国石拱桥》的总体特征是：历史悠久、结构坚固、形式优美、分布广泛、大小不一、形式多样，有许多惊人的杰作。《桥之美》的说明对象特征是：桥梁除了具有实用功能外，还具有审美功能。它们各有自己的说明目的，这也不是两种文体的区别。

从说明的内容来看，《中国石拱桥》作者以赵州桥和卢沟桥为例，说明了中国石拱桥的这些特点。《桥之美》文中先点明在画家眼里桥美在何处，随后举了一些具体例子。这只是作者构思的不同。

从语言来看，《中国石拱桥》语言准确、周密，多用列数字等说明方法：如："赵州桥非常雄伟，全长50.82米，两端宽9.6米，中间略窄，宽9米。""桥长265米，由11个半圆形的石拱组成，每个石拱长度不一，自16米到21.6米。"多用带有限制性的词语，如："石拱桥在世界桥梁史上出现得比较早。""《水经注》里提到的'旅人桥'大约建成于公元282年，可能是有记载的最早的石拱桥了。""全桥只有一个大拱，长达37.4米，在当时可算是世界上最长的石拱。"

《桥之美》举例时多用描写和修辞手法，文字极富表现力和感染力。例如："茅盾故乡乌镇的小河两岸都是密密的芦苇，真是密不透风，每当其间显现一座石桥时，仿佛发闷的苇丛做了一次深呼吸，透了一口舒畅的气。"其实，苇丛不会"发闷"，也不会做"深呼吸"，这只是人的感受投射到它身上而已。以拟人手法写出了环境的局促、沉闷、乏味，突出了桥的出现带来了美感效果。

"早春天气，江南乡间石桥头细柳飘丝，那纤细的游丝拂着桥身坚硬的石块，即使碰不见晓风残月，也令画家销魂！"写出了江南早春杨柳拂岸的美丽景色，以杨柳的柔美与石桥的阳刚之美形成反差与对比。并化用宋人柳永的名句"杨柳岸，晓风残月"来突出这一景象带给人的特殊美感。

区别在语言和表达方式：《中国石拱桥》语言准确、周密；少用修辞，多列数字，多用限制性的词语，有平实性特点。《桥之美》多用描写和修辞，文字极富表现力和感染力，这是文艺性说明文的特点。

平实性说明文纯用说明的表达方式，语言朴实简明，内容具体、切实，使人读了就能明白，如自然科学的各类教科书、科技信息资料、实验报告、说明书等。

文艺性说明文以说明为主，辅以叙述、描写、抒情等多种表达方式，并常借助一些修辞方法，形象化地介绍事物或阐述事理，使读者在获得知识的同时，还能得到艺术的享受，其特点是以通俗有趣的写法介绍科学知识，篇幅短小、形式灵活、语言生动，既有很强的科学性，又有一定的文学情趣。贾祖璋的《南州六月荔枝丹》正是这样一篇文艺性说明文的典范。

如果再深入一点，文艺性说明文内部还可再分（科学性说明文也可以这样再分）：

阐释性说明文——从几个不同侧面来解说事物、阐释事理的说明文叫阐释性说明文。有关历史、地理、物理、化学、动物、植物、科学卫生、语言文艺等方面的知识性文字或教材、科学实验报告、器物使用说明等都属于这一类。

例如这个文段：

夜深人静，有的人在床上辗转反侧，久久无法入睡，其实他们正想着厨房冰箱里的好吃的，实在难以克制就起床冲向冰箱大吃一顿，等到情绪放松，才能美美地睡上一觉。你会不会经常有这种半夜爬起来吃东西的冲动呢？如果答案是有，甚至是经常如此，那么你可能要警惕了。这种三更半夜难以抑制的进食冲动可能不仅仅是一种习惯，而是一种病态。有研究显示，全球大约有1.5%的人患有这种名为夜食症的心理失调症，但是大多数人对于这种病症却知之甚少，甚至前所未闻。

从文段尾句来看，文章是在分析一种"名为夜食症的心理失调症"，是阐释事理的说明文，但整个段落却是偏向于描述，有生动形象的特点。和《野草芳菲人难识》一样，这一类阐释事理的文章采用了文艺性说明的方式，别的一类可能采用的是科学说明的方式，如钱学森的《自然科学中的基础学科》。《南州六月荔枝丹》也是这类说明文。

述说性说明文——通过简述概况或情节来介绍事物的说明文叫述说性说明文。电影、电视剧或戏曲的剧情简介，小说和其他文学作品的内容提要，连环画或某些摄影照片的解说词等都属于这一类。

比如《话说长江》解说词第一回："源远流长"片段：

您可能以为，这是大海，是汪洋吧？不，这是崇明岛外的长江！

您可能会联想到长长的飘带、洁白的哈达。是啊！多么美丽，这也是长江！

如果说是三级跳远的话，我们刚才从长江的入海的地方起跳，中间在三峡落了一脚，现在已经跳到世界屋脊的青藏高原了。长江，就是从这里起步，昂首高歌，飘逸豪放地奔向太平洋。

长江在这个世界上已经生活了千千万万个春秋了，可他还是这样年轻，这样清秀！他总是像初生的牛犊一样不知疲倦，永远充满着青春的活力。

长江发源于唐古拉山山脉的主峰格拉丹东雪山的西南侧。

它从西到东，流淌在中国大地的中部，稍稍偏南一点。

在从前的地理教科书里，说长江的长度是5000多公里，近几年来，经过我国科学工作者千辛万苦的实地勘测，获得了比较确切的数据——长江的实际长度是6380多公里。

从长度来讲，除南美洲的亚马孙河和非洲的尼罗河，长江就是世界上当之无愧的第三大河。

从功用上讲，这段文字是为介绍长江的知识片配的解说词，目的在于让人们了解长江。但从文段中可以看出，大量使用了文采性词句和生动性词语，使文段极富艺术性。当然，如果这类解说词稍平实一点，可能就是科学性的说明文了，如电视剧《亮剑》剧情介绍、电影《不见不散》剧情简介，以及小说《红高粱》内容介绍。

文艺性说明文除了像一般性说明文那样要学会抓住事物的特征和采用恰当的说明顺序以外，还要学会掌握下列文艺性说明文常用的说明方法。

（1）比喻说明

比喻说明就是用打比方来说明事物或事理的一种方法。如《看云识天气》中，"它们有的像羽毛，轻轻地飘在空中；有的像鱼鳞，一片片整整齐齐地排列着；有的像羊群，来来去去；有的像一床大棉被，严严实实地盖住了天空；还有的像峰峦，像河流，像雄狮，像奔马……"这句用了比喻的修辞方法，生动形象地写出了云的形态与变化。《南州六月荔枝丹》一文中就有极为丰富的比喻。

（2）拟人说明

拟人说明就是运用拟人去说明事物的方法。例如《春蚕到死丝方尽》："它的一生……却一刻也不停息地朝着一个目标努力……直到……才停止自己的奋斗。"

（3）描述说明

描述说明就是通过对事物形象和状态的描述，对人们的愿望和心情的描述，来说明事物的方法。例如《神奇的万能"服务员"——谈电子计算机"终端设备"》："比方说，现在你想看某部电影，你就通过安装在家里或办公室的'终端'设备，向电台计算中心提出要求,计算机便立即自动从'库'里提取所需影片,自动播放,以满足你的需要。用同样的方法,不光可以欣赏所喜爱的电影艺术,同时也可以知道想要知道的世界新闻。真可谓'秀才不出门,遍知天下事'啊!"

《南州六月荔枝丹》中,写自己上小学时对荔枝的不解,写唐玄宗为杨贵妃飞马送荔枝的情景,写对荔枝种植发展的前瞻,都属于这一类说明,在文中起到了良好的作用。

(4)对话式说明

对话式说明是两个交谈者用一问一答的形式来说明事物。其形式比较活泼、风趣,内容往往由浅入深,逐层深入。一般用于科技知识说明以及某些热点问题的说明。例如《混作、间作和套作》,通过小陈和技术员的对话,介绍了混作、间作和套作三种农作物种植的知识,了解了它们的区别和功能。

(5)讲故事式说明

通过讲故事的方式说明事物。例如《影子的故事》,通过奇妙的无影灯和月亮的影子帮助了历史学家、工程师怎样利用影子、影子和我们的生活、影子帮助了历史学家等五则故事,从古代和现代、天文学和历史学、生产和生活等方面,介绍了人类对影子的利用。故事新奇有趣,说明的知识很容易接受。《蜘蛛》一文,也类似于讲故事。《南州六月荔枝丹》中也穿插了小故事,如上小学时不懂荔枝,讲荔枝不耐贮藏时提到杨贵妃吃荔枝等。


## 常见错误

1. 为追求文艺性而抒情过多,失却客观,不够科学准确。例如一段写蚂蚁的说明文字:"蚂蚁有巨大的身躯,其高大的形象令我们景仰。同时,它是自然界中的大力士,有着无与伦比的力量……"显然,作者对蚂蚁倾注了深情,下笔着力赞美。但"巨大的身躯"是和什么相对而言的? 只能说是受"高大的形象"的影响;"大力士"并非绝对的,是有条件的表达,"无与伦比的力量"有多大? 和大象比吗?

2. 文章主旨偏移,导致文体错误。还是上篇写蚂蚁的说明文,作者写蚂蚁的合作觅食后,用了大段文字,写现实中班级纪律性涣散,不够团结,拿来和蚂蚁进行对比,最后大谈团结就是力量,呼吁同学们团结合作,共创美好明天。这样就置蚂蚁于客体位置,让描写对象蚂蚁为自己"团结"的主旨服务,成为自己文中的一个论据了。

3. 说明不够全面、完整，出现了片面性。蚂蚁是有许多种类的，不加区分，以部分代替整体，给读者一种错误的知识。读者以作者介绍的蚂蚁作为知识，在自然界中认识事物，按图索骥，会出笑话的。

4. 在文艺性说明文中，刻意追求"文艺性"，结果写成了状物的散文，达不到说明的目的。文艺性说明文是说明文的一种特殊的表现形式。它是指借助于一些形象化的手法（如拟人、比喻等）和文学上的一些表达方式（如描写、抒情、描述等）来对客观事物作形象化的说明，以求把事物或事理介绍说明得生动形象，通俗易懂。但在文艺性说明文的写作中，学生往往容易顾此失彼，只注重了形象表现手法和表达方式的运用，而忽视了说明文的根本任务与要求，把说明事物或事理的文章写成了状物的散文。

## 导师名作

本文准确、翔实地说明了荔枝的果形、果实以及贮运，对荔枝的习性、产地、栽培史等做了一般性介绍，并对我国荔枝生产充满信心地进行了前瞻。作为科学小品，语言的科学性集中体现在用词准确、周密，文学性集中体现在大量诗词典故的运用上，既使说明形象生动，又使文章诗意盎然。

（1）作者为什么不直接用"荔枝"作为标题？

第 1 段，以小学学习《荔枝图序》向老师质疑为引子，引出"荔枝"这个话题。
（2）第一段有何作用？
缯 zēng（古代丝织品的通称）
瓤 ráng（瓤子）

# 南州六月荔枝丹

贾祖璋

幼年时只知道荔枝干的壳和肉都是棕褐色的。上了小学，老师讲授白居易的《荔枝图序》，读到"壳如红缯，膜如紫绡，瓤肉莹白如冰雪，浆液甘酸如醴酪"，实在无法理解，荔枝哪里会是红色的！荔枝肉像冰雪那样洁白，不是更可怪吗？向老师提出疑问，老师也没有见过鲜荔枝，无法说明白，只好不了了之。假如是现在，老师纵然没有见过鲜荔枝，也可以找出科学的资料，给有点钻牛角尖的小学生解释明白吧。

白居易用比喻的笔法来描写荔枝的形态，的确也有不足之处。缯是丝织物，丝织物滑润，荔枝壳却是粗糙的。用果树学的术语来说，荔枝壳表面有细小的块状裂片，好象龟甲，特称龟裂片。裂片中央有突起部分，有的尖锐如刺，这叫做片峰。裂片大小疏密，片峰尖平，都因品种的不同而各异。

成熟的荔枝，大多数是深红色或紫色。生在树头，从远处当然看不清它壳面的构造，只有红色映入眼帘，因而把它比做"绛囊""红星""珊瑚珠"，都很逼真。至于整株树以至成片树林，那就成为"飞焰欲横天""红云几万重"的绚丽景色了。荔枝的成熟，广东是四月下旬到七月，福建是六月下旬到八月，都以七月为盛期，"南州六月荔枝丹"指的是阴历六月，正当阳历七月。荔枝也有淡红色的，如广东产的"三月红"和"桂绿"等。又有黄荔，淡黄色而略带淡红。

荔枝呈心脏形、卵圆形或圆形，通常蒂部大，顶端稍小。蒂部周围微微突起，称为果肩；有的一边高，一边低。顶端叫果顶，浑圆或尖圆。两侧从果顶到蒂部有一条沟，叫做缝合线，显隐随品种而不同。旧记载中还有一些稀奇的品种，如细长如指形的"龙牙"、圆小如珠的"珍珠"，因为缺少经济价值，现在已经绝种了。

荔枝大小，通常是直径三四厘米，重十多克到二十多克。六十年代，广东调查得知，有鹅蛋荔和丁香大荔，重达四五十克。还有四川合江产的"楠木叶"，《四川果树良种图谱》说它重十九克左右，《中国果树栽培学》则说大的重

醴lǐ（甜酒）酪lào（用乳汁制成的半凝固状食品）
不了了之：把问题放在一边，就算了事。了：完成。了（第二个）：了结、结束。

第2段，写荔枝的外壳。
龟裂：jūn 呈现许多裂纹。（龟甲 guī jiǎ）

第3段，写荔枝的颜色。
囊 náng（口袋）

第4段，写荔枝的果形。

第5段，写荔枝的大小。

六十克。

　　所谓"膜如紫绡"，是指壳内紧贴壳的内壁的白色薄膜。说它"如紫绡"，是把壳内壁的花纹误作膜的花纹了。明代徐勃有一首《咏荔枝膜》诗，描写吃荔枝时把壳和膜扔在地上，好似"盈盈荷瓣风前落，片片桃花雨后娇"，是夸张的说法。

　　荔枝的肉大多数白色半透明，说它"莹白如冰雪"，完全正确。有的则微带黄色。从植物学的观点看，它不是果肉，而是种子外面的层膜发育而成的，应称做假种皮。真正的果肉倒是前面说的连同果壳扔掉的那一层膜。荔枝肉的细胞壁特别薄，所以入口一般都不留渣滓。味甜微酸，适宜于生食。有的纯甜。早熟品种则酸味较强。荔枝晒干或烘干，肉就成红褐色，完全失去洁白的面貌。

　　荔枝不耐贮藏，正如白居易说的："一日而色变，二日而香变，三日而味变，四五日外，色香味尽去矣。"现经研究证实，温度保持在1℃到5℃，可贮藏三十天左右。还应进一步设法延长贮藏期，以利于长途运输。因为荔枝不耐贮藏，古代宫廷想吃荔枝，就要派人兼程飞骑从南方远送长安或洛阳，给人民造成许多痛苦。唐明皇为了宠幸杨贵妃，就干过这样的事，唐代杜牧诗云："长安回望绣成堆，山顶千门次第开。一骑红尘妃子笑，无人知是荔枝来。"就是对这件事的嘲讽。

　　荔枝的核就是种子，长圆形，表面光滑，棕褐色，少数品种为绿色。优良的荔枝，种子发育不全，形状很小，有似丁香，也叫焦核。现在海南岛有无核荔枝，核就更加退化了。

　　荔枝花期是二月初到四月初，早晚随品种而不同。广东有双季荔枝，一年开花两次。又有四季荔枝，一年开花四次之多。花形小，绿白色或

第6段，写荔枝的膜。

第7段，写荔枝的肉。

第8段，写荔枝不耐贮藏的特点。
（3）本段讲贮存，是否走题？

兼程：一天走两天的路。

第9段，写荔枝的核。

淡黄色，不耀眼。花分雌雄，仅极少数品种有完全花。雌雄花往往不同时开放，宜选择适当的品种混栽在一起，以增加授粉的机会。一个荔枝花序，生花可有一二千朵，但结实总在一百以下，所以有"荔枝十花一子"的谚语。荔枝花多，花期又长，是一种重要的蜜源植物。

荔枝原产于我国，是我国的特产。海南岛和廉江有野生的荔枝林，可为我国是原产地的明证。据记载，南越王尉佗曾向汉高祖进贡荔枝，足见当时广东已有荔枝。它的栽培历史，就从那个时候算起，也已在二千年以上了。唐代对四川荔枝多有记述。自从蔡襄的《荔枝谱》（1059）成书以后，福建荔枝也为人所重视。广西和云南也产荔枝，却很少有人说起。

古代讲荔枝的书，包括蔡襄的在内，现在知道的共有十三种，以记福建所产的为多，尚存八种；记载广东所产的仅存一种。清初陈鼎一谱，则对川、粤、闽三省所产都有记载。蔡谱不仅是我国，也是世界的果树志中，著作年代最早的一部。内容包括荔枝的产地、生态、功用、加工、运销以及有关荔枝的史事，并记载了荔枝的三十二个品种。其中"陈紫"一种现在仍然广为栽培。"宋公荔枝"现名"宋家香"，有老树一株，尚生长在莆田宋氏祠堂里，依然每年开花结实。这株千年古树更足珍惜。

荔枝是亚热带果树，性喜温暖，成都、福州是它生长的北限。汉武帝曾筑扶荔宫，把荔枝移植到长安，没有栽活，迁怒于养护的人，竟然对他们施以极刑。宋徽宗时，福建"以小株结实者置瓦器中，航海至阙下，移植宣和殿"。徽宗写诗吹嘘说："密移造化出闽山，禁御新栽荔枝丹。"实际上不过当年成熟一次而已。明代文征明有《新

第10段写荔枝的花期。

第11段，写荔枝的产地分布。

第12段写现在知道的13种讲荔枝的古书。
（4）这段为什么要讲有关荔枝的古谱？

第13段说明荔枝"喜温暖"的习性。
（5）讲宋徽宗的典故有何作用？
造化：（1）自然界的创造者，也指自然。（2）福气、运气。

（6）文中画线句表达上的作用是什么？

第14段写今天我们发展荔枝生产，要造福于广大劳动人民。

幅员：领土面积。地广狭为幅，周围为员，员即圆。

（7）本文最主要的说明方法是什么？

荔篇》诗，说常熟顾氏种活了几株，"仙人本是海山姿，从此江乡亦萌蘖。"但究竟活了多少年，并无下文。现在科学发达，使荔枝北移，将来也许不是完全不可有的事。

我国幅员广阔，不同地区有不同的特产。因地制宜，努力发展本地区的特产，是切合实际的做法。盛产荔枝的地区，应该大力发展荔枝的生产。苏轼有诗云："罗浮山下四时春，卢橘杨梅次第新。日啖荔枝三百颗，不妨长作岭南人。"但日啖三百颗，究竟能有几人呢？社会主义现代化的荔枝生产，应该能够逐步满足广大人民的生活需要。

（选自《无忧无虑中学语文网》）

## 赏析

"南州六月荔枝丹"是明朝陈辉《荔枝》诗中的句子。原诗是："南州六月荔枝丹，万颗累累簇更团。绛雪艳浮红锦烂，玉壶光莹水晶寒。高名已许传新曲，芳味曾经荐大官。乌府日长霜暑静，几株斜覆石阑干。"引用古诗蕴藉含蓄，引人入胜。此题内涵丰富：产地南州，泛指我国南部地区；成熟的季节六月（阳历七月）；鲜果的色彩，绚丽如丹。突出了荔枝的产地、成熟期、颜色（生态的主要特点之一）。充满诗情画意，而且引古诗为题，也与全篇广泛引证的风格统一起来。

这篇文章介绍荔枝果实的各个方面：外壳的形态，外壳的颜色，荔枝的果形，荔枝果实的大小及重量，壳内的果膜、果肉（假种皮），荔枝的贮藏，荔枝的果核（种子），荔枝的花。还介绍了荔枝的产地分布，古代讲荔枝的专著（书谱），荔枝的生长习性和生长的北限（地区限制），以及提出"应该大力发展荔枝的生产""逐步满足广大人民的生活需要"的建议。

本文分两部分。第一部分（第1—10段），分三个层次说明荔枝的形态和果实。第一层是第1段，以小学学习《荔枝图序》向老师质疑为引子，引出"荔枝"这个话题。第二层是第2—5段，主要写荔枝的外部形态（外壳、颜色、果形、大小）。第三层是第6—10段，主要写荔枝的果实（膜、肉、核、花）。第二部分（第11段—14段），主要介绍荔枝生产的有关情况。

两个部分相比较，介绍荔枝果实的部分是全文的主体。因为它是有关荔枝知识的重点，同时也是一般读者最感兴趣、最乐于了解的知识，因此作者写作时，把它作为主体，进行详细介绍。这说明作为科普作品，在对某种事物进行介绍说明时，要依据所要说明事物的自身特点和读者的认知需求，来合理安排文章内容的主次和详略。

本文入题极有艺术性。

第1段写自己只知道"荔枝干的壳和肉都是棕褐色的"，与老师讲的《荔枝图序》中描述的荔枝不同，老师无法说明白，因而一直存有疑问。这个开头既亲切活泼，又符合学生的阅读心理。完整地引用白居易《荔枝图序》的诗句，为后文提到的与白居易对荔枝的不同看法提供了依据，也为下文提出的多方质疑做了铺垫。

质疑一：白居易"壳如红缯"的说法。作者认为"缯是丝织物，丝织物滑润，荔枝壳却是粗糙的"。更巧妙的是，作者由外壳引出颜色。从颜色引出形状、大小，介绍得井然有序。

质疑二：白居易"膜如紫绡"的说法。作者认为白居易"把壳内壁的花纹误作膜的花纹了"，应该是"壳内紧贴壳的内壁的白色薄膜"。

质疑三：白居易"瓤肉莹白如冰雪"的说法。作者认为"瓤肉"实际不是肉，而是"膜"发育的"假种皮"，"真正的果肉倒是前面说的连同果壳扔掉的那一层膜"。随后，作者用简洁的语言对荔枝核（种子）的形状、色泽、种类做了具体说明。荔枝的花从内容上说不属荔枝的果实，但花与果实分不开，有花才有果，所以附带一起介绍。其主要特征是荔枝花多，花期长。

可见，作者巧妙借用小时候学习时产生疑问的一件事，引用白居易《荔枝图序》的内容，对荔枝做了详细而准确的说明。

本文的说明顺序，说明荔枝的生态，按照由外到内或由表及里的顺序；介绍荔枝的生产，按照由古到今的顺序。从全文看，两部分的说明顺序是由主到次。这样来写，条理清晰，内容全面、主次鲜明，既突出了荔枝的形态特征，又介绍了有关荔枝的其他知识。

本文综合运用了多种说明方法。

1.举例子，增强文章的厚重感和说服力。

来自现实的，如"广东产的'三月红'和'桂绿'等"；"海南岛和廉江有野生的荔枝林"；"一些稀奇的品种，如……'龙牙'……'珍珠'"等。

来自调查材料的，如"六十年代，广东调查得知，有鹅蛋荔和丁香大荔，重达四五十克"。

来自史籍和科学专著的，如"据记载，南越王尉佗曾向汉高祖进贡荔枝"；杨贵妃吃荔枝的事；"四川合江产的'楠木叶'，《四川果树良种图谱》说它重十九克左右，《中国果树栽培学》则说大的重六十克"等。

2. 打比方，使说明的事物更生动形象，让读者更易理解。

直接比喻说明，如说明荔枝壳面形态时，说"荔枝壳表面有细小的块状裂片，好像龟甲"；"裂片中央有突起部分，有的尖锐如刺"；说明荔枝的果形时说"荔枝呈心脏形，卵圆形或圆形"；介绍优良的荔枝的种子时说"形状很小，有似丁香"；在说明荔枝外壳的色泽时说"把它比做'绛囊''红星''珊瑚珠'，都很逼真"等。

引用古籍或诗文作喻，如"至于整株树以至成片的树林，那就成为'飞焰欲横天'，'红云几万重'的绚丽景色了"；"旧记载中还有一些稀奇的品种，如细长如指形的'龙牙'、圆小如珠的'珍珠'等"。

这样写的作用是，形象，使人易于理解，生动，有文学情趣。

3. 列数字，使得事实确凿，更具说服力。

在介绍荔枝的成熟期，果实的大小、重量，荔枝的贮藏，荔枝的花期、花序的主花朵数与结实数，我国栽培荔枝的历史，古籍中所载的荔枝的品种时，都运用了数字。

例如：通常直径三四厘米，重十多克到二十多克。温度保持在1℃到5℃，可贮藏三十天左右。这样写，既准确，又客观、具体。

4. 作引用，既增强了文章的文学色彩，又充实了文章的内容。

古代诗文、文献、谚语等在本文里引用达十余处之多。这样既丰富了文章内容，扩大了知识面，加强了说明效果，同时又使文字生动活泼、富于变化，具有较强的文学韵味，因而也更能引发读者的阅读兴趣——既能了解有关的科学知识，又能获得一种文学享受。

5. 做比较：如，"优良的荔枝，种子发育不全，有似丁香。"

6. 分类别：如，"广东有双季荔枝……又有四季荔枝……"

7. 下定义：如，"荔枝壳表面……特称龟裂片。""两侧……有一条沟，叫作缝合线。"

本文的语言特点非常突出。文是一篇科学小品，既有一般说明文简明、准确、周密、条分缕析的特点，又有清新诱人的诗意。

说明文的语言必须准确、简洁。如第12段，"古代讲荔枝的书，包括蔡襄的在内，现在知道的共有 13 种"一句，加"现在知道的"就比较客观，因为"13 种"仅是从已发现的文献来判断，将来也许还会有新的发现，那就不止 13 种了。又如第 13 段，"使荔枝北移，将来也许不是完全不可能的事"，用推测的语气，实际上是说将来也许有可能发生这样的事，但能不能发生还不一定。如果改成"将来是完全可能的事"，就变成了肯定语气，指将来必然产生的事实。例如第 14 段，"盛产荔枝的地区，应该大力发展荔枝的生产"，不是任何一个地区都能大力发展荔枝生产，"盛产荔枝的地区"圈定的范围较小，有条件大力发展荔枝生产。语言的准确还表现在确数、约数的运算上，如"一年开花两次""大约重 60 克""通常直径三四厘米""重达四五十克"等等。

本文的语言还有严密的特点，如"成熟的荔枝，大多数……紫色"中的"大多数""荔枝的大小，通常直径三四厘米"中的"通常""荔枝的肉的细胞壁特别薄……一般都不留渣滓"中的"一般""荔枝晒干或烘干……完全失去洁白的面貌"中的"完全"……

本文的文学性集中体现在大量诗词典故的运用上，既使说明形象生动，又使文章诗意盎然。文章是说明文，运用诗句"南州六月荔枝丹"为题，生动活泼富于形象感。开头引白居易《荔枝图序》中的句子进行质疑，自然引出对荔枝的说明介绍。又引"飞焰欲横天""红云几万重"等诗句描写荔枝的颜色；引"盈盈荷瓣风前落，片片桃花雨后娇"诗句表现荔枝的膜，更加收到良好的效果。引用杜牧《过华清宫绝句》第一首，一方面印证了荔枝不耐贮藏的特点，同时揭露封建帝王、王妃的奢侈生活，增强了思想性。引用的文字生动活泼，具有文学韵味，增强了阅读兴趣，给人留下鲜明的印象。

这里专门强调一下本文的引用特色。

1. 比喻描写性引用

开头引用白居易的《荔枝图序》的一段："壳如红缯，膜如紫绡，瓤肉莹白如冰雪，浆液甘酸如醴酪。"按荔枝形态特点和人们认识事物先外后内的顺序，连用"红缯""紫绡""冰雪""醴酪"四个比喻，写出荔枝外壳色彩的红艳、内膜质地的轻柔、瓤肉的洁白、浆汁的香甜，可谓描形摹状、细致入微。在解说"壳如红缯"时，引用"绛囊""红星""珊瑚珠"三个比喻，说明荔枝的红色。最后引用"飞焰欲横天""红云几万重"的诗句，描写整片荔枝林的颜色，给人以物的形象和诗的意境。在说明荔枝膜时，引《咏荔枝膜》诗："盈盈荷瓣风前落，片片桃花雨后娇"。"荷瓣""桃花"喻其形色，"风前落"描其轻柔，"雨后娇"状其鲜艳。这种比喻从动态来描绘，比静态描写更加生动形象。

2. 对比议论性引用

有些并非直接描写荔枝的诗文，作者巧妙地从另一角度引用，收到的说明效果同样突出，如引杜牧的《过华清宫》，用以说明荔枝不耐贮藏的特点。"一骑红尘妃子笑，无人知是荔枝来"，不仅是荔枝不耐贮藏的例证，也是当时人民苦难的见证。引文既扩大了文章的知识内容，又增强了思想内容。现在的荔枝，已经可以贮存三十天左右，可以有更多的人吃到荔枝了。人民古代苦难，现在幸福，对比鲜明。

3. 举例考证性引用

在说明荔枝的栽培历史时，引宋徽宗和文征明的诗句，其作用在于列举荔枝北移失败的史例，以证实上文关于荔枝性喜温暖，畏惧霜害，"成都、福州是它生长北限"的说明。这样的引用，丰富了文章的知识范围，使有关荔枝栽培的说明有充分的依据，且不是一种单调呆板的简单说明，而是一种包含趣味和文采的引用方式。

总之，本文大量引用古诗文，来说明荔枝的有关知识，配合许多生动形象的词语，既增强了知识性，又增强了文艺性。如果没有诸多的古诗文引用，文章就会少了色彩，成为一篇平实的科教文了；而文艺性说明文的意义和价值，正是以本文为典型表现出来的。

# 澄湖万顷深见底，清冰一片光照人

## 跟钱学森学写科学性说明文

### 名家简介

钱学森（1911—2009）汉族，浙江省杭州市人。中国共产党优秀党员、忠诚的共产主义战士、享誉海内外的杰出科学家和中国航天事业的奠基人，中国两弹一星功勋奖章获得者之一。曾任美国麻省理工学院教授、加州理工学院教授，曾担任中国人民政治协商会议第六、七、八届全国委员会副主席、中国科学技术协会名誉主席、全国政协副主席等重要职务。

### 写作指导

科学性说明文，写法平实、语言简洁，对事物或事理做准确而恰当的说明。常用举例子、下定义、列数字、画图表、做诠释、分类别等说明方法。一般科技说明文常用此法，如《阿西莫夫短文两篇》。这种区分只是相对而言，文艺性说明文里可以有平实的说明，科学性说明文里也可运用生动的说明。如《向沙漠进军》《奇妙的克隆》《宇宙里有些什么》。钱学森的《现代自然科学中的基础学科》就是这样的说明文。

科学性说明文是与文艺性说明文相对而言的，主要区别在于语言运用和表现手法上。这类说明文，从语言表达角度，与文艺性说明相比语言比较平实，是单纯客观地介绍科学知识的文章，不大讲究文艺性笔调。如果把它们比作舞台，文艺性说明文是粉墨亮相，科学性说明文则是素妆清唱；如果把它们比作绘画，文艺性说明文是重彩油画，科学性说明文则是素描速写；如果把它们比作美女，文艺性说明文是靓装彩饰，科学性说明文则是清水芙蓉。

如同是写蜘蛛的说明文，在说明蜘蛛的形体时，哥尔斯密这样写：

"它们的头和胸覆以天然的坚硬甲胄，这是其他昆虫无法刺破的。它们的身躯裹以柔韧的皮甲，可以抵挡黄蜂的螫刺。它们的腿部末端的强壮，与龙爪类似，并且脚爪之长简直像矛一般，足以对付远处的进攻者。

"蜘蛛的几只眼睛，宽大透明，遮以某些有刺物质，但这并不妨碍它的视线。这种良好的装备，不仅是为了观察，而是为了防御敌人的袭击；此外，在它的嘴巴上还装备一把钳子——这是用以杀死在它脚爪下或网里的捕获物。"

而方元是这样写的：

"虫子和蜘蛛的不同是容易辨认的。虫子的身体有头、胸、腹三个部分，但蜘蛛的身体只有两部分：结合的头和胸（叫头胸部）和腹。虫子只有六只脚，而蜘蛛有八只。虫子头上有一对触角帮助其觉察周围世界，蜘蛛缺少触角，但是它们有锐利的视力弥补其不足。

"蜘蛛有像爪似的附肢，用它来刺破猎物的身体，再用毒液注入刺破的小孔。大多数蜘蛛纲动物差不多靠液汁过活。它们吮吸了虫子的血，为了便于消化，在吮吸以前会从嘴里放出消化酶。蜘蛛有两只像附肢一样的小脚叫脚触，它们用那脚尖带着的爪抓捕猎物。"

读过两段文字，我们能明显感觉到语言色彩的不同。前者倾注了大量的感情，将描写对象人格化；而后者只是纯客观的说明。由此可见，两类说明文，文艺性的在一定程度上可以表现作者的主观色彩，科学性的一般只体现对象的客观特点。

为什么会有这样的区别呢？应该取决于两点：一是说明对象的区别，二是阅读对象的不同。

如果，说明对象本身是易于明白的，在进行说明时，只需要将其客观地介绍给读者大众就行，并无必要进行渲染描述，或者多角度描绘增强其形象性，那样做就画蛇添足了。如钱学森的《现代自然科学的基础学科》，逐一说明各门学科与数学、物理的紧密关系，以突出在现代自然科学中数学与物理的基础地位，全文明白通俗，不做过多修饰，皆因说明对象决定。许多传播知识的说明文，目的在于教以程序方法，因而并无必要表现艺术性。而《神奇的极光》一文，由于说明对象极光是一种极为特殊的自然现象，大多数人并未目睹，而其成因又极为复杂，纯客观的介绍就很难达到"说明"的目的，作者就尽力铺张，传其事、绘其形、探其神，千方百计让读者能够理解接受。

像以上所举的两篇描写蜘蛛的说明文，说明对象并无多大区别，那如何选择文体，就多半取决于读者对象了。如果是写来给专门研究人员看的，起点就高，尽可能纯客观介绍分析；如果是以科普为目的，给大众以知识的，那就得通俗易懂，形象生动，增强其可读性、趣味性。中学课本中的大多数说明文都是文艺性的，原因就是读者的阅读目的是学习而非研究。

如，同样是介绍信息高速公路这一概念，比尔·盖茨开篇这样写：

"对信息高速公路的种种担心之一，是它将会减少人们用于交际的时间。有人担心"家"会变成舒适的娱乐场所，使人再也离不开它，并担心安稳地待在我们的私人圣殿中，我们会被孤立起来。我认为这种事并不会发生。关于这一点，我正在兴建的房子作了解释。"

而李葆文却这样写：

"似乎只要抬一抬头，人们就可以看到并不遥远的未来世界。中国怎么办？这成了我们很容易提出的问题。在今天还缺乏客观和详细的分析、论证的时候，过于悲观和过于乐观都是自然的反应。悲观者认为，在我国，即使是真正意义上的高速公路又有几条？更何谈集高科技之大成的信息高速公路？而乐观者则认为中国完全有可能以跳跃的方式接近发达国家，因此要立即着手，建设中国的信息高速公路。"

两文的风格差异明显，前文重在推广宣传，后文重在论证研究。钱学森的《现代自然科学中的基础学科》是科普文章，目的在于宣传科学，因而深入浅出、通晓明白，正是取决于读者对象。

如果我们来写，是否采用平实的文体，标准也就很清楚了。那么，如何写作科学类的说明文呢？先来了解一般科学说明文的特点和写作要求。

1. 一般科学说明文的特点

（1）说明性。科普说明文的写作目的在于介绍科学知识。是科普说明文，就要介绍科学知识。

（2）单一性。一篇科普说明文，一般只说明一个科学现象，介绍一种科学知识。

（3）通俗性。科普说明文介绍的知识多是普及性的，所以要求用通俗有趣的语言，深入浅出地进行说明。

同学们可以比较一下上边所举的两种不同体裁的例文，感受一下文艺性和科学性说明文的大致区别，有利于我们深刻理解两类说明文的根本不同。

2. 一般科学说明文的写作要求

（1）要有明确的目的，如此才能抓住重点，突出中心。

（2）与文艺性说明文不同，这类科普说明文一般不需要有形象、有感情，只需直接介绍事物的特征，说明某一科学现象即可。

（3）因为科学说明文的根本任务在于普及科学知识，所以在表达上应力求用浅显朴实的语言说明复杂抽象的内容。

以上三点，在钱学森的《现代自然科学中的基础学科》中都有充分的体现。

## 常见错误

1.缺少文体概念的标准，不知不觉中进行了渲染，混淆了文艺性与科学性两种说明文。以"准确性"而言，它是所有说明文的特点。但比较这两种说明文，如果文艺性说明强调的叫"准"，那么，科学性说明文则应在"准"的前面加一个字——"精"。比如，《南洲六月荔枝丹》中描述成片的荔枝树的情景，用了两个引用："飞焰欲横天""红云几万重"。从科学性的"准确"来讲，就不可以了。树可以"横天"？这种"红云"到底"几万重"？这"几万重"会是多么宽广？

2.过分拘泥于两种文体的区别，不敢越雷池半步，写起来束手束脚，给人一副冷冰冰的旁述者的感觉，就像一个没一分情感的导游，念经般做介绍。其实，活泼的文字和灵活的手法并不为这种文体拒绝，适当运用还是很有效果的。即便是数理化老师授课也并不是全板着脸严肃到底吧！

## 导师名作

这篇说明文始终紧扣现代自然科学纵横两个方面，使读者明确认识到自然科学"成为严密的综合起来的体系"的原因所在。在介绍每一门学科时，都包含了三个方面的阐述：一是研究的内容；二是研究的成果；三是研究中对物理和数学的依赖关系。从而强调了物理和数学这两门根本的基础学科在现代自然科学中的重要位置。文章条理清晰、逻辑严密，内容虽然较深，但读起来容易理解。这正是本文说明时的成功之处，值得我们研究学习。

# 现代自然科学中的基础学科

钱学森

现代自然科学，不是单单研究一个个事物，一个个现象，而是研究事物、现象的变化发展过程，研究事物相互之间的关系。这就使自然科学发展成为严密的综合起来的体系。这是现代自然科学的重要特点。

工程技术的科学叫做应用科学，是应用自然科学中基础学科的理论来解决生产斗争中出现的问题的学问。当然，基础学科中也有好多道理是从生产实践中总结提高而来的；而且没有工农业生产，基础学科研究也无法搞下去。所以基础学科之为基础是就其在现代自然科学体系中的位置而言的。我们一般提六门基础学科：天文，地学，生物，数学，物理，化学。这六门是不是都是一样的基础呢？也不是。从严密的综合科学体系讲，最基础的是两门学问。一门物理，是研究物质运动基本规律的学问。一门数学，是指导我们推理、演算的学问。

先说化学。化学是研究分子变化的。三十年代后出现了量子化学，用量子力学的原理来解决化学问题，使化学变成应用物理的一门学问。近来，由于电子计算机的运用，又出现了计算化学。从前人们认为化学就是用些瓶瓶罐罐做试验。现在由于掌握了物质世界里头的原子的运动规律，就可以靠电子计算机去计算。有朝一日化学研究会主要靠电子计算机计算，而且可以"设计"出我们要的分子，"设计"出造这种分子或化合物的化学过程。到那时做化学试验只是为了验证一下计算的结果而已。

第1段，现代自然科学的重要特点。
（1）"重要特点"是什么？

第2段，现代自然科学工程技术学科中的基础学科。
（2）现代自然科学中的基础学科有哪些呢？

（3）这六门是不是都是一样的基础呢？

第3段，化学是物理中的学科。

（4）化学的发展变化是怎样的？

第 4 段，天文学也是物理。

（5）为什么说天文学也是物理？

第 5 段，地学也是物理。

天文学也是物理。现在的天文学，不是光研究太阳、月亮、星星在天上的位置和运行规律，还要研究星星里头的变化，研究宇宙的演化。比如研究太阳内部、恒星内部。人去不了，怎么研究？一是研究可见光，把可见的星光分成光谱，把不同频段的光摄下来进行研究。再就是研究看不见的频段，如波长比较长的红外线、无线电波，波长很短的紫外线、X 光，波长更短的 γ 射线等。这么一研究，就发现天上可是热闹——到处有星的爆发，一颗星爆发像氢弹爆炸一样。一个爆发的过程是一两个月、几个月。中国古书上有所谓客星，实际上就是星的爆发。爆发时亮了，就看得见，天上来了"客人"；过一段时间爆发过程结束，看不见了，就以为是"客人"走了。天上还有一些更怪的现象。如中子星，是由中子组成的密度非常大的星，一颗芝麻点大小的中子星物质就有几百万吨重，而且转得很快，转时发出的 X 光强度不一样，变化周期不到一秒。还有一种星，名叫"黑洞"，其实不是洞，是光出不来的星。这种星密度更高，引力场特别强，强到光线被吸住射不出来，只有当其它物质被吸引掉进去时才发光，发射出 X 线。不但恒星会爆发，而且由亿万颗恒星组成的星系，像我们所在的银河星系，中心也会爆发，还会爆发得更强烈。一颗恒星爆发起来产生的能量等于十万亿亿个氢弹爆炸的能量，而一个星系爆发起来的能量等于亿亿个恒星爆发的能量。要了解这些天文现象没有物理学是不行的。

地学也是靠物理。地学家们讲，研究地学有三个时代。第一时代是十八世纪末到二十世纪初，研究地质年代时引入了生物观念（化石观念），用生物的化石来断定地质年代，称为生物学地球观。第二时代是二十世纪初，开始研究地球上地壳和海洋的化学成分的变化，矿物元素的分布，借此来推论地球在地质年代中的演化，称为化学地球观。现在是第三时代。地学上最大的发展是所谓板块理论，发现地球的外壳（包括大陆和海洋）是一块块拼起来的，像七巧板似的。块与块之间有相互作用。这主要是根据海底岩石的地磁走向推论出来的。有了这种理论就可以解释火山带、地震带的形成了。这一些理论，加上研究地球深处的情况，都要靠物理学，所以称为物理学地球观。

生物学的发展，现在达到了研究分子的水平，也要归结到物理上面。分子生物学，不是过去那样研究细胞核、细胞膜、细胞质，而是一直追到分子，把生命现象看作是分子的运动，分子的组合和变化过程。最近生物学上有一个轰动世界的发现，就是可以把影响遗传的信息，挂在一种叫去氧核糖核酸的高分子化合物的某一段上传下去。这就是把这种高分子人为地变化一下，把一个高分子的某一段遗传信息切下来，接到另一个上面，改变遗传的某一特性，创造新的物种，这样，就有可能打破植物动物的界限，把植物的某一特性接到动物上面。这样，不但能使细胞内部发生变化，而且使细菌发生变化，如把胰岛素的遗传信息切下来，接到容易繁殖的大肠杆菌上面去，使产生出来的新的大肠杆菌能制造大量胰岛素。这项技术叫做遗传工程，用它建立了一门新的工业。

所以，天、地、生、化四门基础学科，用现代科学技术体系的观点看，都可以归结到物理和数学。根本的基础学科，就是研究物质运动基本规律的物理，加上作科学技术工具的数学。数学不只是演算，也包括逻辑的推理。靠六门基础学

（6）概括研究地学的三个时代。

第6段，生物学的发展也要归结到物理上面。

（7）为什么生物学也是物理？

第7段，一般性基础学科和根本学科之间的联系。

（8）一般性基础学科和根本学科之间的联系是什么？

科的现代工程技术，也靠物理和数学这两门基础作为支柱。所以，物理和数学也可以称为现代自然科学体系的基础。当然，说物理和数学是基础，并不是说物理和数学可以代替其他学科，在此之上还有天文学、地学、生物学和化学这些基础学科，以及各种分支学科，如力学等；再在上面是工程技术学科，如工程结构、电力技术、电子技术、农业技术等。这就是现代自然科学体系的构成。

（选自语文实验课本（必修）《现代文选读（下册）》，人民教育出版社 2000 年 10 月版）

## 赏析

从文章的标题可以看出，本文研究说明的对象就是"现代自然科学中的基础学科"，它要说明的是整个现代自然科学体系的构成，基础学科在这个体系中的位置以及基础学科研究的新成果，内容比较复杂抽象。

这篇文章指出了现代自然科学的重要特点，简要地介绍了现代自然科学体系的构成，重点介绍了化学、天文学、地学、生物学的发展和它们跟物理、数学的关系，从而强调物理和数学这两门根本的基础学科在现代自然科学体系中的重要位置。

我们已经知道，要想详尽的写好说明对象，一定要抓住说明对象的特征来说明。本文的说明对象是"现代自然科学中的基础学科"，现代自然科学的特点，一是纵向的"研究事物、现象的变化发展过程"，二是横向的"研究事物相互之间的关系"。那么作为现代自然科学中的基本学科也一定会围绕着两个特点来写，一是这门学科研究的内容是什么？二是研究的发展，也就是这个学科取得了什么新的发展或者有了什么分支学科；三则是横向的，学科之间的关系。

化学，就研究内容来说，用量子力学原理来解决化学问题，使化学变成应用物理的一门学问，就研究成果来说，研究靠电子计算机的运算，依靠到了数学这一学科。

天文学，研究内容是"现在的天文学，不光是研究太阳、星星、月亮在天上的位置和运行规律，还要研究星星里头的变化，研究宇宙的变化"；研究成果是发现星的爆发，发现"中子星"和"黑洞"的存在，发现星系爆发等；作者从研究方法中指出，研究方法是研究可见光和看不见的频段，暗示这些研究都要依靠物理中的光学，最后一句直接指出"要了解这些天文现象没有物理学是不行的"。

地学研究三个发展阶段，生物学地球观——化学地球观——物理学地球观，通过板块理论主要是"根据海底岩石的地磁走向推论出来的"，证明现代地学研究"都要靠物理学"的见解。

生物学，分子生物学的研究内容已经不是过去那样研究细胞核、细胞膜、细胞质，而是一直追到分子，把生命现象看作是分子的运动，分子的组合和变化过程；现代生物学的发展已经达到了研究分子的水平，以及已经以遗传工程的发明建立了一门新的工业；作者在开头就明确指出，生物学的发展要"归结到物理上面"。

在第7节也总结性的指出，一般性基础学科和根本学科之间的联系：物理研究物质运动的基本规律，数学在研究过程中起到演算和逻辑推理的作用。

全文结构大致如下：

第一部分（1自然段）现代自然科学的重要特点。

研究事物、现象的变化发展过程（纵），研究事物相互之间的关系（横）。

第二部分（2自然段）现代自然科学工程技术学科中的基础学科。

第三部分（3—6自然段）现代自然科学的基础学科。——说明的重点

第四部分（7自然段）现代自然科学体系的构成（最后一句）。

从文章内容结构可以看出，文章的结构是总—分—总的形式，说明顺序是逻辑顺序。

本文从多种事物的相互关系中找出恰当的顺序进行说明：从整体到局部，又从局部回到整体。

第一段介绍的自然科学的重要特点是讲的整体，第二段根据这一特点说明自然科学体系中应用科学与基础科学的关系，从而引出六门具体的学科，这是从整体讲到局部，第三部分具体说明，是局部说明，第四部分再总结自然科学体系，从局部回到整体。

本文的说明过程中，主要使用了下定义、分类别、举例子等说明方法：

1.下定义，如第5自然段"用生物的化石来断定地质年代,称为生物学地球观"。这里运用下定义的说明方法，能给人一个清楚的概念，利用学术语言准确而简洁地概括事物。

2.分类别，如第5自然段，把地学研究分为三个时代，使文章内容层次分明，眉目清楚，读者能够一目了然，易于接受。

3.举例子，如第 4 自然段"比如研究太阳内部、恒星内部……""如中子星，是由中子组成的密度非常大的星……"举例说明，能够使说明内容具体化。

4.做比较，如第 3 段"从前人们认为化学就是用些瓶瓶罐罐做试验。现在由于掌握了物质世界里头的原子的运动规律，就可以靠电子计算机去计算。有朝一日化学研究会主要靠电子计算机计算，而且可以'设计'出我们要的分子，'设计'出造这种分子或化合物的化学过程。"这里的"从前""现在""有朝一日"三个词，就是以比较的方式说明化学研究的发展变化的。

5.做诠释，如第 5 自然段"地学上最大的发展是所谓板块理论，发现地球的外壳（包括大陆和海洋）是一块块拼起来的，像七巧板似的。块与块之间有相互作用"，这样在说明的过程中将相关理论做出通俗的解释，有利于读者接受。

本文就知识讲解知识，不做旁释，不生枝蔓，简洁干脆。紧扣现代自然科学纵的（指研究事物、现象的变化发展过程）和横的（指研究事物相互之间的关系）两个方面，使读者明确认识到自然科学"成为严密的综合起来的体系"的原因所在。在介绍每一门学科时，都包含了三个方面的阐述：一是研究的内容，二是研究的成果，三是研究中对物理和数学的依赖关系，从而强调了物理和数学这两门根本的基础学科在现代自然科学中的重要位置。

本文条理清楚，逻辑严谨。所说明的内容虽然比较深奥，但读起来并无困难之感。成功之处，一是结构的合理巧妙：全文七段，除尾段外，都有中心句，第一段中心句在段尾，二至六段中心句都是在段首，能够使读者快速把握全文意思。二是说明方法的使用都能直接表现说明对象的内容和特点。三是语言准确而平实易懂，同时使用不少科学术语，简洁有力。

# 千般文章写世界，费尽心思为我用

## 跟郑文光学写实用性说明文

### 名家简介

郑文光（1929—2003），中国著名科幻作家，1954年开始发表科幻小说，1957年发表的《火星建设者》曾获莫斯科世界青年联欢节大奖。是中国第一篇获国际大奖的科幻小说。20世纪80年代初发表了一系列优秀作品，并创作了中国科幻史上里程碑式的长篇小说《飞向人马座》。1998年获得中国科幻终身成就奖。主要作品有《火星建设者》《猴王乌呼鲁》，中篇《飞向人马座》《命运夜总会》，长篇《神翼》《战神的后裔》等。另有学术著作《康德星云说的哲学意义》《中国古天文学源流》，翻译作品《宇宙》《地球》等。曾任中国科学院北京天文台研究员、中国作家协会会员、世界科幻小说协会会员。

### 写作指导

与文艺性说明文、科学性说明文相并列的一种分类，是实用性说明文。这种文体，一直为专家和教科书忽视，但它在现实生活中所起的作用却越来越大。

现代生活，世界各地异彩纷呈，传统文化浩如烟海，科学发展日新月异，我们靠什么来了解与我们生活密切相关的人和事物呢？又怎样才能与时俱进不落伍呢？我们的生活离不开说明文。以下我们以一个具体生活实例来看看说明文能起到什么样的作用。

小海的爸爸要到上海出差，小海上网查了天气情况，帮爸爸准备了雨具，并且告诉爸爸南方这两天比较热，得做好防暑准备。

## 上海近两日天气预报

今日多云转雷阵雨　温度：最高31℃，最低23℃　风向：偏南　风力：3—4级

明日阵雨或雷阵雨　温度：最高30℃，最低25℃　风向：偏南　风力：3—4级

平时我们早晨出门上学或上班，也得了解天气情况，电台、电视台、报刊等介绍天气的相关内容就是说明文。我们由此得知近期天气变化，晴遮阳，雨打伞，冷添衣，热避暑，就不会毫无准备、狼狈不堪。尤其是一些可能造成自然灾害的极端天气，我们可以提前做好应对工作，就不会有大的损失了。比如夏天到南方，会不会遇到暴雨、洪水、泥石流；冬天到北方，是不是有暴雪、风沙、道路结冰？预先掌握天气情况，既是为了出行顺利，也是为了生命安全。

小海早听爸爸说喜欢上海东方明珠电视塔，就帮他查了乘车路线，以便爸爸办完事后可以去参观。

## 从上海火车站到东方明珠电视塔

可以在火车站南广场乘地铁1号线上海火车站上车，坐3站至人民广场站下车，走换乘通道，转地铁2号线人民广场站上车坐2站至陆家嘴站下车，上来就是。

或者，乘隧道三线上海火车站（南广场）上车坐7站至浦东南路商城路站下车，换乘82路浦东南路东昌路站上车坐1站至陆家嘴地铁站下车。

地铁1号线→地铁2号线，约20分钟/5.9公里

乘坐地铁1号线，在人民广场下车（3站）

乘坐地铁2号线，在陆家嘴下车（2站），步行至东方明珠（约410米）

上海火车站（南广场）坐584路在浦东南路东昌路/第一八佰伴换乘583路/961路到陆家嘴

上海火车站（南广场）坐584路在张杨路福山路/张杨路源深路换乘961路到陆家嘴

实际生活中，出行是经常的事情。行路时难免换乘不同交通工具，得搞清楚所处位置，分辨出东西南北，认得出路牌指示，能知道乘车时间，这方面的相关指导也是说明文。

小海妈妈听说上海的衣服和首饰很有特色，想让爸爸帮自己带点回来，但爸爸对购物了解很少。小海就帮爸爸查了上海购物攻略，帮爸爸有目的地挑选购物

商场。

## 上海购物攻略

时代广场一楼是国际名品馆，令人眩目的全球顶级经典品牌多汇聚于此。样式新颖，领导时尚，不过价格不菲。想体现高雅品位，这里就是最经典之选。二楼国际名品馆，这里有专门度身定造的会所，可以亲身体验何谓尊贵。三楼时尚少女馆，少女所钟爱的时尚服饰品牌应有尽有。四楼是经典仕女馆，都市丽人们相信格调，是唯美主义者。五楼运动休闲馆，有众多国际名牌运动服饰及其他相关体育用品、休闲品牌服饰。

时代广场的对面是八佰伴，没有时代广场那么金碧辉煌，但也是数一数二的，碰上打折很划算。也有年轻人喜欢的牌子，服装的款式、牌子、价格都不会让人失望。

想买精品去淮海路，有世界名牌，还有"购物新宠"华亭路和迪美购物中心。淮海路号称有浓厚的海派情调。淮海东路有一个百货大楼群，囊括上海广场、太平洋百货、香港广场、连卡佛、百盛、美美百货等。百盛购物中心的服饰品牌以中档为主，价格让人容易接受；打折扣的商品也很实在，货品充足、种类繁多。美美百货是贵族商店，其中有不少百分百的世界顶级名牌服装，每年有两次季节性打折。

陕西路布满外贸服饰商店和各种精致的美食小屋，让你在逛街的同时不忘有美味的享受。路北的"华亭路服装市场"销售外贸服装，正品的名牌，价格便宜、质量可靠。陕西路的最大特色还是鞋子。长乐路附近小有规模地集合了一批鞋店，其中有一等一的国外名牌鞋，而且价格也可以接受。

徐家汇太平洋是人气最旺的百货大楼，一年四季都在打折，累积消费金额大赠送，东西比较时髦又实惠，千万不要错过。

香港名店街和迪美，稀奇古怪的鞋包，古灵精怪的饰品，还有满是花边珠片的小衣服，风格是哈日族、哈韩族们喜欢的。

有了小明的帮助，爸爸顺利而又成功地给妈妈选购了几件称心如意的东西，妈妈开心极了，小明当然也很高兴。

我们都有这样的经验：进到商店，各种文字或口头的商品介绍会令我们应接不暇，优劣难辨。营业员会口述事先拟就的"说明文"，向你介绍商品的价格、品种规格、用途，说明产品的各种优点，千方百计使顾客动心，掏钱购物。顾客得从许多商品中鉴别真伪，比较选择，没有一定说明文能力还真不方便。

想必爸爸在商场购物时，就有过对许多商品的了解、比较、选择，既从导购员口中，也从商品的商标和介绍中，或从其他顾客的推荐中，或从自己的判断中。有了这么多渠道的帮助，即便不是内行，买东西也会方便得多。

爸爸最大的爱好就是吃，出于对他身体的关心，平时受妈妈的严格监管，这下有了自由，小海当然要让爸爸珍惜这次机会了。给爸爸安排的行程中，少不了对上海食物的介绍。

## 上海特色食品介绍

南翔小笼馒头——上海郊区南翔镇的传统名点，素负盛名。市内也有两家制作小笼包著名的店家。一是豫园商城内的南翔馒头店，一是西藏路延安路口的古猗园点心店。

高桥松饼——滋味甜肥，松酥爽口，为高桥四大名点（松饼、松糕、薄脆、一捏酥）之一。淮海中路瑞金路口的高桥食品厂门市部专营。

素菜包子——豫园附近"春风松月楼"的特色点心。其特点是包子表面洁白，馅心绿中生翠，一开竹笼，满室生香，其色、形、味三者俱佳。

小绍兴鸡粥——因操作师傅是绍兴人而得名。用鸡汁原汤烧煮的糯米白粥，鸡肉皮脆骨香，肉呈白色，鲜嫩可口，食之无穷。粥店位于云南南路，久负盛名。

擂沙团——设在襄阳南路的"乔家栅点心店"经营的名点之一。入口香糯，具有浓郁的赤豆香味，还有爽口和携带方便等特点。

排骨年糕——排骨香酥鲜嫩，年糕香糯适口，汁浓色艳。四川中路福州路口的"小常州"和"鲜得来"点心分店，西藏南路金陵路口光明中学北侧的"鲜得来"店。

鸡鸭血汤——城隍庙大门边"松盛点心店"供应的传统小吃，其特点是汤清见底，汤里的血块什件，清爽味美，主要是选料精细，烧煮独特之故。

蟹壳黄——用油酥加酵面作坯，做成扁圆形小饼，面上粘着一层芝麻。馅有葱油、鲜肉、白糖、豆沙等。石门一路威海路口吴苑饼家，是供应蟹壳黄的名店。

······

那么大的城市，爸爸想要在短时间内挑选到自己喜欢的东西一饱口福，是很不容易的。有了小海的帮助，他就可以有目的地选择了。这不，两天中的几顿饭，安排得可好了。

我们在外时，感觉饥渴，就得从饭店招牌中挑选适合自己口味的再走进去，否则就会浪费时间。走进饭店，首先要看墙上的广告和桌上的菜单，根据饭菜名称、烹煮方法、调味轻重、分量多少加以选择。这些分门别类、醒目明白的菜牌菜单也是典型的说明文。

有了这些相关"指导"，小海的爸爸上海行相当顺利，当然，回家时也少不了给小海的"奖赏"。

爸爸带回来的"奖品"，是一台"读书郎学习机"，对酷爱学习的小海来说，这可是个新鲜的好东西。怎么用啊？难不倒小海，随机不是有说明书吗？先了解功能、构造，再看使用步骤，三鼓捣两鼓捣，打开了，能用了。

可接下来傻眼了，原来粗心的爸爸没要求售货方给安装学习软件，怎么办？这也难不倒小海，现代网络发达，上网下载啊，又一番努力，成功了，听着机子里面传出的悦耳动听的声音，小海乐了，爸爸红着脸擦着汗，夸奖说："看我生了多聪明的儿子啊！"

任何生活、工作、学习器具的使用说明其实也是说明文：生病用药得看有关说明书，出门旅游须了解路线行程，农民种菜要知道菜籽、化肥、农药特点，工人盖楼得读懂图纸，司机开车得听从信号灯指挥……凡此种种，不一而足。

和人交流的过程中也有说明文存在：陌生人之间的相互介绍，询问或指导时的清楚表达，病人与医生、售货员与顾客、交警与司机、老师与学生的彼此对话，都得让对方明白并接受自己的意图，才能达到交流目的，完成相关任务。

下面的几则笑话，其实就与说明能力有关。

1.阎锡山带夫人到了南京，为笼络这位地方大人物，蒋介石做了周密安排。侍卫长亲自问阎夫人想吃点什么，阎夫人说："们不饥。"侍卫长以为阎夫人想吃一种"蒙不鸡"，带人跑遍南京大街小巷也买不到，回去惭愧地向阎锡山道歉。阎锡山听后哈哈大笑，告诉侍卫长，夫人说的是方言，"们不饥"的意思是"我不饿"。侍卫长才如释重负。

方言和官话是有区别的，如果只是按照发音来理解，当然容易出错了。与讲方言的人交流，得从方言的角度理解；反之，与讲官话的人交流，就得说官话。两种相差较大的语言，交流起来产生误会是常见的事。

2.手电筒现在并不稀罕，可在20世纪50年代的农村就不同了。城里工作的儿子回乡，已是傍晚，母亲执意要到田地里给他摘新鲜蔬菜吃，儿子担心天黑，就把手电拧亮让母亲用。母亲从田里回家，儿子到朋友家去了，母亲习惯性地要吹灭手电，哪里能？又想放到水缸里用水浇灭，反而照得水缸通亮，母亲慌了，随手将电筒插进米袋，果然看不见亮了，以为这下熄了，很放心。可过一会儿抽出来，手电还亮着。慌忙去找儿子。儿子随手一掐，电筒不亮了。

给手电筒配个说明书固然不必，可要是儿子口头告诉一下母亲，就不至于闹出什么笑话了。类似的笑话还有许多，比如老农在电灯上点烟，孩子要从电视里找玩具，乡下人看着电梯里进去老太太出来大美女而目瞪口呆，老人以为移动通信就是边走边打电话等。可见对于生活中的新鲜事物，还得先行了解才行，说明文可就有大用场了。

3. 有一个商品推销员去广州出差，到北京后，由于想乘飞机前往，因怕经理不同意报销，便给经理发了一封电报："有机可乘，乘否？"经理接到电报，以为是成交之"机"已到，便立即回电："可乘就乘。"

这个推销员出差回来报销差旅费时，经理以不够级别，乘坐飞机不予报销的规定条款，不同意报销飞机票费。推销员拿出经理回电，经理目瞪口呆。

从说明文的角度想一下，为什么会有这样的结果？

4. 一次在树下军训，教官对同学们说："第一排报数！"

第一个同学惊讶地看着教官，教官又大声说了一遍："报数"！

于是，他极不情愿地转过身去抱住了树。

"报数"是队列队形的专用术语，这位同学显然是不能在情境中领悟口令，与教官的交流发生严重障碍。这个笑话告诉我们，做事前，应该先了解自己所做事情的必要知识，才不会出糗。

5. 儿子要出差，母亲担心地问要到什么地方。儿子告诉母亲要去东北，母亲吁口气说："东北就好，可千万别去局部地区呀，天气预报说，近几天局部地区有大暴雨，可能中断交通。"

"局部地区"是天气预报里的术语，并不指具体的某一地方，相当于一个代词。母亲错误地理解为一个固定的地区，明显是缺少相关知识。

在生活中，这类实用性说明文是应用范围很广的一种文体。你购买了东西，要了解产品特性和使用方法，需要它；厂家推广产品，科研人员介绍新的发明，需要它；我们认识新事物，获取知识也需要它。所以无论在生产劳动中、科学研究中或一般的工作、学习、生活中，我们都经常要运用说明文来获取信息、传授技术、学习知识等。

以上只是广义的实用性说明文字，对我们而言，严格意义上的实用性说明文是规范的说明文字，有文体的说明文字。

## 常见错误

1.实用类说明文写作中最常见的误区就是不切实际，夸夸其谈。顾名思义，"实用类说明文"重在"实用"，就是实际运用。比如交通指南、药品服用说明书、器械使用说明书、电器安装说明书等等。它不需要描述，也不一定要解释原理原因，目的在于指导实际使用。当使用者不了解说明对象时，给他以用途性的知识，当使用者不会使用的时候，给他以运用性的指导，当使用者遇到疑惑的时候，给他以解释性的指导。

2.写实用类说明文要有的放矢。写什么、怎样写，要从读者的实际情况考虑，使文章具有针对性，切合读者的知识水平、职业特点和年龄大小。写作角度和内容要为阅读者的实际情况着想。比如，介绍手机的知识，如果是为设计者写的，要侧重介绍手机的发展现状和市场前景；如果是为使用者写的，要侧重介绍手机的功能和特点；如果是为售后服务写的，则主要介绍它的构造；如果是为销售者写的，还得介绍它与其他手机的异同，突出其优势。如果作为科普知识介绍，应当全面一些。

## 导师名作

本文探讨了一个"春天从哪一天开始"的问题，是一篇很有实际应用价值的说明文。一年四季的每一天在生活中都很为我们熟悉，但有些概念其实我们并不清楚。随着科学技术的发展和生活实际的需求，我们需要把握的东西越来越多，原来似是而非的了解明显不够。本文很有耐心地把人们原先的认识进行分析，然后逐一否定，最终确定真正的答案。这样，不仅使人们清楚地认识到正确的说法是什么，而且能够在形成新认识的同时，知道原来的认识错误在什么地方。成功的实用性说明文，也同样能巧妙地给读者以知识。

# 春天从哪一天开始？

郑文光

第1段，春天的美好景象。
（1）本段在文中有什么作用？

第2段，提出问题。

第3段，我国阴历对春天的起算。

（2）为什么阴历的算法不精确？

第4段，以节气"立春"作为春天开始的计算方法。

"立春"过去了，"春节"也过去了。天空飘着春天的潮气，泥土散发着春天的气息，枝头的鸟儿奏着"迎春曲"。人们听到了春天的脚步……

然而，春天该从哪一天算起呢？

我国阴历以正、二、三月为春季，四、五、六月为夏季，七、八、九月为秋季，十、十一、十二月为冬季。看来正月初一该是春天到来的第一天了。俗谚"一年之季在于春"的"春"也是从这天起算的。

然而，阴历并不精确地反映季节的变迁。这是因为阴历是以月亮的盈亏来计算月份的；而季节的变迁应当以地球的运行为依据——地球运行到哪一段路上，北半球接受到的阳光最多，最热，就是夏季，反之，在哪一段路上北半球接受到的阳光最少，最冷，就是冬季；介于这两季间的是春季和秋季。要用阴历正月初一作为春天的开始，则这一春到下一春可能要经过三百五十四天（平年），也可能经过三百八十四天（闰年），日数相差达三十天。就农时，就人们生活的习惯来说，都是不恰当的。于是，就有了以"立春"作为春天开始的计算方法。"立春"是二十四节气之首。它固定在阳历二月四日或五日。许多人以为节气是按阴历推算的，其实它是按阳历推算的，是我们祖先为补救阴历不能反映自然界的变迁而创造的。节气的确相当精确的表述了自然界的变化。

例如冬至，就是指地球走到这样一段路上，太阳光直照在南半球二十三度二十七分的地方，而整个北半球接受的阳光都很倾斜，热力少，因而寒冷。又如春分，此时太阳光直照在赤道上，北半球接受的阳光正好不多也不少，天气温和适中。冬至和春分相距九十一天，立春则正在两个节气之间，即在冬至后四十五天光景。

如果光以天文学上地球运转为依据，那么"立春"作为春天的开始大概是正确的，因为此时正是阳光从最南的位置到适中的位置的过渡阶段，即是冬季到春季的过渡阶段。

然而如果真的这样计算，那还是不符合天气变化的实际的。"立春"日正是"五九"将尽而"六九"开始之际，天气尚相当寒冷。在我国北方，"立春"日可以冷到摄氏零下二十度左右。北方生炉子的人家，要等"立春"一个月以后才开始卸炉子。

问题在什么地方呢？原来我们感到气候的冷热，并不是直接随着太阳光的角度变化而变化的，而是随大地接受到太阳光的照射后，放出热量的多少而变化的。地球本身就是一个热容器，从春分以后太阳愈来愈高，大地接受到越来越多的温暖，到夏至为顶点。可是大地要差不多迟一两个月才积累到足够的热量，使北半球气温达到最高点，因此北半球炎热的日子一般不在六月，而在七八月。到了冬季，太阳倾斜地照着地面，大地开始丧失热量，入不敷出，到冬至太阳在最南的位置，可是此时入不敷出尚未达顶点，要等再过一月后北半球才因丧失热量过多而气温降至最低，此时正好是"立春"前后。因此，往往冬季要到立春前后才最冷。

如果以气温变化来决定季节，那么春天的开

第 5 段，以冬至和春分为例说明节气在表述自然界变化方面的精确。

第 6 段，"立春"作为春天的开始大概正确。
（3）为什么说"大概正确"？

第 7 段，节气"立春"作为春天开始的计算方法不符合天气变化实际。

（4）段中最能说明"往往冬季要到立春前后才最冷"的一句话是哪句？

第 8 段，天文学上以春分为春季的开始。

（5）这样计算是以什么为依据的？

始应当在三月中旬以后，此时正是春分。因此天文学上是以春分为春季的开始。这样的四季起始期也确实反映了自然界的变化，如树木发芽，雷雨出现，落叶，首次见霜等等。

（选自《中学生作文借鉴小百科》山西教育出版社 1991 年版）

## 赏析

本文原为探求科学而作，但其内容却有极高的实用价值。科学研究是为生活实际服务的。

通读全文便知，作者正是在寻找"春天的开始"的正确计算方法：阴历的算法古来有之，正月初一"一年之计在于春"，但因为它并不能精确地反映季节的变迁，被作者否定了。从表述自然变迁这个角度来看，"我们祖先为补救阴历不能反映自然界的变迁而创造的"二十四节气中的"立春"就准确多了。可惜这种算法又因为"不符合天气变化的实际"，再次被作者否定了。那"天气变化的实际"是什么呢？"如果以气温变化来决定季节，那么春天的开始应当在三月中旬以后"，一个一个的答案出现又被否定，最后找到了既合乎科学又合乎实际的"春分"。文章写了一个过程：春节（否）——立春（否）——春分（是）。

从实用的角度看，本文不仅回答了一个很实际的问题"春天从哪一天开始"，而且，分别介绍了三种不同的计算方法，每一种计算方法都有自己的依据，也有其合理的地方。作者的探求标准是"以气温变化来决定季节"，经过一再探讨，最终确定为"春分"节令。但如果我们想知道传统历法和民众习惯，那当然还是以"春节"为起点的。如果要严格地划分季节，就应当确定在"立春"了。一篇说明文，告诉我们这么多的知识，实用性极强。

文章三处发问，引起读者注意，将全文的主要内容紧紧串联起来，组织成内容紧凑，中心突出的一篇文章。第一处发问是篇章设问，位置在标题，"春天从哪一天开始？"，简明醒目，点明了全文的中心，也决定了文章的内容。第二处发问是段的设问，位置在第二自然段，"然而，春天该从哪一天算起呢？"一个"该"字告诉我们，春天的起点并非没有结论，但也不是一个确定的结论，这样自然而然地导入到对该问题的探讨中。第三处发问是句的设问，位置在第 7 段，讲到"立春"作为春天开始的话，当时天气还很冷，一个月以后才能卸炉子，是很不合理的，紧接着提问"问题在什么地方呢？"，就将文章引入对气温方面的讨论。

文章不是没有生动的描写，比如第一段，形象地写出了春天的美好。但这些内容不是文章的主体，这样写也不是文章的目的，它只是起铺垫作用，以美妙的描写将读者带入到春天的氛围中，让大家身临其境，感召春天的记忆。接着笔锋一转，引入"春天该从哪一天算起？"然后全文语言平实，明白如话，内容高度集中地探讨春天开始的问题。这就告诉我们，虽然文无定法，但任何手段都是为目的服务的，一旦它起到了作用，实现了目的，就完成了使命。

所以，实用类的说明文重在实用，在实用中起到"说明"的作用就是该类文章的使命。"文采"不是它的特点，但它并非要远离文采。随着科学技术日新月异地发展，越来越多的新生事物出现在我们的生活中，而实用类说明文方兴未艾，紧紧地将人们和科学联系起来，作为人们走向科学的桥梁，承担越来越重的任务。

# 世间万物皆有序，顺时应势显分明

## 跟叶圣陶学写时间顺序说明文

## 名家简介

叶圣陶，1894 年 10 月 28 日生于江苏苏州，现代作家、教育家、文学出版家和社会活动家，有"优秀的语言艺术家"之称。1916 年，发表第一个童话故事《稻草人》，1918 年，发表第一篇白话小说《春宴琐谭》，1923 年，发表长篇小说《倪焕之》。新中国成立后，先后出任教育部副部长、人民教育出版社社长和总编、中华全国文学艺术界联合委员会委员、中国作家协会顾问、中央文史研究馆馆长、中华人民共和国全国政协副主席，民进中央主席。1983 年当选为第六届全国政协副主席。1988 年 2 月 16 日在北京逝世，享年 94 岁。

## 写作指导

说明文中的说明顺序是作者根据对说明对象的主次、轻重、因果、内外、先后、上下、大小等内部联系的科学的认识顺序来做出的一种安排。有序的说明是说明文的特点之一。这一般是指能反映客观事物的逻辑顺序。另一方面，从文章层次看，它也应包括有条理有顺序。所以只有理清了说明顺序，才能把握作者的思路，看清事物的特征，也就是从整体上把握了文章的基本框架和主要内容。

说明要有顺序，有条理，这是使说明内容条理化的必要条件。理清说明顺序，才能更好地把握被说明事物的特征。

常见的说明顺序有：时间顺序、空间顺序和逻辑顺序。

## 时间顺序

时间顺序是文章常见的记叙、说明顺序之一。即按照事理发展过程的先后来介绍某一事物的说明顺序。说明的时间顺序和记叙的时间顺序相似。先发生的先写，后发生的后写，说明的内容与事物的发展过程相一致，显得清晰自然。凡是事物的发展变化都离不开时间，如说明生产技术、产品制作、工作方法、历史发展、文字演变、人物成长、动植物生长等等，都应以时间为序。

时间顺序在文章中使用恰当就可以产生画龙点睛的效果，说明清楚，使读者一目了然，所以在写文章时，合理使用时间顺序也是一种独特技巧。

时间顺序适用于说明发展变化比较明显的事物。例如，介绍动植物的生长、人的生平经历、社会的发展、工程的进行、某一事物的成因、某一产品的制作过程等。

下列内容的说明文常常采用时间顺序。

（1）说明事物的变化、发展、成长过程。

如《从甲骨文到缩微图书》一文，按照时间顺序具体介绍了书的演变发展过程：3000多年前书的雏形——2000多年前春秋战国、秦汉时的书——东汉时期用手抄写和雕版的书——宋朝活字印刷的书——近代的书——现代的书。

再如下段对椅子的说明文字：

椅子是我们日常生活中最常见的家具之一，它源于东汉末年传入中原的一种名叫"胡床"的折叠板凳。到唐代中期，胡床逐渐演化为我们常见的有靠背、有扶手的椅子。之后，椅子在宋朝广泛流行。它的流行逐渐改变了人们跪坐在席子上的"踞（jì）坐"姿态，解放了人们的腿脚，更重要的是它对中国古代文化产生了相当大的影响。

（2）说明程序。

程序说明文包括物品的生产程序和使用程序的说明。这类文章一般以生产操作流程为序，一道道工序地进行介绍。虽然不一定点明时间，但各道工序有先后关系，所以仍是时间顺序。如《景泰蓝的制作》一文，先后说明了做胎——掐丝——点蓝——打磨——镀金六道工序，其中关键的两道工序"掐丝"和"点蓝"分别用了6个和4个自然段，其余几道工序则相对略一些，详略得当，眉目清楚。如下面一段文字也是介绍程序的。

2006年10月以来，伦敦市政部门对这块土地的污染情况进行了大约3000次的现场调查，制定了详细的恢复生态计划。之后，他们在奥林匹克公园的范围，建起了两座土壤修复工厂，开始用泥土清洗和生物降解法对接近100万立方米的受污染泥土进行清洁。有毒的土壤被挖起，运进巨型土壤"洗衣机"，分离掉沙子和碎石，然后清洗提炼出污染物。在这之后，用超大"电磁铁"分离掉重金属。清洗过的土壤要经过严格的测试和实验室的检测来评估其清洁程度。经过这样清洗的曾经被严重污染的土地已经完全恢复"干净安全"的标准。据一份测试报告说，被清洗过的土壤即使被小孩儿不小心吞下都不会有问题。

（3）介绍人物的传略。

介绍人物传略一般要写到以下几个项目：姓名、籍贯、出生（或生卒）年月、经历、成就及特长。其主体部分介绍人一生的经历，常以时间为顺序来说明。如《雷锋同志简介》：

雷锋（1940—1962），全心全意为人民服务的楷模，共产主义战士。1954年加入中国少年先锋队。1956年在乡人民政府当通讯员。1957年2月8日加入中国共产主义青年团。曾参加沩水工程、团山湖农场和鞍钢的建设，多次被评为劳动模范和先进生产者。1960年参加中国人民解放军，荣立二等功一次、三等功两次，被评为节约标兵，荣获模范共青团员称号，出席过沈阳部队共青团代表会议。1961年被选为抚顺市人民代表。1962年8月15日因公殉职，年仅22岁。他助人无数，毛主席题词"向雷锋同志学习"，并把3月5日定为学雷锋纪念日；《雷锋日记》记录了他的事迹，"雷锋精神"激励着一代又一代人。

## 常见错误

1. 说明顺序的使用取决于说明对象和说明目的。对说明对象认识不够，分析不足，就可能导致说明顺序的错误选择。或者，不能明确自己的说明目的，因而不能科学地选择正确的说明顺序。这样，就不能清楚明白地向读者介绍事物。

2. 说明顺序有时间、空间和逻辑之分，不同的顺序适合于不同的说明对象，事物类说明文中，与时间或流程有关的，才适合使用时间顺序。对说明对象的深入了解，对文章的全面构思，是避免说明顺序错误的前提。

## 导师名作

这是一篇旨在介绍说明我国传统的特殊烧瓷工艺——景泰蓝的制作过程的文章。文章标题告诉我们：本文要说明的对象，就是景泰蓝；要说明的核心内容就是"制作"。这样，文章说明的重点就应该是景泰蓝的制作有哪几个"步骤"，每个步骤又有什么特点；这也决定了本文的说明顺序应该是以制作的先后工序为序。

## 景泰蓝的制作

叶圣陶

一天下午，我们去参观北京市手工业公司实验工厂。粗略地看了景泰蓝的制作过程。景泰蓝是多数人喜爱的手工艺品，现在把它的制作过程说一下。

景泰蓝拿红铜做胎，为的红铜富于延展性，容易把它打成预先设计的形式，要接合的地方又容易接合。一个圆盘子是一张红铜片打成的，把红铜片放在铁砧上尽打尽打，盘底就注了下去。一个比较大的花瓶的胎分作几截，大概瓶口，瓶颈的部分一截，瓶腹鼓出的部分一截，瓶腹以下又是一截。每一截原来都是一张红铜片。把红铜片圈起来，两边重叠，用铁锥尽打，两边就接合起来了。要圆筒的哪一部分扩大，就打哪一部分，直到符合设计的意图为止。于是让三截接合起来，成为整个的花瓶。瓶底可以焊上去，也可以把瓶腹以下的一截打成盘子的形状，那就有了底，不用另外焊了。瓶底下面的座子，瓶口上的宽边，全是焊上去的。至于方形或是长方形的东西，像果盒、烟卷盒之类，盒身和盖子都用一张红铜片

景泰蓝，也叫"铜胎掐丝珐琅"，是我国特种工艺品之一。它是用紫铜做成器物的胎，把铜丝掐成各种花纹焊在铜胎上，填上珐琅彩釉，然后烧成。明代景泰年间在北京开始大量制造，珐琅彩釉多用蓝色，所以叫景泰蓝。清代以后远销国外，品种有瓶、盘、碗、糖罐、台灯、烟具等。

第 1 自然段，简要说明写作的缘由和目的。
（1）你能用原文中的话说明写作缘由吗？

砧 zhēn（锤或砸东西时垫在底下的器具）。

第 2 自然段，介绍原料：红铜。制作原理：红铜富有延展性，容易接合和成形。

第3自然段，点明景泰蓝的制胎工作实际上是人们所熟知的"铜器作"的工作。

莰 jī（白莰，多年生草木植物）。
蘸 zhàn（在液体、粉末或糊状的东西里沾一下就拿出来）。

第4—5自然段，以在铜胎上粘一棵柳树为例，先说明什么叫"掐丝"，接着按照手工制作的顺序逐一介绍。

疏疏朗朗：稀疏明朗的意思。

第6自然段，说明"掐丝"的作用：（1）使涂色有了界限；（2）在热胀冷缩时不至于破裂、剥落。

折成，只要把该接合的转角接合一下就是，也不用细说了。

制胎的工作其实就是铜器作的工作，各处城市大都有这种铜器作，重庆还有一条街叫打铜街。不过铜器作打成一件器物就完事，在景泰蓝的作场里，这只是个开头，还有好多繁复的工作在后头呢。

第二步工作叫掐丝，就是拿扁铜丝（横断面是长方形的）粘在铜胎表面上。这是一种非常精细的工作。掐丝工人心里有谱，不用在铜胎上打稿，就能自由自在地粘成图画。譬如粘一棵柳树吧，干和枝的每条线条该多长，该怎么弯曲，他们能把铜丝恰如其分地剪好曲好，然后用钳子夹着，在极稠的白莰浆里蘸，粘到铜胎上去。柳树的每个枝子上长着好些叶子，每片叶子两笔，像一个左括号和一个右括号，那太细小了，可是他们也要细磨细琢地粘上去。他们简直是在刺绣，不过是绣在铜胎上而不是绣在缎子上，用的是铜丝而不是丝线、绒线。

他们能自由地在铜胎上粘成山水、花鸟、人物种种图画，当然也能按照美术家的设计图样工作。反正他们对于铜丝好像画家对于笔下的线条，可以随意驱遣，到处合适。美术家和掐丝工人的合作，使景泰蓝器物推陈出新，博得多方面人士的爱好。

粘在铜胎上的图画全是线条画，而且一般是繁笔，没有疏疏朗朗只用少数几笔的。这里头有道理可说。景泰蓝要涂上色料，铜丝粘在上面，涂色料就有了界限。譬如柳条上的每片叶子由两条铜丝构成，绿色料就可以填在两条铜丝中间，不至于溢出来。其次，景泰蓝内里是铜胎，表面是涂上的色料，铜胎和色料，膨胀率不相同。要是色料的面积占得宽，烧过以后冷却的时候就会裂。还有，一件器物的表面要经过几道打磨的手续，打磨的时候着力重，容易使色料剥落。现在在表面粘上繁笔的铜丝图画，实际上就是把表面分成无数小块，小块面积小，无论热胀冷缩都比较细微，又比较禁得起外力，因而就不至于破裂、剥落。通常谈文艺有一句话，叫内容决定形式。咱们在这儿套用一下，是制作方法和物理决定了景泰蓝掐丝的形式。咱们看见有些景泰蓝上面的图案画，在图案画以外，或是红地，或是蓝地，只要占的面积相当宽，那里就嵌几条曲成图案形的铜丝。为什么一色中间还要嵌铜丝呢？无非使较宽的表面分成小块罢了。

粘满了铜丝的铜胎是一件值得惊奇的东西。且不说自在画怎么生动美妙，图案画怎么工整细致，单想想那么多密密麻麻的铜丝没有一条不是专心一志粘上去的，粘上去以前还得费尽心思把它曲成最适当的笔画，那是多么大的工夫！一个二尺半高的花瓶，掐丝就要花四五十个工。咱们的手工艺品往往费大工夫，刺绣，刻丝，象牙雕刻，全都在细密上显能耐。掐丝跟这些工作比起来，可以说不相上下，半斤八两。

刚才说铜丝是蘸了白芨浆粘在铜胎上的，白芨浆虽然稠，却经不住烧，用火一烧就成了灰，铜丝就全都落下来了，所以还得焊。现在沾满了铜丝的铜胎上喷水，然后拿银粉、铜粉、硼砂三种东西拌和，均匀地筛在上边，放到火里一烧，白芨成了灰，铜丝就牢牢地焊在铜胎上了。

随后就是放到稀硫酸里煮一下，再用清水洗。洗过以后，表面的氧化物和其他脏东西得去掉了，涂上的色料才可以紧贴着红铜，制成品才可以结实。

第 7 自然段，说明"掐丝"之难、工艺水平之高。

第 8—9 自然段，简略介绍烧焊、酸洗的方法与作用。

第 10 自然段，解释为什么把涂色料的工作叫做"点蓝"，实则解释"景泰蓝"得名。

（2）"当时叫点蓝"一句中"当时"两字有什么作用？

第 11 自然段，说明填色的原料。

硒 xī（非金属元素）。

第 12 自然段，说明研制的方法。
臼 jiù（舂米的器具）。

第 13 自然段，说明如何填色。

于是轮到涂色料的工作了，他们管这个工作叫点蓝。图上的色料有好些种，不只是一种蓝色料，为什么单叫做点蓝呢？原来这种制作方法开头的时候多用蓝色料，当时叫点蓝，就此叫开了（我们苏州管银器上涂色料叫发蓝，大概是同样的理由）。这种制品从明朝景泰年间十五世纪中叶开始流行，因而总名叫景泰蓝。

用的色料就是制颜色玻璃的原料，跟涂在瓷器表面的釉料相类。我们在作场里看见的是一块块不整齐的硬片，从山东博山运来的。这里头基本质料是硼砂、硝石和碱，因所含的金属矿质不同，颜色也就各异，大概含铁的作褐色，含铀的作黄色，含铬的作绿色，含锌的作白色，含铜的作蓝色，含金含硒的作红色……

他们把那些硬片放在铁臼里捣碎研细，筛成细末应用。细末里头不免掺和着铁臼上磨下来的铁屑，他们利用吸铁石除掉它。要是吸得不干净，就会影响制成品的光彩。看来研磨色料的方法得讲求改良。

各种色料的细末都盛在碟子里，和着水，像画家的画桌上一样，五颜六色的碟子一大堆。点蓝工人用挖耳似的家伙舀着色料，填到铜丝界成的各种形式的小格子里。大概是熟极了的缘故，不用看什么图样，自然知道哪个格子里该填哪种色料。湿的色料填在格子里，比铜丝高一些。整个表面填满了，等它干燥以后，就拿去烧。一烧就低了下去，于是再填，原来红色的地方还是填红色料，原来绿色的地方还是填绿色料。要填到第三回，烧过以后，色料才跟铜丝差不多高低。

现在该说烧的工作了。涂色料的工作既然叫点蓝，不用说，烧的工作当然叫烧蓝。一个烧得挺旺的炉子，燃料用煤，炉膛比较深，周围不至于碰着等着烧的铜胎。烧蓝工人把涂好色料的铜胎放在铁架子上，拿着铁架子的弯柄，小心地把它送到炉膛里去。只要几分钟工夫，提起铁架子来，就看见铜胎全体通红，红得发亮，像烧得正旺的煤。可是不大工夫红亮就退了，涂上的色料渐渐显出它的本色，红是红，绿是绿的。

涂了三回烧了三回以后，就是打磨的工作了。先用金刚砂石水磨，目的在使成品的表面平整。所谓平整，一是铜丝跟涂上的色料一样高低，二是色料本身也不许有一点儿高高洼洼。磨过以后又烧一回，再用磨刀石水磨。最后用椴木炭水磨，目的在使成品的表面光润。椴木木质匀净，用它的炭来水磨，成品的表面不起丝毫纹路，越磨越显得鲜明光滑。旁的木炭都不成。

椴木炭磨过，看来晶莹灿烂，没有一点儿缺憾，成一件精制品了，可是全部工作还没完，还得镀金。金镀在全部铜丝上，方法用电镀。镀了金，铜丝就不会生锈了。

全部工作是手工，只有待打磨的成品套在转轮上，转轮由马达带动的皮带转动，算是借一点儿机械力。可是拿着蘸水的木炭、磨刀石挨着转动的成品，跟它摩擦，还得靠打磨工人的两只手。起瓜棱的花瓶就不能套在转轮上打磨，因为表面有高有低，洼下去的地方磨不着。那非纯用手工打磨不可。

（选自《无忧无虑中学语文网》）

第14自然段，介绍烧蓝。
（3）本段重点运用了哪几个词表现"烧"的过程？

第15自然段，介绍打磨。
匀净：精细深浅一致。

第16自然段，介绍镀金。

第17自然段，结尾，再次强调景泰蓝制作过程中手工操作的特征，突出了我国劳动人民的聪明才智。
（4）本段中哪几个字概括了制作全过程的特点？
（5）从全文看，制作过程共有哪几道工序？
（6）每道工序介绍中各找一个字，看看它们怎样体现了整个制作过程的特点的。
（7）介绍六大工序时，使用了哪些起过渡作用的词句？

## 赏析

本文是一篇优秀的按时间顺序写成的说明文，可学之处甚多。我们着重从以下三个方面学习本文：

1. 根据说明对象选择说明顺序，抓住特征，突出重点，使文章条理分明。

从首段看，写作的目的是使读者了解景泰蓝制作过程。选择制作程序为顺序，按照景泰蓝制作的过程逐步说明，既符合产品生产工序，也符合人们的认识过程。作者对六道工序依次介绍，工序之间用过渡句衔接，使文章顺序井然、条理分明。

景泰蓝的工艺程序是，制胎→掐丝→点蓝→烧蓝→打磨→镀金。文章严格按照景泰蓝的六大生产工序依次逐项介绍，所以这篇文章的说明顺序完全是说明对象"景泰蓝的制作"过程的客观反映。就每个工序来说，也是按制作程序来说明的。例如说明"掐丝"这一工序时，依次写"粘铜丝→烧焊→硫酸煮→清水洗"；说明"点蓝"这一工序时，依次写"研磨色料→筛选色料→填上色料→三填三烧"。

从尾段又可看出，在说明过程中，作者抓住手工操作这一特征，次序介绍。说明制胎，突出"打"字；说明掐丝，使用"掐""粘"；说明点蓝，强调"填"字。六道工序，操作过程繁复，制作精细。这样，景泰蓝制作的特征突出了，读者的印象也就清晰、深刻了。

同时，作者对六道工序的介绍有详有略，突出重点。在六大工序中，详写掐丝和点蓝，因为这两道工序是决定景泰蓝的独特风格和质量的关键工序。在详写这两道关键工序时，又能突出其中的重点。例如，写"掐丝"时，突出了"粘铜丝"（怎样粘铜丝，为什么粘铜丝时要用繁笔，粘铜丝是如何艰难）；写"点蓝"时，突出"填上色料"（盛色料的工具，舀色料的家伙，色料填在什么地方，每个小格填多少，什么时候拿去烧，如何烧，烧了以后又如何填，一共填几回，烧几回）。其他工序则比较简略。这是因为：这两道工序工艺最复杂、最精细，决定景泰蓝质量的关键；这两道工序也决定景泰蓝的风格和价值；这样写还能表现工人的高超技术。其他四道工序相对简单，不能表现景泰蓝制作的独特工艺，所以略写。这样在有限的篇幅中，就能够清楚明白地将说明对象展现在读者面前了。

2. 多种说明方法的综合运用。

本文综合运用了做诠释、打比方、做比较、举例子、列数据等多种说明方法。

①作诠释：如第 10 自然段对景泰蓝名称做了这样的说明："涂上的色料有好

些种，不只是一种蓝色料，为什么叫点蓝呢？原来这种制作方法开头的时候多用蓝色料，当时叫点蓝，就此叫开了。这种物品从明朝景泰年间十五世纪中叶开始流行，因而总名叫景泰蓝。"使用设问引出的方法，先说"蓝"字，再释"景泰"含义，同时还以"发蓝"作旁证。第14自然段对"烧蓝"的解释，也是这样既准确又明白。

②打比方：如第13自然段"各种色料的细末都盛在碟子里，和着水，像画家的画桌一样，五颜六色的碟子一大堆。"用画家的颜料来比喻点蓝工人的色料。第14自然段说明烧蓝时，"只要几分钟工夫，提起铁架子来，就看见铜胎全体通红，红得发亮，像烧得正旺的煤。"用人们熟知的燃煤来比烧制中的景泰蓝，可以使抽象事物具体化。

③做比较：第3自然段以"景泰蓝的制作"工序与"铜器作"里打制铜器相比较，突出制"胎"；第7自然段以"掐丝"和"刺绣、刻丝、象牙雕刻"等手工艺品相比较，比较中突出了其相似点："全都在细密上显能耐"。

④举例子：第4自然段说明"掐丝"，以粘一棵柳树举例，说明是怎样"不用在铜胎上打稿"就能"自由自在地"在铜胎上粘出各种图画来。

⑤列数据：如第7自然段："一个二尺半高的花瓶，掐丝就要花四五十个工。"

3.语言准确、平实的基础上，使用大量术语。

如"景泰蓝是多数人喜欢的工艺品"，一句中，"多数"突出了景泰蓝的价值，体现了广大群众对它的喜爱；这样的语言，通俗、平实又极其准确。为了准确地说明事物，不可避免地使用了相关术语。如在介绍各道工序的时候，"掐丝""蓝""烧蓝""打磨"等术语分别出现。这些术语是相关行业的劳动者在长期实践过程中提炼出来的，最能准确地概括某一道工序的特点和内容，恰当地使用术语，能够使说明的语言更精炼。文中每道工序都用一个术语加以概括，说明该工序的内容和特点。文中做解释，又使用口语，清楚明白、通俗易懂，又显得自然而亲切。

通过这篇文章的学习，我们掌握了这种以说明事物发展过程为主的说明文的写作方法：应抓住发展过程的特点，按事物发展的顺序来展开说明，并突出重点部分详细说明。

# 曲径通幽步步景，妙笔生花字字珠

## 跟陈从周学写空间顺序说明文

### 名家简介

陈从周（1918—2000），浙江杭州人。著名古建筑、园林艺术家、专家。同济大学教授、博士生导师。早年学习文史；后专门从事古建筑、园林艺术的教学和研究，成绩卓著；对国画和诗文亦有研究。尤其对造园具独到见解，他认为："造园有法而无式，变化万千，新意层出，园因景胜，景因园异。"主要著述有《苏州园林》《扬州园林》《园林谈丛》《说园》《绍兴石桥》《春苔集》《书带集》《帘青集》《山湖处处》等。一九七八年，曾赴美国纽约为大都会博物馆设计园林"明轩"。一九八七年，设计并主持施工上海豫园东部园林的复园工程。

### 写作指导

空间顺序是按事物的各个构成部分来进行说明的顺序。任何事物都有它的构造，而构造总有各个组成部分。每个组成部分都在一定的方位上占据一定的空间。说明事物的时候，依据构成部分的顺序来写，或者从外到里，或者从上到下，或者从左到右，或者从前到后……这就是空间顺序，也叫方位顺序。

空间顺序，要特别注意弄清空间的位置，运用空间顺序说明事物要选好立足点和观察点，注意事物的表里、大小、上下、前后、左右、东南西北等的位置和方向。空间顺序适用于说明静止的事物的形状和构造。例如，介绍一座建筑物、一处园林、一幅图画、一件工艺品等。陈从周的《苏州沧浪亭》就是介绍了一座苏州古典园林。

空间顺序就是空间的转换，一种是取一个固定的观察点，按照视线移动的顺序依次写出各个位置上的景物。还有一种，不取固定的观察点，而随着观察者位置的转移来描写景物，这叫作游览顺序。《苏州沧浪亭》采取的是最后一种。

空间顺序有利于全面说明事物各方面的特征。一般说明某一静态实体（如建筑物等），常用这种顺序。对实体性的事物，包括建筑物、名胜等的结构或布局性的介绍，多以此为序。这样，能把复杂的物体讲清楚，可使读者对该事物对象的整体面貌和空间分布有清晰、具体的了解。运用这种顺序，文中常会出现"东""西""南""北""里""外""左""右"等方位词。

《核舟记》就是按照船体——船头——船尾——船背的空间顺序来写的，还有梁衡的《晋祠》描写圣母殿——围廊——屋架——廊柱——屋顶——泥塑也采用了空间顺序。《苏州沧浪亭》由苏州园林入笔，带领读者由外进入沧浪亭园中，一步一景，巨细分明，山、水、园、亭、林、竹，总分结合，全面展现，空间顺序运用合理巧妙，十分高明。

下面这段说明中对桥的介绍使用也是空间顺序。可供我们更为具体地了解空间顺序在说明物体时的妙用。

成丰县境内的十字路风雨桥，建于 1916 年。桥身全长 63.4 米，宽 4.2 米，通高 8.78 米。桥上是两层楼阁式的青色瓦面，脊梁的正中是一座宝塔式的亭阁，瓦檐重重，周围四条昂首欲飞的青龙仰望着东西南北，龙嘴里含着红色的宝珠，四条龙尾绕成塔顶，好似一台大轿行走在桥的中央。桥面用木板铺就，下面由很多巨型圆木固定在桥墩上支撑，整个桥身结实、牢固，桥面平坦舒适。桥廊 13 间，亭廊相连，两边有漂亮的护栏，紧靠护栏的是条形长凳。桥下有 3 座梭子形的桥墩，墩与墩之间净跨 10 米，都是由巨大的石头砌成，任凭河水冲刷，桥墩依然坚固如初。

说明文在介绍建筑物时一般采用空间顺序，选段在介绍十字路风雨桥时也采用了这种说明顺序，总体由上而下，先说正中位置，再依次介绍周围。

如果我们想以引导者的身份，向读者介绍一个可游览的地方，比如一个景点，我们的家乡或者校园，也可以采用导游的方式，像游记散文移步换景，流动介绍，逐一说明。

这种顺序也常用于对群体事物的说明。《故宫博物院》按照先总后分的结构，先概括说明故宫建筑物的总体特征，然后再具体介绍太和门、太和殿、中和殿、保和殿、乾清宫……御花园，而在介绍每一座建筑物的时候，则又按照先外后内、先上后下的顺序。介绍时，按照游览参观的路线，由南到北详略得当地介绍了故宫的主要建筑及布局功用，使读者获得对故宫的较为详尽的全面了解。介绍建筑物或者建筑物的某个房间，也是按照空间顺序进行的，以天安门为起点，穿端门进午门，过汉白玉石桥到前三殿（略提东西两侧的文华殿、武英殿），然后向北介绍内廷及御花园，最后出顺贞门到神武门而离开故宫。井然有序，条理分明。而《苏州沧浪亭》在运用空间顺序时，不仅带着读者移步换景，尽观园林之美，而且渗透历史，深显沧桑，将文化和景观结合起来，使我们从更深层次领略到空间顺序的强大作用。

所有具体的事物都有空间性。说明文要达到条理性的目的，就得抓住这个特点构成文章，或者从上到下，或者从外到内，或者从左到右，或者从南到北，或者从远到近，或者从中间到四周，或者从整体到部分。可以用来介绍某些建筑物的结构，说明某种产品的构造，介绍某一地方情况。这类有空间性的事物，都可以用这种方法来安排材料，恰当合理的说明顺序，能帮助读者对事物的各个部分和整体都有较清楚的认识。

## 常见错误

1. 空间说明顺序适合于有空间位置而且固定不变的事物，如果是事理性的对象，采用这种顺序就不能成功。即便是事物性的对象，也要和时间顺序严格区分。具备一定的说明文知识，并能审视所要说明的对象，有足够的观察了解，才能合理选用说明顺序，也才可能事半功倍。

2. 空间说明顺序，说明时还得依据事物本身的构成方式，并选取人们易于接受和了解的角度依次说明，即便顺序选择正确，如果说明次序不合理，影响阻碍读者的认知形成，也会导致不佳甚至是失败的结果。认真构思，科学结构，也是重要的步骤。

3. 空间顺序并不意味着拒绝其他顺序，根据中心和内容的需要合理安排，结合使用，也许能够收到更好的效果。如果固执于什么样的说明对象只能运用某种说明顺序，可能会限制内容的表现。

## 导师名作

介绍一个建筑，并非难事，尤其在名家手中。名家写作成功的原因，在于下笔时成竹在胸。由于名家对说明对象了如指掌，总能找到最恰当的方式来表现对象，就像母亲打扮自己的孩子那样用心，文章就显得思路清楚连贯，事物特征鲜明突出，娓娓道来，举重若轻，游刃有余。本文采用的说明顺序合理而灵活，语言精练中见功夫。

## 苏州沧浪亭

陈从周

人们一提起苏州园林，总感到它封闭在高墙之内，窈然深锁，开畅不足。当然这是受历史条件所限，产生了一定的局限性。但古代的匠师们，能在这个小天地中创造别具风格的宅园，间隔了城市与山林的空间；如将园墙拆去，则面貌顿异，一无足取了。苏州尚有一座沧浪亭，也是大家所熟悉的名园。这座院子的外貌，非属封闭式。因葑溪之水，自南园潆回曲折，过"结草庵"（此庵今存白皮松，巨大为苏州之冠）涟漪一碧，与园周匝，从钓鱼台至藕花水榭一带，古台芳榭，高树长廊，未入园而隔水迎人，游者已为之神驰遐想了。

沧浪亭是个面水园林，可是园内则以山为主，山水截然分隔。"水令人远，石令人幽"，游者度平桥入门，则山严林肃，矍然岑寂，转眼之间，感觉为之一变。园周以复廊，廊间以花墙，两面可行。园外景色，自漏窗中投入，最逗游人。园内园外，似隔非隔，山崖水际，欲断还连。此沧浪亭构思之着眼处。若无一水萦带，则园中一

沧浪亭，位于苏州市城南三元坊附近，历史最为悠久的苏州现存园林。北宋始建，曾为文人苏舜钦私人花园，称"沧浪亭"。占地面积1.08公顷。属世界文化遗产，一泓清水穿园而过，碧波倒映，景象万千。

第1段，从苏州园林的建筑艺术谈起，引出沧浪亭，并总写沧浪亭的绝胜幽美，介绍其独特之处。
葑（fēng）溪：水名，又称葑水。
（1）沧浪亭与苏州其他园林有什么不同？

第2段，写沧浪亭内"以山为主"的特点，山水相衬，独特自然。

（2）沧浪亭构思的着眼处是什么？

丘一壑，平淡原无足观，不能与他园争胜。园外一笔，妙手得之，对比之运用，"不着一字，尽得风流"。

园林苍古，在于树老石拙，唯此园最为突出；而堂轩无藻饰，石径斜廊皆出于丛竹、蕉荫之间，高洁无一点金粉气。明道堂阁敞四合，是为主厅。其北峰峦若屏，筚然出乔木中者，即所谓沧浪亭。游者可凭临全园，山旁曲廊随坡，可拼可憩。其西轩窗三五，自成院落，地穴门洞，造型多样；而漏窗一端，品类为中国诸园冠。

看山楼居园之西南隅，筑于洞曲之上，近俯南园，平畴村舍（今已皆易建筑），远眺楞伽七子诸峰，隐现槛前。园前环水，园外借山，此园皆得之。

园多乔木修竹，万竿摇空，滴翠匀碧，沁人心脾。小园兰香，时盈客袖，粉墙竹影，天然画本，宜静观，宜雅游，宜作画，宜题诗。从宋代苏子美、欧阳修、梅圣俞，直到近代名画家吴昌硕，名篇成帙，美不胜收，尤以沧浪亭最早主人苏子美的绝句："夜雨连明春水生，娇云欲暖弄微晴；帘虚日薄花竹静，时有乳鸠相对鸣。"最能写出其中静趣。

沧浪亭是现存苏州最古的园林，五代钱氏时为广陵王元璙池馆，或云其近戚吴军节度使孙承佑所作。宋庆历间苏舜卿（子美）买地作亭，名曰"沧浪"，后为章申公家所有。建炎间毁，复归韩世忠。自元迄明为僧舍。明嘉靖间筑妙隐庵、韩蕲王祠。释文瑛复子美之业于荒残不治之余。清康熙间宋荦抚吴重修，增建苏公祠以及五百名贤祠（今明道堂西），又构亭。道光七年（公元 1827 年）重修，同治十二年（公元 1873 年）再重建，遂成今状。门首刻有图，为最有价值的图文史料。园在性质上与他园有别，即长期以来，略似公共性园林，官绅

第3段，写沧浪亭周围映衬之景，各具特色，美不胜收。阁（kǎi）敞：开阔宽敞。

楞伽：印度语，意为"不可住"，或说是大海中远不可达、高不可攀的一座大山。第4段，写园林西南的看山楼，居楼瞰园，处园观楼，山水相映成趣。

（3）引用苏子美的绝句，有什么作用？

第5段，引用古人诗文名句，写园中竹木花草之美。

第6段，追溯沧浪亭的历史，自然之美中融入人文因素，内外之美，合而为一。

（4）"沧浪亭是现存苏州最古的园林"中"现存"可以去掉吗？为什么？

"宴宴"，文人"雅集"，胥皆于些，宜乎其设计处理，别具一格。

（选自《语文新圃》2005 年 11 期）

（5）根据全文，概括沧浪亭的建筑特点。

## 赏析

沧浪亭不仅仅是一座亭子，它是苏州现存最古老的一座古典园林，距今已有近千年的历史了。承载着厚重的历史文化内涵。关涉五代时吴越王外戚孙承佑、北宋诗人苏舜钦、南宋抗金名将韩世忠。元、明两代成为僧人所居的妙隐庵、大云庵。现存绝大部分建筑均始建于清朝，又经新中国成立后修复。古今许多文士名人于此留下佳话诗文。所以它并非一个简单的亭子，而是集苏州园林的建筑特色之外壳和历史文化之内核于一体的名胜。向读者介绍沧浪亭，必须内外结合，双重表现，才能将"说明"这一表达方式运用得出神入化，效果显著。

毕竟沧浪亭是建筑体，采用空间说明顺序才是最佳选择。本文就是以空间为表现顺序，从苏州园林总体入手，突出沧浪亭的独特之处，从而引入对沧浪亭的介绍说明。

因葑溪之水，自南园潆回曲折，过"结草庵"（此庵今存白皮松，巨大为苏州之冠）涟漪一碧，与园周匝，从钓鱼台至藕花水榭一带，古台芳榭，高树长廊，未入园而隔水迎人，游者已为之神驰遐想了。

此段介绍，把"水"与园、亭的关系突显出来，将园林外貌尽现于读者面前。作者设想每一个读者都是游人，由外而至，立足园外，立刻为之心神荡漾、情不自禁。这样写来，将游人立足点、眼中的园林全貌尽皆表现出来。已为下文详尽生动的介绍打足了基础，做好了铺垫。

沧浪亭是个面水园林，可是园内则以山为主，山水截然分隔……园内园外，似隔非隔，山崖水际，欲断还连。此沧浪亭构思之着眼处。

作者似乎是一位导游，带着游客由外进入园中，映入眼帘的是亭的概貌。高手作文，不经意间，已经抓住了对象特征，令读者了然于心。

……而堂轩无藻饰，石径斜廊皆出于丛竹、蕉荫之间……其北峰峦若屏，耸然出乔木中者，即所谓沧浪亭。游者可凭临全园……其西轩窗三五，自成院落，地穴门洞，造型多样；而漏窗一端，品类为中国诸园冠。

作者这位高明的导游站在园中，指点园景，如数家珍。群树掩映间，石径阡陌中，峰峦耸出，随即登山，凭高望远，倚阑赏景。只在作者寥寥数语中，沧浪亭位置、样式、特色便分明了。

看山楼居园之西南隅，筑于洞曲之上，近俯南园，平畴村舍（今已皆易建筑），远眺楞伽七子诸峰，隐现槛前。园前环水，园外借山，此园皆得之。

笔墨虽省，景致却周。园林要景，介绍无遗。移步得景，步步皆景。"近俯""远眺"，都从看山楼得到了享受。

园多乔木修竹，万竿摇空，滴翠匀碧，沁人心脾……尤以沧浪亭最早主人苏子美的绝句："夜雨连明春水生，娇云欲暖弄微晴；帘虚日薄花竹静，时有乳鸠相对鸣。"最能写出其中静趣。

随便站在园中一处，似乎都能感受到"乔木修竹"间的雅致。作者描摹之余，仍觉不足，于是思接千载，沟通了涉足园中的许多文人雅士的感慨，历数名家心得，特意引用对园林最有资格评价的宋子美的诗句，把"静趣"淋漓尽致地表现出来。

至此，读者这些游客已跟随作者这位导游走遍了这座园林，美景尽收眼底，空间的转换带来的是对这个建筑的全面了解。但不止于此，沧浪亭山岂仅自然之美，它承载着历史，沉淀着无数令人神往的传说，是自然与文化的结合体，仅有眼中的观赏是不够的。

沧浪亭是现存苏州最古的园林，五代钱氏时……宋庆历间苏舜卿（子美）……自元迄明……明嘉靖间……清康熙间……道光七年（公元 1827 年）重修，同治十二年（公元 1873 年）再重建，遂成今状……园在性质上与他园有别，即长期以来，略似公共性园林，官绅"宴宴"，文人"雅集"，胥皆于此，宜乎其设计处理，别具一格。

历史的痕迹凝固在亭间，沧桑变迁，增添了这种厚重。作者苦心经营的说明对象，由园外而园内是空间位置的变化，由景观而历史则是由表及里的挖掘。这里，空间顺序中结合了逻辑顺序，若非如此，沧浪亭的厚重文化就不足以体现，亭子与其他景观无别；但倘或一味强调它的历史价值，则又使这种抽象流于平庸。空间顺序是基础，是根本，文化承载是灵魂，是色彩。可见，一篇成功的说明文，应该将说明对象表现得全面而深入，使用什么样的表现方法，完全取决于说明对象本身，此外就是作者的巧妙构思了。

总体看来，本文有两点表现得非常突出。一是将沧浪亭置于苏州园林的大背景中，运用比较的方法来突出沧浪亭的特点。同中有异，异中有同，共性个性，尤其分明。二是自然景观与文化沉淀结合介绍，前者空间顺序，是说明建筑最常用手法，合理而恰当；后者逻辑顺序，由外而内，顺其自然，水到渠成。

# 生绡仅尺无穷意，谁识经营惨澹间

## 跟竺可桢学写逻辑顺序说明文

### 名家简介

竺可桢（1890—1974），浙江上虞人。当代著名气象学家、地理学家和物候学家，中国近代地理学的奠基人。1910年赴美国学习农学，后专攻气象，1918年博士毕业后回国，受聘担任南京高等师范（即东南大学）地学教授，任系主任。1928年任中央研究院气象研究所所长，在南京建立了第一个由中国人管理的气象台。1936年出任浙江大学校长直至1949年。新中国成立后担任中国科学院第一任副院长、中国科协副主席、中国气象学会理事长、中国地理学会理事长等职，为1—3届全国人大常委会委员。主要著作有《物候学》《竺可桢文集》《竺可桢科普创作选集》《竺可桢日记》《气象学大全》等。

### 写作指导

逻辑顺序即按照事物、事理的内在逻辑关系，或由个别到一般，或由具体到抽象，或由主要到次要，或由现象到本质，或由原因到结果等一一介绍说明。不管是实体的事物，还是抽象的事理，都适于以逻辑顺序来说明。凡是阐述事物、事理间的各种因果关系或其他逻辑关系，按逻辑顺序写作最为适宜。

逻辑顺序，是指依据事物之间或事物内部各部分之间的关系来确定说明内容先后的。事物之间的关系虽然错综复杂，但总是有主有次，有因有果，有一般的、有个别的，有普遍的、有特殊的，作者依据这些来安排说明内容的先后顺序，就容易把事物之间的关系说清楚，将繁复的内容介绍得有条不紊。

为了更为清楚地了解这一顺序，我们大致把逻辑顺序分成 12 种：

（1）从原因到结果，如：

因为是通过网络传送，因此微信不存在距离的限制，即使是在国外的好友，也可以使用微信对讲。其实微信相当于另一个 QQ。但是不同于 QQ 的是，它在交友这块表现得更具时效性，也更强大。

（2）从主要到次要，如：

作为普通用户，在使用无线路由器时应该注意什么呢？

首先，人体接受的辐射量跟频率有关，频率越高，伤害越大。因此，家中没有必要使用功率过大的无线路由器。其次，辐射危害大小还跟距离有关，距离越远，危害越小。如果家中有孕妇、小孩、老人或免疫力低下者，最好让无线路由器与他们的活动范围保持较远的距离。第三，最好不要将 WiFi 设备放置在卧室内，尤其是放床边。如果不使用 WiFi，最好将无线路由器关闭，以降低不必要的风险。还有，别在腿上使用笔记本电脑，最好将电脑放在桌子或托架上。

（3）从整体到部分，如：

海洋还敞开宽阔的胸怀，让人们来发掘它丰富的宝藏。

海洋是人类未来的食品基地。仅藻类产品就比世界目前小麦总产量多 20 倍。海洋每年为人类提供 30 亿吨的鱼。据计算海洋所能提供食品的能力是陆地的1000 倍。

海洋还是一座巨大的油库。海底石油可采储量约 3000 亿吨，是世界石油总储量的 40%。海底锰结核可供人类使用上万年。海水中还含有铀、氢的同位素等多种核原料，还有大量无机盐类等资源。

海洋还蕴藏着巨大的潮汐能。据估计，世界潮汐资源约有 10 多亿千瓦。如果把波浪能和海流能计算进去，就更可观了。

（4）从概括到具体，如：

一个细菌经过 20 分钟左右就可一分为二；一根葡萄枝切成十段就可能变成十株葡萄，仙人掌切成几块，每块落地就生根；一株草莓依靠它沿地"爬走"的根茎，一年内就长出数百株草莓苗……凡此种种，都是生物靠自身的一分为二或一小部分的扩大来繁衍后代，这就是无性繁殖。

（5）从现象到本质，如：

"据气象部门研究人员所说，重庆由于二战时期的军工开发和以后的军工建设，一直是严重的'霾都'，只是过去科学认识水平不够，误认为是'雾都'。

我们以前认为能见度降低都是雾造成的，其实很多情况下都是霾。"于是，"雾都"不再有美感，反而变成了刺耳的警报，令人忧心。而且，似乎有越来越多的中国城市被冠上了"雾都"的名号：郑州被市民调侃为"宛若蓬莱仙境，郑州成'雾都'"；乌鲁木齐被戏称为"西部雾都""'雾'鲁木齐"……曾经有媒体报道"北京盛夏季节30℃大雾弥漫"，我们已经知道雾是低温下饱和气块的标志，夏季30℃的高温条件下，水汽很难达到饱和程度，出现的肯定是霾。

（6）从具体到一般，如：

有一条电视新闻：一个老头养只鸭子做宠物，老头走到哪里，鸭子就跟到哪里。带着鸭子逛街散步，鸭子表现得非常听话，有趣极了。类似的报道经常出现在新闻中。可是，你知道吗？要做到这一点其实很容易，你也完全可以。

1930年，奥地利动物行为学家康纳德·洛伦兹曾做过这样的实验：他把灰鹅的蛋分为两组，一组由母鹅孵化，一组由孵化箱孵化。结果由孵化箱孵化出来的小鹅把洛伦兹当成了妈妈，洛伦兹走到哪儿，小鹅就跟到哪儿。如果把两组小鹅扣在同一只箱子下面，当提起箱子时，小鹅会有两个去向，一组向母鹅跑去，一组则跑向洛伦兹。

很显然，这种现象是小鹅一出生就接触母鹅和洛伦兹形成的印象导致的。康纳德·洛伦兹把这种现象叫作"印痕行为"。

"印痕行为"是一种后天学习行为，学习后果是由直接印象造成的，所以称为"印痕"学习，它是动物的一种特殊学习方式，只需一次经验（或最多数次），即可形成印痕，对动物行为发生长远的影响。

（7）从结果到原因，如：

霾会造成"雾蒙蒙"之感，是因为它降低了空气能见度，这主要在于空气中颗粒物的散射、吸收带来的消光作用，而其中"贡献"最大的当属颗粒物的散射。颗粒物的全体家族被称为总悬浮颗粒物（TSP），其组成部分 PM2.5 在 2011 年迅速蹿红。

（8）从次要到主要，如：

草兔的体型较大，体长约 40~68 厘米。身体背面毛色由沙黄色至深褐色，通常带有黑色波纹；体侧面近腹处为棕黄色；耳长 10~12 厘米，耳端有窄的黑尖；尾长 7~15 厘米，尾背有显著的黑色斑。

草兔的食性简单，以各种植物的茎、叶、根和种子为食。春夏之际，它们食植物的幼苗；秋季，以植物种子为食；冬季，大雪封山，草兔只得扒开厚厚的积雪，寻找埋在下面的植物茎根充饥，有时还啃食树皮。

草兔的周围，存在着各种各样的捕食者。在过去，狼和狐狸都曾是草兔的重要天敌，但现在大部分地区的狼和狐狸都已经灭绝或非常稀少，人成为它们最常遇到的也是最令它们恐惧的天敌。

在与捕食者的长期周旋中，草兔练就了一身避敌的好"兵法"。

（9）从部分到整体，如：

日本"3·11"9级大地震引发强烈海啸，导致大量的房屋、汽车和各种残骸卷入太平洋，形成了一个长约111公里的"垃圾岛"。研究人员估计，这个漂浮在海上的"垃圾岛"两年内会漂至夏威夷，3年后漂到美国西岸。

其实，在日本地震和海啸导致大量垃圾卷入海洋之前，人们生活的这个星球中的海洋上就已经漂浮着大量的海上垃圾。2007年，美国科学家发现，太平洋上漂浮着一个巨大的"太平洋垃圾岛"，其面积有两个得克萨斯州那么大。虽然后来有人认为其面积被过分夸大了，但其存在却是不争的事实。

海洋垃圾不仅影响海洋景观，还可能威胁航行安全。但更可怕的是，会对海洋生态系统的健康产生致命的影响，进而对海洋经济产生负面效应。海洋垃圾已引起全球的高度重视，新加坡等发达国家正采取措施，尝试处理这一问题。

（10）从具体到概括，如：

首都师范大学心理咨询中心的一项调查显示：77％的人每天开机12小时以上，33.55％的人24小时开机，65％的人表示"如果手机不在身边会有些焦虑"，超过九成的人离不开手机。智能手机带来的负面作用，现在已经开始显现了。

（11）从本质到现象，如：

绿茶具有非常好的抗癌效果。日本人的吸烟量几乎为美国人的2倍，但其肺癌的发病率却仅为美国人的1/3，进一步研究发现，这可能与他们生活中无所不在的绿茶饮料和相关食品有关。上海医学专家在市区和郊县对癌症患者和健康人进行了对比研究，证实常饮绿茶者患胃癌的概率降低约40％，患肝癌的概率降低约30％。每天只要喝4杯绿茶，还可以预防皮肤癌。

（12）从一般到具体。如：

石头哪里没有？但这里的石头总要变出个样，变出别一种形，别一种神，像一个曲子的变奏，熟悉中透着新鲜，叫你有一种感觉到却说不出的激动。比如石的表面经常会隆起一簇簇的皱褶。它本是个铜头铁脑、生硬冰凉的东西，却专向柔弱多情方面取貌摄形，如裙裾之褶，如秋水之纹，如美人颦眉，如枯荷向空。

逻辑顺序是根据事物内在联系进行说明的一种顺序。事物的内在联系是多种多样的，采用逻辑顺序，要依据事物的本身特点，要符合人们认识客观事物的规律。

对事物进行合理的分类与划分，把同一性质的归纳在一类，概括出特点，才能有条不紊地运用逻辑顺序来做说明。

逻辑顺序适用于说明事物内部各方面的特点及相互关系。特别是说明事理和具有较多较复杂特性的事物，运用逻辑顺序，更能说清事物的性质特征，揭示各事物之间的相互关系。竺可桢的《沙漠里的奇怪现象》，先说人们对沙漠的恐惧心理，这是人们对沙漠的印象，接着探讨沙漠的本质特点，于是种种奇坚的现象都找到了产生的原因，问题逐一解决，沙漠就不再那么被害怕了。这里采用的是由现象到本质的逻辑顺序，符合读者认知心理。

《大自然的语言》，作者摆出现象，探究原因，研究意义。层层深入，符合人们的认知规律，采用了逻辑顺序。而且在介绍影响物候来临的四个因素和研究物候的意义时也是按照由主到次的顺序介绍。

《奇妙的克隆》，作者用四个小标题给我们概括出三个方面的内容，依次是什么是克隆，克隆技术的发展成果，克隆技术从哪些方面造福人类。是层层深入的逻辑顺序。

《生物入侵者》，作者按照列出现象——分析原因——研究对策这种逐层深入的逻辑顺序来介绍。

《中国石拱桥》，作者先介绍石拱桥的特征，再介绍中国石拱桥的特征，用的是从一般到个别的逻辑顺序，介绍中国石拱桥取得光辉成就的原因，作者列举的几个因素，也是按照由主到次的逻辑顺序排列。

《苏州园林》，全文先介绍宏观方面的美，再介绍微观方面的美，也是运用了逻辑顺序。

按逻辑顺序说明事物，要求对事物进行深入的分析和研究。要由浅入深，由表及里地掌握事物的本质规律，摸清各部分的内在联系，然后灵活运用各种说明方法。逻辑顺序可以说是我们在说明文中认识抽象事物或抽象道理时候的顺序。

值得注意的是，各种说明顺序很多时候是相互综合运用的。写作中，可以单独采用一种顺序，也可以综合运用两三种顺序。选择什么顺序来说明某个具体事物，这要根据被说明的事物的本质特点和文章的写作目的来决定。比如要介绍"桥"：如果是写桥从古到今的发展变化，就可以采用时间顺序来说明；如果是写桥中的某一个特定对象，就可以采用空间顺序，依次介绍它的形貌结构；如果是写桥的种类，就可以采用逻辑顺序来说明。要是既写桥的发展演变，又写桥的种类和特点，那就需要综合运用说明顺序了。

## 常见错误

1. 不能明确区分说明对象的类别，将事物、事理说明文混为一谈，因而错误地在说明事理时采用了时间或者空间顺序。

2. 即便采用了逻辑顺序，由于未能深入把握说明对象的特点，采用了逻辑顺序中的错误方式，不能全面彻底科学合理地将说明对象呈现给读者。

## 导师名作

本文描述了沙漠里千百年以来被视为魔鬼作怪的可怕现象，从科学的角度做出了正确的解释，表明了一切怪异现象都可以用科学说明的真理。先从法显和玄奘对沙漠的"可怕"描述写起，激发读者的求知欲望，引出下文。接着，用设问引出问题"沙漠真像二人说的那样可怕吗？"现实中科技工作人员进入大戈壁却没有遇到离奇鬼怪的现象，做出了明确的回答，又提出一个问题"这是什么缘故呢？"然后用生动的语言回答了产生奇怪现象的原因。条理清楚，说服力强，给读者深刻的印象。这种由历史到现实，由现象到原因的说明过程，很好地体现了逻辑顺序的特点。

### 沙漠里的奇怪现象

竺可桢

古代亲身到过沙漠的人，如晋僧法显、唐僧玄奘，都把沙漠说得十分可怕，人们对它也就产生了恐惧的心理。法显著《佛国记》说，沙漠里有很多恶鬼和火热的风，人一遇见就要死亡。沙漠是这样荒凉，空中看不见一只飞鸟，地上看不到一只走兽。举目远看净是沙，弄得人认不出路，

法显：东晋高僧。公元399年西行求法，至天竺（印度），游历29国，412年回国。是中国第一位到海外取经求法的大师，杰出的旅行家和翻译家。翻译大量佛经，撰有《佛国记》，记录了其行程及见闻。

玄奘：唐代著名高僧，俗称唐僧。627年西行，到达天竺游学取经。645年带着大量佛经回到长安译出，著有

《大唐西域记》，记述了沿途各国的自然地理及政治经济状况。

（1）为什么叙述法显和玄奘的故事？
第1段，以古人记述引出沙漠的可怕。

塔克拉玛干大戈壁：新疆南部，塔里木盆地中部，主要是流动沙丘。是中国最大的沙漠。最高温度达67.2℃，昼夜温差达40℃以上，蒸发量高于降水量，被称为"死亡之海"，维吾尔语意思是"进去出不来"。
第2段，以事实说明沙漠并不可怕，并引出问题。

第3段，解释法显等人行进艰苦的原因。

（2）"在那时人们的知识水平看起来"能否删去？为什么？

魔鬼的海：沙漠地面由于酷夏烈日暴晒，上下层空气温差很大，加上光线的折射和反射的影响，使人们产生错觉，因而形成"魔鬼的海"。
第4段，引用法国人孟奇的说法，解释沙漠里"海市蜃楼"现象的成因。
（3）"孟奇深深思考以后"一句中"深深"一词有什么作用？

只是循着从前死人死马的骨头向前走。玄奘《大唐西域记》卷十二也说，东行入大流沙，沙被风吹永远流动着，过去人马走踏过的脚印，不久就为沙所盖，所以人多迷路。

沙漠真像法显和玄奘所说的那样可怕吗？解放以来，我们的地质部、石油部、中国科学院的工作人员已经好几次横穿新疆塔克拉玛干大戈壁，并没有什么鬼怪离奇的东西阻挡了他们的行进，这是什么缘故呢？

试想法显出发时，只有七个和尚结队同行，而走了不久，就有人不胜其苦开了小差，有人病死途中，最后只留下他一人。玄奘也是单枪匹马深入大戈壁，所谓孙行者、猪八戒、沙和尚等随从人员，那是小说《西游记》中的神话人物，那时既无大队骆驼带了大量清水食品跟上来，更谈不到汽车飞机来支援，当然就十分困苦了。

沙漠里真有魔鬼吗？在那时人们的知识水平看起来，确像是有魔鬼在作怪。但是人们掌握了自然规律以后，便可把这种光怪陆离的现象说清楚。这种现象在大戈壁夏天中午是常见的。当人们旅行得渴不可耐的时候，忽然看见一个很大的湖，里面蓄着碧蓝的清水，看来并不很远。当人们欢天喜地向大湖奔去的时候，这蔚蓝的湖却总有那么一个距离，所谓"可望而不可即"。阿拉伯人是对沙漠广有经验的民族，阿拉伯语中称这一现象为"魔鬼的海"。这一魔鬼的幻术到了19世纪初叶，才被法国数学家和水利工程师孟奇所戳穿。孟奇随拿破仑的军队到埃及去和英国争夺殖民地，当时法国士兵见到这"魔鬼的海"极为惊奇，就去问孟奇。孟奇深深思考以后，便指出：沙漠中地面被太阳晒得酷热，贴近地面的一层空气温度就比上面一两米的温度高许多。这样由于光线折光和反射的影响人们产生一种错觉，空中的乔木看来像倒栽在地面上，蔚蓝的天空倒映在地上，便看成是汪洋万顷的湖面了。若是近地面的空气温度低而上层高，短距离内相差七至八摄氏度，像平直的海边地区有时所遇见的那样，那便可把地平线下寻常所见不到的岛屿、人物统统倒映在天空中，成为空中楼阁，又叫做海市蜃楼。

<u>在沙漠里不但光线会作怪，声音也会作怪。</u>玄奘相信这是魔鬼在迷人，直到如今，住在沙漠中的人们还有相信的。群众把会发出声音的沙地称为"鸣沙"。现在宁夏回族自治区中卫县靠黄河有一个地方名叫鸣沙山，即沙坡头地方，科学院和铁道部等机关在这里设有治沙站。站的后面便是腾格里沙漠。沙漠在此处已紧逼黄河河岸，沙高约一百米，沙坡面南坐北，中呈凹形，有很多泉水涌出，这块沙地向来是人们崇拜的对象。据说，每逢农历端阳节，男男女女便在鸣沙山上聚会，然后纷纷顺着山坡翻滚下来。这时候沙便发出轰隆的巨响，像打雷一样。两年前我和五六个同志曾经走到这鸣沙山顶上慢慢滚下来，果然听到隆隆之声，好像远处汽车在行走似的。据一些专家的意见，只要沙漠面部的沙子是细沙而干燥，含有大量石英，被太阳晒得火热后，经风的吹拂或人马的走动，沙粒移动摩擦起来，便会发出声音，这便是鸣沙。古人说："见怪不怪，其怪自败。"沙漠里的一切怪异现象，其实都是可以用科学道理来说明的。

（选自《竺可桢科普创作选集》，科学普及出版社1981年版）

（4）沙漠中"魔鬼的海"的形成原因是什么？
海市蜃楼：同"魔鬼的海"。
（5）"在沙漠里不但光线会作怪，声音也会作怪"，在结构上有何作用？

第5段：用作者自己的经历和感受，解释"鸣沙"现象的成因。

鸣沙：沙漠面部的沙子细小而干燥，含有大量石英，被太阳晒得火热后，经风的吹拂或人马的走动，沙粒移动摩擦起来，便会发出声音。

腾格里沙漠：中国第四大沙漠，位于内蒙古和甘肃省境内，面积约3万平方千米。有包兰铁路通过，治沙成就卓著。

（6）产生这一"怪"现象的条件有哪些？

（7）全文看，文章描述了沙漠里的哪些奇怪现象？

## 赏 析

本文是一篇事理说明文。事理说明文说明事物的特征和本质，阐述事物的变化过程和规律，解释原因，阐明事理，旨在不但使人知其然，而且知其所以然。在进行说明时，采用了逻辑顺序，从现象到本质，由表及里。

文章边提出疑问边解释疑问，类似设问方式，增强了说服力。文章最后引用古人之言"见怪不怪，其怪自败"，"一切怪异现象"都可以"用科学道理来说明"，水到渠成地收束全文，并使读者不仅懂得沙漠中的怪异现象，而且形成了一个具有普遍意义的认识：世界是物质的，不存在超自然的神魔鬼怪，科学力量终将揭开一切奥秘。条理清晰，有强烈的吸引力，能激起读者强烈的阅读兴趣。

作者首先引用前人的记述，提到沙漠恶鬼和热风现象，自然引出要解说的对象。作者没有开门见山地直接提出问题，而是借晋僧法显和唐僧玄奘的文章做引子，表明对这种奇怪现象的困惑由来已久。这是谈及沙漠中的奇怪现象。可是文章没有紧接着对这些奇怪现象做科学说明，而是从反面说新中国成立以后人们并没有遇到"鬼怪离奇的东西"，这就和前面的现象形成明显的对比，疑问自然产生。于是，作者用了两个疑问句"这是什么缘故呢？""沙漠里真有魔鬼吗？"这样引出的问题，使读者更急于知道奇怪现象产生的原因。开头三个段落，其实只是铺垫，后面两个段落才是文章的主体，具体解释奇怪现象背后的真正科学原因。这样，逻辑顺序就成为由现象到本质的过渡，或者说是由表及里的发展。

可见，逻辑顺序的这种说明方式，就是先交代"是什么"，也就是表面现象，然后分析"为什么"，也就是原因或本质。现象是"的"，本质是"矢"，运用本质解释现象，就是这种说明方法。

虽然从现象上说，似乎沙漠给人一种"鬼怪"般的印象，下文的解释也许只是为了破除迷信。事实上，即便是唯物主义者，也有其认识发展的过程，有探索科学奥妙的欲望。因而对沙漠中奇怪现象的解释，就成为本文的重点。在解释"魔鬼的海"时，文章描写了被称为"魔鬼的海"的沙漠现象：夏日中午，沙漠中的人"渴不可耐"之际，"忽然看见一个很大的湖，里面蓄着碧蓝的清水，看来并不很远"，但可望而不可即。对这一现象，作者并未马上加以解释，而是讲述了法国科学家孟奇的故事，借他的思考来回答。孟奇运用光线折光和反射的原理，科学地说明了"魔鬼的海"以及"海市蜃楼"的成因，深入浅出，富于趣味。

解释"鸣沙"这种奇怪现象时，采用了不同的方法。本段开头表明"鸣沙"现象从古以来一直被人们视为超自然的现象。文章并未紧接着对这种现象做科学解释，而是叙说了具有"鸣沙"现象的宁夏鸣沙山的地形和位置，指出"这块沙地向来是人们崇拜的对象"，以"据说"和自己的耳闻目睹，突出鸣沙的隆隆巨响。在此基础上，文章才"据一些专家的意见"加以科学解释。这样也就让读者形成一个普遍认识，那就是：一切怪异的现象，都是可以用科学的道理来说明的。这段中，作者以他的亲身经历对沙漠中"声音作怪"的"鸣沙"现象作了简要说明。这种引用真人故事、亲身经历的方法，能使文章对现象的解释不仅具有科学性，而且更加真实确切，既能引起读者的兴趣，又可增强文章的可信度。很值得我们学习。

对沙漠中的奇怪现象做了解释说明后，作者总结说"见怪不怪，其怪自败"，这句话的意思是指见到怪异现象，要镇静对待，不必大惊小怪。第一个"怪"是名词，指奇怪的景物或现象，文中指"魔鬼的海"和"鸣沙"。"不怪"指见到怪异现象，要镇静对待，用科学的道理进行解释，不必大惊小怪。原因是"沙漠里的一切怪异现象，其实都是可以用科学道理来说明的"。

结尾点题，一切领域的怪异现象都可以用科学道理来解释。说明世界是物质的，不存在超自然的神魔鬼怪，科学道理将解释一切奥秘。文章的最后一句话，可以看作是全文的中心意思，也是作者真正的写作目的。这是建立在上文详尽而科学的说明的基础上的，体现了作者对自然现象的深刻认识，对科学的坚定信念。

在文章中，有古人文章引述，也有外国科学家故事的讲述，还有中国科学家的经历的举例，更有对当地男女习俗的解说，材料丰富，方式各异，作用不同，多角度、多层次地将一篇说明沙漠现象的知识小品写得通俗易懂、生动活泼、真实可信。

本文在阐释道理的过程中，运用了多种说明方法。

（1）举例子。如：举晋僧法显、唐僧玄奘深入沙漠的经历；孟奇随拿破仑军队产生的奇遇；宁夏地区鸣沙山的来历；"我"和几个同志到鸣沙山的亲身体验等。这样写能使文章更令人信服，增强了说服力。

（2）打比方。如："这时候沙便发出轰隆的巨响，像打雷一样。"这样写使文章更加形象生动。

（3）做比较。如："那时既无大队骆驼带了大量清水食品跟上来，更谈不到汽车飞机来支援，当然就十分困苦了。"这一句中包含了两个比较：一是当时一人独行与驼队上路的比较；二是旧时落后装备与现在"汽车飞机来支援"的比较。

这样写从一般事理的角度加以解说，实事求是，令人信服。

（4）引用说明。如：古人说："见怪不怪，其怪自败。"说明一切怪异现象都可以用科学道理来说明，这样写能更好地突出说明文的中心。

这是一篇科学小品，带有一定的文艺色彩。从表达方式的角度来说，兼有说明、记叙、议论，内容涉及光学、声学原理，法显、玄奘、孟奇及"自己"的经历和故事，文笔既有说明文的朴实准确，又有散文的生动形象，如"这时候沙便发出轰隆的巨响，像打雷一样"，运用了比喻修辞，形象生动地写出了声音之大。文章还运用了设问、反问、引用等多种手法，富有趣味。如"沙漠真像法显和玄奘所说的那样可怕吗？"运用反问手法，表明了对法显和玄奘所说情况的否定态度。"沙漠里真有魔鬼吗？"运用设问手法，启发深思，引人入胜，文章的语言也体现了说明文语言的准确性，如"据一些专家的意见"表明消息的来源，语言准确严密。不少词语绘声绘色，如"隆隆之声""碧蓝的清水""蔚蓝的湖""蔚蓝的天空"等，读来朗朗上口，使文章富于美感。

本文求实求真，崇尚科学。从本文发表至今四十多年来，在人们征服沙漠的道路上起了重要的精神和科学作用，今天，科学向前发展了一大步，人类对沙漠又有了许多新的认识。但人类在征服自然和自身发展的道路上，仍然有许多障碍。本文启示我们：任何现象都有其内在的原因，不管这个现象是多么的光怪陆离，多么的不可思议，即使有的暂时无法解释，我们都始终坚信：世界是物质的，从不存在任何超自然的神魔鬼怪，科学最终能解释一切。我们要热爱科学，崇尚科学，用科学武装头脑，用科学的思想积极探索大自然的奥秘，相信一切妖魔邪说都会被踩在科学真理的脚下。

# 妙手何人为写真，只难传处是精神

## 跟曹冲学写抓住特征说明的说明文

### 名家简介

曹冲，上海崇明县人，1940 年出生，当代科学家，科普作家，在中国电子科技集团研究所工作，任《全球定位系统》杂志编委会主任委员，多次承担国家和部门重要研究课题工作，历次获多种奖项。发表论文和译作百余篇，《极光的故事》为其科普代表作。

### 写作指导

十分相似的事物也是有差别的，它们各有各的特点。写说明文，要注意抓住事物的特征。

怎么做就可以称为"抓住特征"呢？

宋朝诗人秦少游出给苏东坡猜的一道谜语：

"我有一间房，半间租与转轮王，有时射出一线光，天下邪魔不敢当。（工匠用物）谜底：墨斗"。

谜语前三句，进行细致准确的描写，突出了墨斗的形象特点。"墨斗"可辟邪，谜语末句隐含：天下邪魔都惧怕这正义、神勇的墨斗。苏轼故意不说穿谜底，而是另出了一则谜语让秦观猜："我有一张琴，琴弦藏在腹，为君马上弹，弹尽天下曲。"

谜中运用的夸张和比喻，将"墨斗"的形象、功能，表达得生动逼真，而且富有哲理。秦观难住了，向苏小妹求救。苏小妹也出一条谜让秦观猜：

"我有一条船，一人摇橹一人牵，去时牵纤去，归时摇橹还。"

苏小妹将"墨斗"比作"一条船"，木匠师傅工作时将墨绳"牵"拉、"摇"动的动作，被小妹想象成，船上船下"一人摇橹一人牵"的另一劳动场景，极为准确地抓住了墨斗的特征。秦观猜不出。苏小妹说："我们三人的谜语指的都是墨斗。"秦观仔细一想，才恍然大悟。

《红楼梦》中薛宝琴的《青冢怀古》诗："黑水茫茫咽不流，冰弦拨尽曲中愁，汉家制度诚堪叹，樗栎应惭万古羞。"其中的"黑水"喻指墨汁，"冰弦"隐喻墨线。诗谜中借汉元帝遣王昭君和亲的典故，喻义形象地刻画"墨斗"，深刻而又玄妙。

冯梦龙《山歌》中"桂枝儿"这样写："墨斗儿，手段高，能收能放，长便长，短便短，随你商量，来也正，去也正，毫无偏向，本是个直苗苗好性子，休认做黑漆漆歹心肠，你若有一线儿邪曲也，瞒不得他的谎。"一看就是谜语，淋漓尽致，惟妙惟肖地描述刻画了"墨斗"的形象、特征、用途。

以上对墨斗的"说明"可视作"文艺性说明文"。平实的角度看，"360 百科"是这样介绍墨斗的：

墨斗由墨仓、线轮、墨线（包括线锥）、墨签四部分构成，是中国传统木工行业中极为常见工具。其用途有三个方面：

1. 做长直线（在泥、石、瓦等行业中也是不可缺少的）；方法是将濡墨后的墨线一端固定，拉出墨线牵直拉紧在需要的位置，再提起中段弹下即可。

2. 墨仓蓄墨，配合墨签和拐尺用以画短直线或者做记号。

3. 画竖直线（当铅锤使用）。

同是墨斗，可以描述不同，但必须抓住一个共同点——墨斗的特征。否则就是说而不明，写作失败。

什么样的文章就算是准确抓住被说明对象的特征呢？

1. 说明的中心鲜明突出。

优秀说明文的说明中心都是非常鲜明突出的。例如《蜘蛛》一文，说明的对象就是蜘蛛，写作的目的就是介绍有关蜘蛛的科学知识，让人们更好地了解蜘蛛。《向沙漠进军》一文，说明的对象是沙漠，写作目的就是让读者认识改造沙漠的必要性、治理沙漠的方法以及治理沙漠的广阔前景。《神奇的极光》一文，极光本就神奇，"神奇"二字画龙点睛，可谓准确地突出了极光的特点。

2. 具有科学性。

说明文要求在说明事物时，力求正确，不夸大，不缩小，按照事物的本来面目进行反映。要抓住事物的特征进行说明，例如《死海不死》主要说明了死海咸度高的特征，死海水中的各种盐类加在一起，占海水的23%—25%（这和一般的淡水湖不同）。说明的内容要正确。如有篇文章认为"饭后百步走，能活九十九"；另一篇则认为，饭后身体的主要任务是消化食物，宜静不宜动，此时运动有损身体，叫人无所适从。据有关专家分析，两篇说明文都有一定的道理，但都有片面性，缺乏科学性，不能辩证分析。《神奇的极光》从传说到现象，再到科学原理，直趋本质，具有极强的科普作用，正在于其实事求是的科学性。

3. 富有条理性。

说明文都具有条理性。在说明事物时，要求头绪清楚，井井有条。条理性是事物本身固有的。尽管各种事物错综复杂，但只要仔细观察、分析就能找到一定的条理性。按照合理的空间顺序、时间顺序、逻辑顺序来组织安排材料。《神奇的极光》从美妙的传说引出神秘的自然现象，再从科学的角度做出合理的解释，步步深入，越来越明朗清楚，逻辑顺序井然，条理极为分明。

4. 语言准确、简洁、通俗生动。

优秀的说明文总是用浅显的语言表现深刻的内容，使读者容易领会问题的实质。语言确切，就是语言恰如其分地反映客观事物的本来面目。语言简洁，就是要用较少的话把较丰富的内容表达出来，干净利落，让人容易把握文章的要点。语言通俗，就是运用明白通畅的语言，把抽象的概念说得具体，把深奥的道理说得浅显，把专门的知识说得有趣味，让大家都喜欢看。《神奇的极光》一文语言也是有"神奇"的特点，把极为深奥复杂的"极光"这一自然现象，以短小的篇幅说明得如此通俗易懂，的确是大家文笔。

如何抓住特征写作说明文？事物的特征不止一个，写作时，要根据客观需要和写作目的来取舍。

介绍人物，主要抓住人物的"经历特征"，尤其是成就、有价值的生活阶段来加以说明。介绍动物，抓住动物的形状和生理特征、生活习性等。介绍植物，着重说明它的生态和用途。介绍某种器物着重说明器物的结构、功能、使用方法等。介绍建筑物，着重介绍它的外形特征、内部结构以及建筑材料等方面的特点。介绍自然地理知识，着重介绍地理现象的形成及地形地貌。介绍历史名称及事件，着重介绍名称形成的原因，事件发生的背景及其性质。

我们要根据说明的对象，准确地说明事物的特征。下面几种方法也许比较实用：

1. 同类事物中寻找其特殊性：许多事物相同点很多，实质上却略有区别。我们要善于利用事物的这一特点，通过比较分析，准确地发现事物相同之中的不同点，并加以说明。著名桥梁专家茅以升的《中国石拱桥》是这样来说明赵州桥和永定河上的卢沟桥的——

（赵州桥）这座桥的特点是：（一）全桥只有一个大拱，长达 37.4 米，在当时可算是世界上最长的石拱。桥洞不是普通的半圆形，而是像一张大弓，因而拱上面的道路没有陡坡，便于车马上下……

永定河上的卢沟桥……由 11 个半圆形的石拱组成……路面平坦，几乎与河面平行。每两个石拱之间有石砌桥墩，把 11 个桥拱联成一个整体。由于各拱相连，所以这种桥叫作联拱石桥。

同是对桥拱的说明：前者是独拱，后者是联拱；同是对桥面的说明：前者是没有陡坡，后者是几乎与河面平行；同样是拱，前者"像一张大弓"，后者则是"半圆形"。

2. 从不同方面表现内在特征：复杂事物的特征要说清楚，只有从多方面阐说，使其不同的特点全方位展现在读者面前。《苏州园林》"无论站在哪个点上，眼前总是一幅完美的图画"这一特征，作者从园林的布局、假山堆叠的艺术性和池沼与其他景物配合的灵活性、栽种和修剪树木、花墙和廊子的巧妙设置及每个角落的布置等四个方面逐一展现，使读者通过对各个局部的了解，整体认识了苏州园林的特点。

有时，事物的整体特征，就是各个局部特征的总和。对事物的微观特点进行的说明，其实也就是对整体特征进行的说明。围绕某一点，多方面地展现事物的特征，能比较全面地反映事物的本质特点。

3. 通过外在形式表现其内在特征：有些事物，不管其内在的特征如何，却总能通过外在的形式充分地表现出来。如果我们能够抓住事物的这一特点，通过说明其外在的特征，同样可以表现其内在的特征。下面这两段文字就是这样：

（1）有些动物是以动作作为联系信号的。在我国海滩上，有一种小蟹，雄的只有一只大螯，在寻求配偶时，便高举这只大螯，频频挥动，一旦发觉雌蟹走来，就更加起劲地挥舞大螯，直至雌蟹伴随着一同回穴。（2）有一种鹿是靠尾巴报信的，平安无事时，它的尾巴就垂下不动；尾巴半抬起来，表示正处于警戒状态；如果发现有危险，尾巴便完全竖直。

这两段文字，说明了有些动物是以动作作为语言的。说明时，作者主要是通过对两种动物外显现象的描绘来表现这一内在的特征。《神奇的极光》一文，正是从其神妙莫测的现象来探讨其复杂的科学原理的。

抓住事物特征写好说明文，还必须注意事物的状态。

事物的静态主要反映在形状、大小、颜色等方面，容易发现且容易表现。动态在发展、变化、运动着，需要找准立足点，认真观察，迅速准确地注意其变化，如鸟的飞行、马的奔跑、云彩飘移、波涛汹涌等。

如下面两段说明"清明上河图"的文字，就把静态的画面描写得栩栩如生。

画卷以萧疏的郊外为开端，一片春风和煦的田园景色。农夫在田间耕作，两个商贩赶着驮炭的驴群姗姗而来，一列行旅，有车骑仆从，正匆匆向城里进发，轿顶上插满了杨柳，一看就知是城里富贵人家扫墓而来。作者在此巧妙地交代了时间、风俗，展开了序幕。

画面渐进，路边酒肆、茶摊渐多起来，汴河也繁忙起来。沿河有许多粮仓，靠岸的船只，搭着跑板在卸货。满载货物的船只吃水很深，水面几乎接近船帮，而卸完货的船只，则吃水较浅。河心一艘大船，尾部有八名船夫合力摇桨；河对岸，五名纤夫在拉着船艰难前行。

观察和写作时，必须注意事物的本质。有的事物还要说明其状态内在的原因。如：音乐会上的彩灯为什么能随音乐的强弱而有节奏地闪烁？是装有声控程序；为什么有些动物的行为能够预示天气的变化？是空气变化与这些动物的身体结构有关系。将这些因果关系交代清了，就是说明了事物的本质。

《神奇的极光》一文，尤其是《极光一瞥》这部分，不仅从形色两方面尽其所能地描摹极光，而且不断深入地探讨成因，揭开传说的神秘面纱，排除历史的错误认识，探求合理的科学认识，使读者真正明白了这种自然现象及其产生原理，是极为成功的说明文。

此外，还要注意按一定的顺序来写。事物有其发展的过程。如人的成长有婴儿时期、学前童年期、少年期、壮年期和老年期等，这些也是事物特征的一个方面。

## 常见错误

1.对说明对象的特性把握不准确，没有进行认真的思考。具体表现是，说明时，没有紧紧围绕该方面的特性来写，致使其不清晰、不突出。就像写记叙文跑题一样，出现了偏离主题的情况。

例如：我们的村庄，是坐落在群山中的。村里有许多人家，有的住在窑洞中，有的住在房子里，还有的住了楼。第一次到我们村的人都会说："这个村可真有意思。"隔了多年又来的却会这样说："这个村变化真大啊。"我为我们这个社会主义新农村而自豪。

文中对自己的村庄进行说明，却抓不住特点，如何将自己村和别的村区分开来？应该举例子、列数字、作描摹，呈现出特点来。"这个村可真有意思。"这句话运用了引用说明的手法，涉及村庄的特点，可惜未能明确说出来，如能打比方，就可感了。"这个村变化真大啊。"原来什么样，现在什么样，如能做比较，对比效果就分明了。"社会主义新农村"明显是村庄的特点，可这里却一笔带过，未加说明。

2. 对事物的特性说明不清晰，条理不分明，方法不恰当。具体表现是，在说明事物特性的时候，不讲究说明方法，或者把事物的几个方面放在一起说，或者事物的一个方面还没说清楚又去说另一个方面，结果使得哪一个方面也没有说清楚。

例如：所谓"情节"，就是在故事类文章中写的一些内容。故事中，主人公一定是做了许多事情的，我们读故事，就读到了这些事情。有了这些事情，故事就有了情节。我们读的时候也就读出了趣味。同学们这下该知道什么是情节了吧，也会从此重视起情节来了吧。否则，故事干巴巴的，谁会喜欢读呢？

这是对故事类作品中"情节"的说明，如果用准确的表达给"情节"下个定义，并举一两个例子来说明，同学们就会真正明白情节的概念。段中将"情节"和"事情"等同起来，是极不严密的。而且，行文次序也不恰当，最后一句还是放在"趣味"一句后面比较合理。

## 导师名作

这篇文章写极光，紧紧围绕"神奇"二字，按照人们的认识规律，先写几种美丽动人的神话故事和有关的名称，极尽瑰丽奇异，引起人们的阅读兴趣，并容易引起思考：古人为什么对极光能有这样的神奇感觉？然后承接第一部分，极力描写极光的形状和色彩：五彩缤纷、千姿百态、变化莫测，似是对人们疑问的解答，同时又引起人们的思考：极光的这些神奇色彩从何而来？于是作者又承接这个疑问，说明极光的成因和本质。这样的叙说符合人们的心理过程。

# 神奇的极光

曹冲

## 古老的神话传说

相传公元前两千多年的一天，夜来临了。随着夕阳西沉，夜已将它黑色的翅膀张开在神州大地上，把远山、近树、河流和土丘，以及所有的一切全都掩盖起来。一个名叫附宝的年轻女子独自坐在旷野上，她眼眉下的一湾秋水闪耀着火一般的激情，显然是被这清幽的夜晚深深地吸引住了。夜空像无边无际的大海，显得广阔、安详而又神秘。天幕上，群星闪闪烁烁，静静地俯瞰着黑魆魆的地面，突然，在大熊星座中，飘洒出一缕彩虹般的神奇光带，如烟似雾，摇曳不定，时动时静，像行云流水，最后化成一个硕大无比的光环，萦绕在北斗星的周围。其时，环的亮度急剧增强，宛如皓月悬挂当空，向大地泻下一片淡银色的光华，映亮了整个原野。四下里万物都清晰分明，形影可见，一切都成为活生生的了。附宝见此情景，心中不禁为之一动。由此便身怀六甲，生下了个儿子。这男孩就是黄帝轩辕氏。以上所述可能是世界上关于极光的最古老神话传说之一。

在我国的古书《山海经》中也有极光的记载。书中谈到北方有个神仙，形貌如一条红色的蛇，在夜空中闪闪发光，它的名字叫触龙。关于触龙有如下一段描述："人面蛇身，赤色，身长千里，钟山之神也。"这里所指的触龙，实际上就是极光。

极光是天空中一种特殊的光，是人们能用肉

第一部分：古老的神话传说：介绍古代中外关于极光的传说以及古时对极光的不同称谓。

第1段：与极光有关的附宝的美丽传说。

附宝：黄帝的母亲。《河图稽命征》上说："附宝见大电光绕北斗权星，照耀郊野，感而孕二十五月，而生黄帝轩辕于青邱。"

大熊星座：即北斗星，由七颗明亮的星组成，分布成勺形。

第2段：与极光有关的《山海经》中的神仙记载。

129

第3段：我国古代有关极光的不同名称。

第4段，"极光"术语的由来。

伊欧斯：古罗马神话中的黎明女神。

泰坦：一般译作"提坦"，这里指提坦许佩里翁，伊欧斯之父，天神乌剌诺斯和地神盖亚的儿子。

猎户星座：赤道带的星座之一，由两颗一等星、五颗二等星及其他更暗的星组成。

（1）这部分引述了几个主要的神话传说？

（2）作者为什么要引用古老的神话传说？

第二部分：极光一瞥：介绍极光的神奇，从极光出现地域、形态特征、各种变化、人们难以描摹等方面说明。

眼看得见的唯一的高空大气现象，它常常出现在南北半球的高纬地区，主要是在南极区和北极区。这种光的美丽显示，是由高空大气中的放电辐射造成的。出现在北半球的叫做北极光，出现在南半球的叫做南极光；南北极光泛称极光。在我国所能见到的当然是北极光。在古代，我国没有极光这个词，所以是根据极光不同的形状差异分别加以称谓，如叫做"天狗""刀星""蚩尤旗""天开眼""星陨如雨"等等，它们大部分散落在史书的星象、妖星、异星、流星、祥气的记载中。

极光这一术语来源于拉丁文伊欧斯一词。传说伊欧斯是希腊神话中"黎明"（其实，指的是晨曦和朝霞）的化身，是希腊神泰坦的女儿，是太阳神和月亮女神的妹妹，她又是北风等多种风和黄昏星等多颗星的母亲。极光还曾被说成是猎户星座的妻子。在艺术作品中，伊欧斯被说成是一个年轻的女人，她不是手挽个年轻的小伙子快步如飞地赶路，便是乘着飞马驾挽的四轮车，从海中腾空而起；有时她还被描绘成这样一个女神，手持大水罐，伸展双翅，向世上施舍朝露，如同我国佛教故事中的观音菩萨，普洒甘露到人间。

### 极光一瞥

极光被视为自然界中最漂亮的奇观之一。如果我们乘着宇宙飞船，越过地球的南北极上空，从遥远的太空向地球望去，会见到围绕地球磁极存在一个闪闪发亮的光环，这个环就叫做极光卵。由于它们向太阳的一边有点被压扁，而背太阳的一边却稍稍被拉伸，因而呈现出卵一样的形状。极光卵处在连续不断的变化之中，时明时暗，时而向赤道方向伸展，时而又向极点方向收缩。处在午夜部分的光环显得最宽最明亮。长期观测统计结果表明，极光最经常出现的地方是在南北磁纬度67度附近的两个环带状区域内，分别称作南极光区和北极光区。在极光区内差不多每天都会发生极光活动。在极光卵所包围的内部区域，通常叫做极盖区，在该区域内，极光出现的机会反而要比纬度较低的极光区来得少。在中低纬地区，尤其是近赤道区域，很少出现极光，但并不是说压根儿观测不到极光。1958年2月10日夜间的一次特大极光，在热带都能见到，而且显示出鲜艳的红色。这类极光往往与特大的太阳耀斑暴发和强烈的地磁暴有关。

在寒冷的极区，人们举目瞭望夜空，常常见到五光十色，千姿百态，各种各样形状的极光。毫不夸大地说，在世界上简直找不出两个一模一样的极光形体来，从科学研究的角度，人们将极光按其形态特征分成五种：一是底边整齐微微弯曲的圆弧状的极光弧；二是有弯扭折皱的飘带状的极光带；三是如云朵一般的片朵状的极光片；四是面纱一样均匀的帐幔状的极光幔；五是沿磁力线方向的射线状的极光芒。

极光形体的亮度变化也是很大的，从刚刚能看得见的银河星云般的亮度，一直亮到满月时的月亮亮度。在强极光出现时，地面上物体的轮廓都能被照见，甚至会照出物体的影子来。最为动人的当然是极光运动所造成的瞬息万变的奇妙景象。我们形容事物变得快时常说："眼睛一眨，老母鸡变鸭。"极光可真是这样，翻手为云，覆手为雨，变化莫测，而这一切又往往发生在几秒钟或数分钟之内。极光的运动变化，是自然界这个魔术大师，以天空为舞台上演的一出光的活剧，上下纵横成百上千公里，甚至还存在近万公里长

第1段：主要说明极光活动在地球上的分布区域：主要在极光区，较少在极盖区，中低纬度地区数十年难得一见。

（3）这一段提到了哪几个概念？

第2段：介绍极光的形状。弧状、带状、片状、幔状和芒状五种形态类型。

第3段：说明极光的色彩丰富、变幻莫测。

的极光带。这种宏伟壮观的自然景象，好像沾了一点仙气似的，颇具神秘色彩。令人叹为观止的则是极光的色彩，早已不能用五颜六色去描绘。说到底，其本色不外乎是红、绿、紫、蓝、白、黄，可是大自然这一超级画家用出神入化的手法，将深浅浓淡、隐显明暗一搭配、一组合，好家伙，一下子变成了万花筒啦。根据不完全的统计，目前能分辨清楚的极光色调已达一百六十余种。

极光这般多姿多彩，如此变化万千，又是在这样辽阔无垠的穹窿中、漆黑寂静的寒夜里和荒无人烟的极区，此情此景，此时此刻，面对五彩缤纷的极光图形，亲爱的读者，你说能不令人心醉，不叫人神往吗？无怪乎在许许多多的极区探险者和旅行家的笔记中，描写极光时往往显得语竭词穷，只好说些"无法以言语形容"，"再也找不出合适的词句加以描绘"之类的话作为遁辞。是的，普通的美丽、壮观、奇妙等字眼在极光面前均显得异常的苍白无力，可以说，即使有生花妙笔也难述说极光的神采、气势、秉性脾气于万一。

## 极光的来龙去脉

长期以来，极光的成因机理未能得到满意的解释。在相当长一段时间内，人们一直认为极光可能是由以下三种原因形成的。一种看法认为极光是地球外面燃起的大火，因为北极区临近地球的边缘，所以能看到这种大火。另一种看法认为，极光是红日西沉以后，透射反照出来的辉光。还有一种看法认为，极地冰雪丰富，它们在白天吸收阳光，贮存起来，到夜晚释放出来，便成了极光。总之，众说纷纭，无一定论。直到 20 世纪 60 年代，

第 4 段：对前文的总结。

第三部分：极光的来龙去脉：从科学角度解释极光的产生原因，并说明极光对人类的影响。
（4）"在相当长一段时间内"是指什么时候？
第 1 段：人们一直认为极光可能形成的三种原因。

将地面观测结果与卫星和火箭探测到的资料结合起来研究，才逐步形成了极光的物理性描述。

现在人们认识到，极光一方面与地球高空大气和地磁场的大规模相互作用有关，另一方面又与太阳喷发出来的高速带电粒子流有关，这种粒子流通常称为太阳风。由此可见，形成极光必不可少的条件是大气、磁场和太阳风，缺一不可。具备这三个条件的太阳系其他行星，如木星和水星，它们的周围，也会产生极光，这已被实际观察的事实所证明。

地磁场分布在地球周围，被太阳风包裹着，形成一个棒槌状的腔体，它的科学名称叫做磁层。为了更形象化，我们打这样一个比方。可以把磁层看成一个巨大无比的电视机显像管，它将进入高空大气的太阳风粒子流汇聚成束，聚焦到地磁的极区，极区大气就是显像管的荧光屏，极光则是电视屏幕上移动的图像。但是，这里的电视屏幕却不是 18 英寸或 24 英寸，而是直径为 4000 公里的极区高空大气。通常，地面上的观众，在某个地方只能见到画面的 1/50。在电视显像管中，电子束击中电视屏幕，因为屏上涂有发光物质，会发射出光，显示成图像。同样，来自空间的电子束，打入极区高空大气层时，会激发大气中的分子和原子，导致发光，人们便见到了极光的图像显示。在电视显像管中，是一对电极和一个电磁铁作用于电子束，产生并形成一种活动的图像。在极光发生时，极光的显示和运动则是由于粒子束受到磁层中电场和磁场变化的调制造成的。

极光不仅是个光学现象，而且是个无线电现象，可以用雷达进行探测研究，它还会辐射出某些无线电波。有人还说，极光能发出各种各样的声音。极光不仅是科学研究的重要课题，它还直

（5）过去人们对极光成因的解说、推测有那些？

第2段：现在人们对极光成因的新认识。

第3段：极光的形成过程。

（6）试根据第3段用自己的语言概括极光形成的原理。

第4段：极光应用的广泛性。

（7）读完全文，你可以为"极光"下个定义吗？

接影响到无线电通信，长电缆通信，以及长的管道和电力传送线等许多实用工程项目。极光还可以影响到气候，影响生物学过程。当然，极光也还有许许多多没有解开的谜。

（选自《极光的故事》，海洋出版社1989年版）

## 赏析

本文的写作对象是"极光"，特征就是"神奇"，整篇文章的思路其实就围绕着"神奇"来写。

极光，因为神奇，所以在东西方的神话传说中都留下了她美丽的身影。文章先从"古老的神话传说"启笔，对极光的神奇做间接描写，从侧面烘托一番；然后从正面直接地介绍极光以及它真正神奇的所在；最后从科学的角度切入，探索"极光的来龙去脉"并得出结论。至此，作者的写作意图也就完成了。

总之，全文三个部分，三个小标题，环环相扣，形成了一个有机的整体。

文章以美妙无比的神话故事开头，激起读者了解极光的强烈愿望，接着就会过渡到对外观的描述，从题目"一瞥"我们可证实是写"所见"。了解了现象后，又自然使人产生对极光成因的探究心理，于是，水到渠成地写"极光的来龙去脉"。这种思路像层层剥笋，体现着人们认识事物由浅入深，由现象到本质的客观规律，是恰到好处的。

其实，作为读者，还可以倒过来阅读，先了解极光形成的原理，然后用原理解释第二部分的现象，最后用这两部分的内容解释先古认识水平有限的古人幻想出来的种种神话传说。这符合事理的内在关系。

结构上：本文用小标题将故事自然分成三个部分：

第一部分，古老的神话传说：介绍古代中外关于极光的传说以及古时对极光的不同称谓。

这部分引用了三个神话。一是附宝感极光而有身孕，表明人们对极光的观察历史悠久，突出它的古老神奇。二是《山海经》中关于"触龙"的描写，从古文献中找到描写极光的例子，表明古人对极光的一种理解。三是古希腊神话中关于黎明女神的故事，追溯极光一词作为现代科学术语的来历，也突出了故事的浪漫性。

第二部分,极光一瞥:介绍极光的神奇,从极光出现地域、形态特征、各种变化、人们难以描摹等方面说明。

"一瞥"的含义是很快地看一眼,由此可知,本部分是从外观角度来描写极光。首先是从太空中观察极光,着眼于整体描写极光;然后是从极光的形态特征给极光分类;再是描写极光的亮度变化;最后说明,即使是生花妙笔也难以描写这多姿多彩、变化万千的极光。

第三部分,极光的来龙去脉:从科学角度解释极光的产生原因,并说明极光对人类的影响。

人们对极光成因的解释经历了三个阶段。先是三种不合理的古老解释;而后是 20 世纪 60 年代的物理学角度的科学解释;现在则认识到极光不仅仅是一种物理现象,而且也是无线电现象等,极光还有许多的谜有待于我们去解开。

本文是一篇通俗易懂的科普说明文,记叙、描写、说明浑然一体,并运用下定义、举例子、分类别、打比方等多种说明方法使文章严格遵循科学的原理,语言简洁、平实,浅显易懂,使人获得科学知识的同时,还能得到某种思想感情的陶冶和艺术上的享受。

(1)打比方:在说明极光的形成原理时,作者用恰当的比喻,避免了枯燥的说明,使文章通俗易懂。

地磁场分布在地球的周围,被太阳风包裹着,形成一个棒槌状的腔体,它的科学名称叫作磁层。为了更形象化,我们打这样一个比方。可以把磁层看成是一个巨大无比的电视显像管,它将进入高空大气的太阳风粒子流汇聚成束,聚焦到地磁的极区,极区大气就是显像管的荧光屏,极光则是电视屏幕上移动的图像。但是,这里的电视屏幕却不是 18 英寸或 24 英寸,而是直径为 4000 公里的极区高空大气。通常,地面上的观众,在某个地方只能见到画面的 l/50。在电视显像管中,电子束击中电视屏幕,因为屏上涂有发光物质,会发射出光,显示成图像。同样,来自空间的电子束,打入极区高空大气时,会激发大气中的分子和原子,导致发光,人们便见到了极光的图像显示。在电视显像管中,是一对电极和一个电磁铁作用于电子束,产生并形成一种活动的图像。在极光发生时,极光的显示和运动则是由于粒子束受到磁层中电场和磁场变化的调制造成的。

(2)举例子:以具体的简单的事物说明抽象的、复杂的事物。把抽象的具体化,把复杂的简单化。

在古代,我国没有极光这个词,所以是根据极光不同的形状差异分别加以称谓,如叫作"天狗,刀星,蚩尤旗,开天眼,星陨如雨"等,它们大部分散落在史书的星象、妖星、异星、流星、祥气的记载中。

（3）分类别：将被说明的对象，按一定的标准划分成不同的类别，一类一类地加以说明。

从科学研究的角度，人们将极光按其形态特征分成五种：一是底边整齐微微弯曲的圆弧状的极光弧；二是有弯扭折皱的飘带状的极光带；三是如云朵一般的片朵状的极光片；四是面纱一样均匀的帐幔状的极光幔；五是沿磁力线方向的射线状的极光芒。

（4）下定义：用简洁明确的语言揭示概念的内涵。

极光是天空中一种特殊的光，是人们能用肉眼看得见的唯一的高空大气现象，它常常出现在南北半球的高纬度地区，主要是在南极区和北极区。

本文是一篇科学说明文，通过形象的描述、通俗的比喻和准确的概括向人们介绍了神奇的极光，使读者对极光有了初步的认识和了解。

形象的描述主要是对极光现象的描述，包括引用神话传说，包括现实观察，增强了文章的感性认识，使文章生动形象，真实可感。

通俗的比喻主要指用电视机的原理来说明极光形成的原因，使深奥的科学道理通俗易懂，而对极光的本质、类型、成因、形成条件等，作者则用准确的概括进行说明，使读者得到明确的认识。

# 织为云外秋雁行，染作江南春水色

## 跟谭邦杰学写运用手法的说明文

### 名家简介

谭邦杰（1915—2003），广东南海人，中国著名动物学家、科普作家。1935年毕业于燕京大学新闻系，先后担任北京西郊公园动物管理所所长、北京动物园科学工作组组长等职，教授级高级工程师。由他发现并命名的动物新种白头叶猴是唯一由中国人定名的灵长类动物种。主要著作有：《虎》《野兽生活史》《哺乳动物图鉴》《我们的长鼻子朋友》《自然文库·爬行动物》《中国的珍禽异兽》《哺乳动物分类名录》《珍稀动物丛谈》等；译著有《太平洋区的哺乳类动物》《哺乳动物的生活与习性》等。

### 写作指导

任何一篇有科技含量的说明文,作者是怎样做到通俗易懂地让我们接受的呢? 除了选择了恰当的角度，突出了说明对象的特征，合理安排了文章的顺序和内容之外，主要是使用了恰当的说明方法。常用的说明方法有以下几种：

1. 举例子：为了说明事物的特征或事理，有时光从道理上讲，人们不太理解，这就需要举些既通俗易懂又有代表性的例子来加以说明。如《中国石拱桥》把古代的赵州桥和卢沟桥作为具有代表性的例子，对我国建设石拱桥历史的悠久、成就的杰出做了说明。

例（1）"生物入侵者"在给人类造成难以估量的经济损失的同时，也对被入侵地的其他物种以及物种的多样性构成极大威胁。二战期间，棕树蛇随一艘军用货船落户关岛，这种栖息在树上的爬行动物专门捕食鸟类、偷袭鸟巢、偷食鸟蛋。

例（2）"克隆绵羊"的问世也引起了许多人对"克隆人"的兴趣。例如，有人在考虑是否可用自己的细胞克隆成一个胚胎，在其形成前就冻结起来。

说明文中出现"例如""比如""以……为例""如"等字眼，如例（1）中的"例如"；或出现具体事迹的时间、地点、事物的名称，如例（2）中的"棕树蛇"，则表明应该是使用了举例说明的方法。

举出实际事例来说明事物，使所要说明的事物具体化，以便读者理解，能够使文章表达的意思更明确，更生动形象，读者更明白，增强说服力。《会吃人的动物》列举了会吃人的动物不过十几种，就突出了"少"的特点。

2．分类别：要说明事物的特征或事理，从单方面往往不容易说清楚，可以根据形状、性质、成因、功能等方面的异同，把事物或事理按一定的标准分成若干类，然后依照类别，逐一加以说明。如《向沙漠进军》一文将沙漠进攻的方式分成"游击战"和"阵地战"两类。

例（1）按屏的建造材料及其装饰的华丽程度，分为：金屏、银屏、锦屏、画屏、石屏、竹屏、木屏等。

例（2）人类有三种眼泪。第一种是在眨眼间产生的，即所谓"基础泪"；第二种眼泪，也具有纯生物作用，它是因为条件反射活动流出的泪水；第三种眼泪，即由于激动而流出的眼泪，也是只有人类才有的眼泪。

两例中明显地出现"按……分为""第一、第二、第三""首先、其次、再次、最后"等字眼，当然是使用了分类别的说明方法。这种说明方法，好处是条理清晰、一目了然。《会吃人的动物》在举例说明会吃人的动物之"少"时，就将动物分为兽类、爬行类、鱼类、其他四种，很容易使读者理解接受。

3．列数据：数字是从数量上说明事物特征或事理的最精确、最科学、最有说服力的依据。如《死海不死》一文用大量的数字说明死海之所以浮力大的原因，非常清晰。

例（1）超快的生长速度，便是竹子令人感兴趣的"私密"之一。一棵树长成10米高，可能需要50年，而同样高的竹子却只需约50天。

这段话中出现了具体数据，可知采用的就是列数据的说明方法，具体准确地说明了竹子生长的速度。

例（2）目前已发现的类胡萝卜素有600种以上，不同种类的类胡萝卜素能使花显出黄色、橙黄色、橙红色等。

本段运用列数据的说明方法说明了类胡萝卜素广泛地存在于花瓣中，并控制着花的颜色。

为了使所要说明的事物具体化，采用列数字的方法，以便于读者理解。需要注意的是，引用的数字，一定要准确无误。好处：数字是从数量上说明事物特征或事理的最精确、最科学的依据。用列数字的方法进行说明，既能准确客观地反映事实情况，又有较强的说服力。《会吃人的动物》多处列出具体数据，一方面说明吃人动物很少，另一方面突出其越来越少。

4. 做比较：为了把事物或事理说得通俗易懂，有时可以从人们已有的感性知识出发，利用人们生活中熟悉的事物或事理做比较，从而唤起读者的想象，获得一个深刻的印象。如《苏州园林》一文中将苏州园林同其他园林做比较。

例（1）物候观测使用的是活生生的生物，它比气象仪器复杂得多，灵敏得多。

段落中出现了"比""比起""比较""相对而言"等字眼的，就是使用了做比较的说明方法。

例（2）而且，为了提高顶部风力发电机组的效率，"花"被设计成双弧形截面，将风速提高到环境风速的 4 倍之多。

这句话里尽管没有使用到"比较"一类的词，但把双弧形截面的风速与环境风速进行比较，突出了双弧形截面设计能提高顶部风力发电机组的效率。

做比较是将两种事物、现象加以比较来说明事物特征的说明方法。好处：说明某些抽象的或陌生的事物，可以用具体的或大家已熟悉的事物和它比较，使读者通过比较得到具体而鲜明的印象。《会吃人的动物》一文，将不同种类对人的伤害做比较，同时将同一种类过去和现在对人的伤害进行对比，"少"的特点就表现得非常分明。

5. 下定义：为了突出事物或事理的主要内容或主要问题，常常用简明扼要的语言给事物下定义。这是说明事物特征或事理、揭示事物或事理的本质的一种方法。如《食物从何处来》一文中就给"食物""自养""异养""光合作用"等概念下了定义。

例（1）都是生物靠自身的一分为二或自身的一小部分来繁衍后代，这就是无性繁殖。

这段话中出现归纳概括性词语，如"这就是"，这类语词如"这就叫作"，或定义名词前面出现"所谓"的字眼，都标志着文章使用了下定义的说明方法。

下定义是用简明的语言对某一概念的本质特征作规定性的说明，能准确揭示事物的本质。好处在于使人们在阅读时对抽象的字词能够更加明白、理解。

例（2）白噪声是天然的安眠曲。<u>白噪声是指功率谱密度在整个频域内均匀分布的噪声。</u>不同于其他噪音，白噪声会使人感到平静，更易入睡。

文中画线句使用这种下定义的方法，科学准确地说明了什么是白噪声，使读者对白噪声有了本质上的认识。

想一想，如果我们得到的是下面的两段材料，写作时需要给"鲸落"下定义，应该怎样定义呢？

例（3）在地表之上，万物生长靠太阳。但哪怕最清澈的海水，在200米以下也几乎是漆黑一片。没有阳光，驱动生物界运行的最主要的能量来源断绝，但是并非没有其他途径。深海海底的生物可以依靠化学能合成和海面输送来的物质生存。热泉口是它们的城市，洋流是它们的道路，从海面缓慢飘下来的食物碎屑（"海洋雪"）是它们的天降甘霖，而偶然落下的巨大身躯，则是它们在大洋荒漠之中的孤岛和绿洲。这些躯体是鲸鱼的尸体，被称为"鲸落"。

当一头鲸鱼死在大海中央时，它的庞大尸体会一直下沉到数千米的深海海底，然后在这里形成一个新的生态系统。

答：鲸落是落入深海海底形成新的生态系统的鲸的庞大尸体。或：鲸落是鲸鱼的庞大尸体落入深海海底后所形成的新的生态系统。

6. 打比方：打比方就是修辞方法中的比喻。出现比喻词"好象""像""比如""如同"等，在比喻的基础上作较详细具体的说明。《看云识天气》一文第一节总说中用"羽毛""鱼鳞""羊群""棉絮""峰峦""河川""雄狮""奔马"等喻体来形容，说明云的"姿态万千"；用"云就像是天气的'招牌'"，这一比喻，生动形象地说明了云和天气的关系，从而说明了为什么看云可以识天气。

例（1）"四盲"像个巨大的吸水鬼，终于把塔里木河抽干了，使塔里木河的长度由20世纪60年代的1321公里急剧萎缩到现在的1000公里。

打比方，是利用两种不同事物之间的相似之处做比较，以突出事物的性状特点，增强说明的形象性和生动性，好处是使抽象的事理变得具体、生动、形象，或把事物的特征解说得确切具体、浅显易懂。

例（2）如果把植物生长比喻成修建大楼的话，那么普通的树木就只有顶层一个施工点，可竹子却有很多施工点，每一个竹节都是一个生长基地，这些工地一起施工，就可以在很短的时间内把竹子这座大厦建立起来。

这段话运用了打比方的说明方法，通俗易懂、生动形象地说明了竹子生长的特点。《会吃人的动物》中对半月岛事件的描述中"粗如人腿的触手""两眼大如灯笼"都是打比方的写法，把怪物的强大和凶狠形象地表现出来。

7. 作引用：为了使说明的内容更充实具体，可以引用一些文献资料、诗词、俗语、名人名言等，可使说明更具说服力。好处是增强文章说服力，体现说明文语言的准确性。引用古诗，使说明文更具诗情画意。例如《中国石拱桥》一文，就引用了唐朝张嘉贞的话，说明赵州桥的设计和施工巧妙绝伦。看云识天气第6段运用了作引用和做诠释的说明方法，使文章更加生动形象。

例（1）桥的设计完全合乎科学原理，施工技术更是巧妙绝伦。唐朝的张嘉贞说它"制造奇特，人不知其所以为"。

这里引用了唐朝张嘉贞的话，文中出现""，往往是引用别人的话或有关史例资料的标志。

用引用的方法说明事物的特征，增强说服力，如引用古诗文、谚语、俗话。引用说明在文章开头，还起到引出说明对象的作用。

引用说明有以下几种形式：A.引用具体的事例（作用同举例子）；B.引用具体的数据（作用同列数字）；C.引用名言、格言、谚语，作用是使说明更有说服力；D.引用神话传说、新闻报道、谜语、轶事趣闻等。作用是增强说明的趣味性（引用说明在文章开头，还起到引出说明对象的作用）。

比如上例引张嘉贞的话说明赵州桥制造奇特的特征，使说明内容更充实，增加说明的趣味性。

例（2）而从人文学的角度来欣赏，留在半山亭门柱上的郑燮所做的楹联就表达得极为准确："孔孔洞洞山，玲玲珑珑石，蜿蜿蜒蜒路，晶晶冷冷泉。"如果游山从西路开始，第一次读到该楹联时尚不明其意，待游山结束，你才能从回味中体会出它的真实。假若不从孔洞中爬着钻上五华峰，再从山顶躺着钻下来，怎能领教"孔孔洞洞山"的意蕴？

这段引用郑燮的话，总括本段内容；准确形象地概括了峄山的自然景观特点；采用引用的手法，增添了文采，引起读者的阅读兴趣。而《会吃人的动物》，引用的是"新德里的电讯"，引用了具体的数据："两年半的时间""吞食了62人"，说明了虎的危害，是以具体数字作证实，让人信服。

8. 做诠释：这是对事物进行解释的一种说明方法。

下定义与做诠释的区别是：定义要求完整，即定义的对象与所下定义的外延要相等，并且要从一个方面完整地揭示概念的全部内涵；而诠释并不要求完整，只要揭示概念的一部分内涵就可以了，并且解释的对象与做出的解释外延也可以不相等。如"词是能独立运用的最小语言单位"这个定义，主语与宾语的内涵与外延完全一致，可以颠倒。即说"能独立运用的最小的语言单位是词"也行。而"苹果，是香甜的水果"，则是诠释，其内涵与外延都不相等，"苹果"的外延要小于"香甜的水果"的外延，因而主语与宾语不能倒过来说，即不能说"香甜的水果是苹果"。做诠释不仅可以用来解释概念、定理、定律等，也可以用来解释事物或事理的性质、特点、功用和原因等。做诠释的语言也须简明、准确、通俗易懂。如《死海不死》一文"这大概就是'死海'得名的原因吧。"用的便是做诠释的说明方法，这里的"死"指的是鱼虾草木的死，因为死海咸度很高，生物不能生长，所以叫"死海"，这就部分地揭示了死海的特征。

下面的选段就是对智能快递作了诠释而不是下了定义。

智能快递，即通过引入信息化、大数据等现代化手段，融合预测等方式，以更加便捷的智能设施（如智能快递柜）和手段满足高密度、高成本、高人力的现代快递工作，通过建设社区的"智能快递站"为消费者服务。

做诠释这种方法。从一个侧面，对事物的某一个特点做些解释。好处是使读者在阅读时对抽象的字词能够更加充分地理解。

9. 摹状貌：就是通过具体的描写揭示事物的特征，有助于把被说明的对象说得更具体、生动。如《中国石拱桥》中"这些石刻的狮子，有的母子相抱，有的交头接耳，有的像倾听水声，千态万状，惟妙惟肖"。这样的说明显得十分生动、活泼。

摹状貌这种说明方法，为了使被说明对象更形象、具体，而进行的状貌摹写，好处是使被说明对象更形象、具体。如：

羚羊峡谷属于狭缝谷，深入谷底会发现它如同一个美妙的艺术宫殿。谷壁看似轻柔，实则非常坚硬，岩石表面像被精心打磨，纹层顺着岩壁流淌，如同一万年前的波浪被定格在这峡谷中。阳光从峡谷顶部射入，幻化出奇幻的色彩。所以也有人说，羚羊峡谷是"被上帝抚摸过的地方"。

文段中画线句使用了摹状貌的方法，生动形象地描绘了羚羊峡谷谷壁美妙的形态特点。《会吃人的动物》文中，讲述鲨鱼袭击海水浴者事件和半月岛事件时，如讲故事一般，描写细致、生动，令人提心吊胆、毛骨悚然，收到了奇妙的说明效果。

10. 画图表：有些事物的关系抽象而复杂，仅用文字说明还不能使读者明白，这就需要附上示意图，或按比例精确绘制出，如产品设计图、军事行动路线图等。有时，被说明的事物项目较多，也可制成统计表，将有关数字分别填入表中，使人一目了然。

采用图表法，是为了把复杂的事物说清楚，来弥补单用文字表达的缺欠，对某些事物解说更直接、更具体。好处是使人一目了然。下表是否使你对人的一生中各方面花费的时间有了比较明白的了解？

**人一生的时间表**

（以平均年龄 72 岁计算）

| 项目 | 吃饭、睡觉 | 学习、工作 | 娱乐休闲 | 交通 | 做家务 | 其他 |
|------|-----------|-----------|---------|------|--------|------|
| 年限 | 29 年 | 18 年 | 12 年 | 6 年 | 6 年 | 1 年 |
| 占比 | 40.3% | 25% | 16.7% | 8.3% | 8.3% | 1.4% |

你从下面表格中获得了关于电磁辐射污染源的什么信息？

**电磁辐射污染源**

| 类别 | 设备名称 |
|------|---------|
| 发射系统 | 广播发射台、干扰台；电视发射台、差转台；无线电台；雷达系统；移动通信系统 |
| 工频辐射系统 | 高压送、变电系统；工频设备；轻轨、地铁和干线电气化轨道等 |
| 工、科、医领域 | 介质加热设备、感应加热设备、电疗设备、工业微波加热设备、射频溅射设备等 |
| 放电致辐射 | 高压电线电晕放电；电器轨道、开关弧光放电；电气设备、发动机火花放电等 |
| 家用电器 | 电磁炉、微波炉、电热毯、电脑、电视机、手机、空调等 |

从图表中仔细分析可知：电磁辐射污染源的种类多、分布广，存在于方方面面。

## 常见错误

1. 说明方法单一，单调枯燥。

在写作说明文的过程中，习惯于只用某种方法，有"套子"的束缚，不会灵活使用。单列数字未免单调死板，老打比方未免有失准确，这样读者读起来当然就单调枯燥了。如果能综合使用不同的说明方法，严肃中有活泼，准确中有生动，形象中有科学，寓趣味于知识中，读者就能兴趣盎然，易于接受了。

2. 说明方法不恰当，当用不用。

其具体表现是，在说明事物特性时，不讲究说明方法，不引用典型实例印证说明结论，不援用科学数据阐明科学原理，不通过类比对比区分相似内容，不运用比喻巧化抽象为具体，不分门别类逐个介绍事物内容。

## 导师名作

这篇科普读物，对世界上吃人的动物作了简明扼要的介绍。它对于我们正确、全面地认识吃人动物，提高对吃人动物的防范意识，增强保护野生动物的意识，获得一些动物学知识，都是很有意义的。在通俗平易的介绍中，作者运用了多种说明手法，尤其是引用和描摹手法的运用，对初学写作说明文的同学有很大的帮助。

## 吃人的动物

谭邦杰

第1段，能够吃人的动物很少。
（1）原文哪句话可以作为"极少有动物能吃人"的论据？

相左：相违反，彼此意见不同。

一个公认的事实是：人类早已成为我们这个星球的主宰。但很少有人考虑人类为取得这个地位，曾经经过多么漫长艰难、充满血腥的历程。为取得这个地位，人类必须具有能"吃掉"所有的对手而自己免于被"吃"的资格。因此，生活中的现实情况就是：人能够吃（甚至于灭绝）任何凶猛的动物，而极少有动物能吃人。这一点似乎与一般的想法相左，因为有很多人主观地认为在这个世界上，能吃人的动物是非常多的。这多半是受了各种传说、故事和神话之类的影响。事实上，根据比较科学、可靠的材料，世界上"会吃人"的动物通共不过十几种。它们是：兽类——狮、虎、豹、美洲虎、白熊、棕熊、狼；爬行类——湾鳄、尼罗鳄、网蟒、水蟒；鱼类——鼬鲨、噬人鲨、锯齿鲑；其他——章鱼、乌贼。

第2段，吃人的虎较少且分布稀。

要讲吃人的动物，得先从兽类讲起，它们始终是人类最主要的大敌，其中虎又是最厉害的。

144

据统计，印度在20世纪初叶，每年被虎吃掉或咬死的人数都在850—1000之间。在虎的8个亚种中，印度孟加拉亚种所产生的吃人虎的数目远超过其他亚种之上，而它们又多产生在印度北部靠近尼泊尔一带。这表明吃人虎既是一些不正常的虎，又受地区性、社会性和时间性的影响。在地广人稀野牲资源比较丰富、人类社会压力较小的地区，如我国东北、西伯利亚、中亚细亚等处，吃人虎就极稀少，甚至没有。但在华南，就曾经有过。

（2）为什么我国华南曾经有过吃人虎？

进入50年代，世界野牲资源急剧减少，虎也不例外。动物学界后来发现世界上的虎已剩的不太多了，大声呼吁"保虎"。60年代后，各个亚种先后被定为保护兽。连以吃人闻名的孟加拉虎也包括在内。孟加拉虎由于数量锐减，对人类的威胁早已大不如前，伤人害命的事例已少得多了，但吃人虎仍然是有的。如1981年2月4日由新德里发出的电讯说："毗邻尼泊尔边境的一处禁猎区里的虎，在过去两年半的时间里，至少吞食了62人，以致'许多村民放弃家园，被迫远离动物保护区去寻找住所'"。

第3段，吃人的虎越来越少，依然存在。

毗邻：边界连接、靠近

比起虎来，豹（俗称金钱豹）对人类的威胁要小得多。像吃人虎那样的吃人豹极少，似乎在国内尚未得闻，但并非绝对没有。也是在印度，本世纪20年代就曾发现过3只。有一只吃人豹在3年中共吃掉125人，于1926年5月被击毙。在印度北部以盛产孟加拉虎闻名的库芒，有两只恶豹竟先后咬死或吃掉500多人！这种极端之例在我国是没有的。此外，豹的体形体力都远逊于虎，所以只要人的斗争性强，敢和它硬拼，就不一定败给它，反而有可能把它打倒或打跑，这样的实例是不少的。

（3）"似乎"两字是否可以去掉？为什么？

第4段，豹对人类的威胁比虎小得多。

第 5 段，今日吃人狮很稀少。

至于非洲狮，论体力和爪牙的强大，与虎似不相上下，但今日吃人狮之稀少，比起吃人豹也差不多。当年赫赫有名的"察沃地方的食人兽"，一双雄狮在数周内竟拖走并吃掉 28 名筑路工人，使得东非铁道工程为之停顿，这早已成为历史旧话了。活跃在维多利亚大瀑布附近的"马吉利吃人兽"，一连吃掉 37 个人，这也是上个世纪的事了。时至今日，吃人虎的新闻还偶有所闻，吃人狮的新闻已多年未闻。生活在非洲的国家公园和禁猎区内的不用说，早已同人类"和平共处"，即使在其他广大地区内生活的狮子，若非被逼过甚，一般也不攻人，更不用说吃人了。

第 6 段，吃人的美洲虎是极个别的。

产于中南美洲的美洲虎，是猫科中的第三大动物，雄的体重能有二三百斤，是中南美唯一能吃人的野兽。当然，吃人的美洲虎也是极个别的，其数量远远不能同亚洲虎相比。

第 7 段，进入本世纪，白熊棕熊也不敢招惹人类。

熊类中，只有棕熊和白熊的食肉性较强，同时也是最大型的食肉类动物。如有机会，它们是愿意而且能够吃人的。事实上，白熊和棕熊（特别是产于北美西部的）吃人的纪录也不算少，但那大都发生在本世纪以前，当人类火器还很落后之时，对付体力如此强大，体重往往接近甚至超过千斤的白熊棕熊，当然是很危险，有的就会遭到被食的命运。进入本世纪后，当土人们（爱斯基摩人、印第安人）也拥有现代武器后，<u>白熊棕熊也不敢招惹人类，而只能依赖保护条例去求得生存了。</u>至于我国产的棕熊（包括东北的"人熊"和西南、西北的"马熊"），虽也有过吃人的传闻，但始终缺乏可靠的证据。

（4）画线句使用了什么修辞手法？

狼也能吃人，这是没有疑问的。但狼与人的关系，正如俗语所说，"麻杆打狼两头怕"。这恐怕指的是一个单身旅人遇见一只孤狼，于是出

第 8 段，进入 20 世纪后，狼吃人的问题也基本成为过去了。

现了"两头怕"的心理状态。但如果他手里有一支枪或者一把大刀，他就用不着怕；反之，如果狼不是一只而是几只，则它们就敢于扑上来了。分析狼的"哲学"，似乎一条是"欺软怕硬"，再一条就是"以多取胜"。进入 20 世纪后，人类的自卫能力大为加强，于是狼的"哲学"到处施展不开，狼吃人的问题也基本成为过去了。而今只有极个别的情况下（比如在无边无际的大森林中或风雪弥漫的大原野中迷途的人），才会发生人被狼吃的事。

当若干种食人兽正陆续被迫退出食人舞台之际，鳄鱼似乎尚未受够人类的惩戒，还想继续较量下去。实际上这只表明爬行类的智力低下，远不及兽类聪明。但是鳄类也并非全都吃人，在 20 余种鳄鱼中，只有两种是名副其实的"吃人鳄"，就是产于东南亚的湾鳄和产于非洲各地的尼罗鳄。另外产于北美南部的密河鳄和产于南美北部的黑宽吻鳄，它们的性格既不及湾鳄和尼罗鳄那么凶猛，而且也没有吃人的传统，因此传说它们吃人的事只能被看成是例外。

第 9 段，只有两种是名副其实的"吃人鳄"。

讲到湾鳄，不能不使人忆及韩愈的《祭鳄鱼文》。这篇写于公元 9 世纪的著名文章，清楚表明在 1100 多年前，有相当多的吃人湾鳄生存于广东潮州附近的恶溪中。湾鳄自明朝以后就已绝迹于我国境内，但现在从越南到澳大利亚北部和新几内亚南部，西至斯里兰卡和印度东海岸，还有相当数量，残害人畜的报道，仍屡有所闻。

第 10 段，吃人湾鳄明朝起在我国绝迹。
（5）既然湾鳄在我国已经绝迹，文中为何还要提及？

湾鳄的生活区以海滨河口为主，尼罗鳄则广泛生活在江河湖沼中，因此受害者（特别是妇孺）为数更多。一般认为尼罗鳄的危害性早已超过狮子。据调查，非洲妇女洗衣洗菜和汲水做饭，经常要到河边湖畔，因而给潜伏在水边的鳄鱼造成

第 11 段，尼罗鳄害人很多。

大量机会。

蟒蛇不能吃人，老实说是有些疑问的。从理论上说，最大型的蟒应具有吃人能力，但实际上，真正可靠的吃人纪录，实在太少了。关于大蟒吞人的传说，多半绘声绘色，说得煞有介事，其实往往查无实据。在我国，蟒吞人的传说倒是不少，但有几个是正式的纪录，经得起科学的考验的？外国也是一样。蟒和鳄的处境大不相同。鳄潜在水里，对于不得不走向水边的人，是个难以防范的危险。蟒则大都栖身于密林里，没事去逛密林的人能有几个？去而不携武器又不提高警惕的人，又有几个？单独行动，不结伴而行的又有几个？所以蟒袭击人的机会是极少的。

再看看鱼类中的吃人动物。当然首先使人想到鲨鱼。在种类繁多的几百种鲨鱼中，既有体长不及一米的星鲨，也有体长数丈的姥鲨和鲸鲨。体型小的固然吃不了人，体型特大的（如鲸鲨体长达20米，体重达数万斤）也同样吃不了人，因为它们张不开大口，没有尖锐大牙，只能吸食小鱼小虾和浮游生物。

对人类有危险性的鲨鱼，总共不及10种，其中真正能被称作吃人鲨者，只两种而已。一种就是有名的噬人鲨，另一种是同样厉害的大鼬鲨。前者又名大白鲨，体长达十一二米；后者又名老虎鲨，体长能达9米。东西两半球各海洋中都有，但主要是生活在热带亚热带的近海中。我国几处著名的海水浴场都位于北方，因此几乎没有吃人鲨光顾。

国际间著名的专门猎取热带海洋大型海鱼的米切尔·赫洁斯曾经记述过许多鲨鱼袭击海水浴者的事件。其中最使人毛骨悚然的是，有一次在洪都拉斯海滨，三四十名村民洗海水澡。一个父

第12段，蟒袭击人的机会是极少的。

（6）本段中为什么又提到了鳄？

第13段，体型小的和大的鲨鱼吃不了人。

第14段，真正能吃人的鲨鱼，只有两种。
（7）"而已"这个词有什么作用？

第15段，洪都拉斯海滨鲨鱼吃人事件。
毛骨悚然：上毛发竖起，脊梁骨发冷，用来形容十分恐惧。

亲带两个儿子离岸边不远。突然一个儿子哭喊起来，沉入水里，海水染红了。父亲和哥哥急速过去营救。孩子重新现身并举起双手，当他们拉着这手时，只听水下有咬嚼的响声。拉起来一看，孩子只剩下头和双臂，胸部以下整个身体被大鲨咬掉了。后来米切尔·赫洁斯协助村民捕获了那条老虎鲨，把它开了膛，在肠子里发现了孩子的遗体。

米切尔·赫洁斯在洪都拉斯海外的半月岛上还经历过另一件事。有一天，两个精通水性的渔民突然失踪，当时海上无风无浪，他们乘的小船在水上漂浮。米切尔和岛民们找了一天没有结果。本来怀疑是一条大鲨鱼搞突然袭击，但小船上没留下任何痕迹。接连几日在出事地点附近试图饵诱老虎鲨，但是没有，只好作为一桩悬案。

好多天后，他又去那地方试钓，忽见海上远处有一人驾小舟拼命地划，划一会儿就举桨乱打一通。这人上岸后，像醉人一样前跌后撞，挽进房间躺上床后，还两臂乱挥，口发胡言，显然是被吓得神经错乱了。米切尔给他注射一针吗啡，让他沉睡一夜。次日醒来，神智完全恢复，这才述说他的遭遇。原来当他驾着小帆船悠闲地往回行驶时，只见波平如镜的海水中忽然出现一大块黑东西，向小船游来，一边游一边变幻颜色。他吓呆了。转瞬间有一条粗如人腿的触手伸入小舟，想要抓他。他狠狠地用桨打下去，触手缩了回去。在拼命划出一二百米后，那东西又跟上来了。这时他看见那"怪物"的两眼大如灯笼，触手又伸上船来，他使劲打过去，不料紧跟着又伸过来另一条。在绝望中，他顺手抄起渔船上携带的一根渔叉，用尽力气往那两眼中间插下去，顿时海水中冒起一团一团的黑液，那"怪物"缩入海里不

第16段，半月岛悬案。

第17段，大章鱼袭人事件。（8）讲述大章鱼"作怪"的故事，有什么作用？

149

见了。听到渔民的陈述，米切尔明白了这岛外的海里有一只大章鱼在作怪，前些时两渔民失踪之谜也因此而解。

第18段，南美河流中吃人的锯齿鲑。

但不见得非要特别大的动物才能吃人。南美的河流中有若干种名叫锯齿鲑或锯齿鱼的体形不大的鱼类，体长只有20—60厘米，其中至少有四种是对人很危险的。别看它体形不大，但它是南美河流中顶厉害的东西。不论是牛是马（人也是一样）如在河中遇到成群的锯齿鲑的进攻，不消片刻就会被吃得一干二净。它们的牙齿坚如钢凿，能咬碎最硬的骨头。它们只要发觉水中的动静，尤其是闻到有一点血腥味，就会从远处飞游过来，犹如一群疯狂的恶魔，因此南美土人怕它们胜过任何猛兽。

（选自《鸟的乐章》，科学普及出版社1999年版）

## 赏析

文章标题显示题旨，中心明确，重点突出。开篇入题，先肯定人类成为世界的主宰，这样就有效地缩小了"吃人的动物"的范围。接着有针对性地提出世界上"会吃人"的动物总共有十几种，这就明确了文章说明的对象。然后分类别逐一说明，条理清晰，层次分明。说明每类吃人动物，都有重点，有典型例子、有说明分析。先从兽类说起，顺序是虎——豹——狮——熊——狼，是以它们对人类造成的威胁大小排序的，而这样排序的依据是，"吃人的动物"这个说明对象的总体特征是"少"。其中亚洲虎尤其是孟加拉虎讲述得比较详细，而美洲虎则很简略，又是以"吃人"为依据的。第二类是爬行类，同一标准顺序，湾鳄、尼罗鳄详细介绍，是因为它们是名副其实的"吃人鳄"。接着介绍蟒，因为蟒未必真正"吃人"，于是用鳄与之比较说明。第三类是鱼类，这里，作者运用讲故事的方法，讲了两种吃人的鱼，一种是鲨，另一种是章鱼，写得生动形象令人恐怖。最后又以对比的方式介绍了另一种体型小但很凶狠的锯齿鲑。

本文成功地运用举例子、做比较、列数字等说明方法，特别是巧用引用法和描述法，更增强了说明效果。例如讲湾鳄，引用韩愈的《祭鳄鱼文》，有理有据地说明早在一千多年前，在我国广东潮州一带就存在着吃人的湾鳄，令人信服。又如讲老虎鲨和章鱼，引用米切尔·赫洁斯所记述和经历的事件，用描述法形象地描述老虎鲨咬死游泳的孩子的惨状，历历在目，使人毛骨悚然，生动描述两个渔民失踪之谜和一个渔民在海上同"怪物"——章鱼拼搏的场景，扣人心弦，趣味倍增。可用心揣摩引用法和描述法的妙处。

事实上，根据比较科学、可靠的材料，世界上"会吃人"的动物通共不过十几种。它们是：兽类——狮、虎、豹、美洲虎、白熊、棕熊、狼；爬行类——湾鳄、尼罗鳄、网蟒、水蟒；鱼类——鼬鲨、噬人鲨、锯齿鲼；其他——章鱼、乌贼。——分类别

世界上的动物，可以说种类繁多，数目庞大。作者先用"通共不过十几种"限定了范围，然后按"兽类""爬行类""鱼类""其他"进行分类。这样门类清楚，相互有别，利于读者明白接受。然后分别讲述，既不会搞混淆，又可以互相比较。

"它们只要发觉水中的动静，尤其是闻到有一点血腥味，就会从远处飞游过来，犹如一群疯狂的恶魔。"——打比方

由于时间或地域的距离，有的动物，读者会感到生疏，仅凭文字介绍未必会明白。作者巧妙地运用比喻说明的方法，对动物作形象生动的介绍，"恶魔"两字，准确而形象地点出了这种锯齿鲼的特点，使读者对此有了明晰的印象。

"据统计，印度在 20 世纪初叶，每年被虎吃掉或咬死的人数都在 850—1000 之间。"——列数字

数字是很有说服力的，这里，850—1000 这个数字，惊人地说明了虎对人类造成的威胁之巨大。然后拿过去和现在进行比较，其趋势下降就分明多了。文中还有多处列数字说明法的使用，从中我们可以体会出这种方法的说服力量。

比起虎来，豹（俗称金钱豹）对人类的威胁要小得多。像吃人虎那样的吃人豹极少，似乎在国内尚未得闻，但并非绝对没有。——做比较

比较，目的是用来鉴别。如果要单独说明豹类对人类造成的威胁，那就需要不少文字，可用虎与之比较，"像吃人虎那样的吃人豹极少"，其中"极少"两字，已经比较清楚地表明了吃人豹的数量。虽然正文还有补充说明，但这类动物在"吃人"这一方面的特征已经为读者了解。

如 1981 年 2 月 4 日由新德里发出的电讯说："毗邻尼泊尔边境的一处禁猎区里的虎，在过去两年半的时间里，至少吞食了 62 人，以致'许多村民放弃家园，

被迫远离动物保护区去寻找住所'"。——举例子、作引用

事实胜于雄辩，举例子是最有说服力的说明方法，它既是对理论说明的补充，也是某种观点或意见的证据。虎到底"吃人"到什么地步，对人类有什么样的威胁，有了这些具体的例子，读者就有了感性的认识，对文章的观点或结论就易于理解接受。

作引用，也相当于列举论据，只是它是理论性质的。但是，被引用的内容原本就是建立在事实的基础上的，经受了事实的检验它是正确的，因而它也具有强大的说服力。这里，"新德里发出的电讯"是官方消息，其事实不容置疑，用以说明虎的危害，使人信服。

但狼与人的关系，正如俗语所说，"麻杆打狼两头怕"。这恐怕指的是一个单身旅人遇见一只孤狼，于是出现了"两头怕"的心理状态。——做诠释

"麻杆打狼两头怕"本是引用俗语，用以说明人与狼的关系，绝大多数读者都懂，但这里要说明的，不仅仅是"两头怕"这种关系，而且还有为什么"两头怕"，需要对原因做出解释，于是下文便对此做分析，讲述"两头怕"的原因，进而解释现在到底谁怕谁，用以说明狼对人的威胁越来越小。所以做诠释是"有的放矢"，先确定一个概念，然后对此进行分析说明，用解释概念的方法阐释事理。

只见波平如镜的海水中忽然出现一大块黑东西，向小船游来，一边游一边变幻颜色。——作描摹

作描摹，不是重要的说明方法，更不是主要的说明方法，但在文章中恰当使用，可以收到独特的说明效果。章鱼吃人到底有多可怕，会是怎样的一种事实，仅有两名渔民失踪似乎不够具体，于是，作者以讲故事的方式，写了另一位渔民的遭遇。不论是事物的描述，还是场景的描绘，都可以具体可感、生动形象地将要说明的事物介绍给读者。

# 意匠如神变化生，笔端有力任纵横

## 跟法布尔学写讲究语言的说明文

### 名家简介

法布尔（1823—1915），法国人，著名的昆虫学家，科普读物作家。他根据用大半生的时间和精力观察所得的详细记录，写成了 10 大卷《昆虫的故事》（又译作《昆虫记》）。这是一部引人入胜的科普散文集，它以生动有趣的文笔，向人们展现出一个绚丽多彩的昆虫世界，法布尔的故居和实验室现已建成法布尔纪念馆。

《昆虫记·蝉》共有"蝉和蚁""蝉的地穴""蝉的音乐""蝉的卵"四部分。作者详细阐明了蝉的生活习性，具体介绍了蝉从卵到幼虫，从幼虫到成虫的生长过程。本文节选自第二、四部分。

### 写作指导

在日常生活中，说明文的实用性很强，它主要借助语言表达让人们了解事物情状。如果语言表达"失之毫厘"，其说明结果就会"谬以千里"。恰当把握说明文语言，需要从以下几个角度入手：

一、说明文语言的准确性。

说明文以传授知识为目的，这就要求它必须用准确的语言如实地反映事物的特征、本质、规律。准确性是说明文语言最突出的特点，这是由说明文的科学性、知识性决定的。因为准确的语言才能反映说明对象的真实面貌，才不会使读者产生误解，也便于领会更为深奥的科学道理。

什么样的语言算是准确的呢？

1. 表示时间、空间、程度范围的词要准确无误，对事物进行的说明要客观。"基本上""大约""左右""在当时""比较""大多数""几乎""许多""可能"等词的准确运用，能帮助我们准确地说明事物或事理。准确，就是恰如其分地说明事物的面貌、状态、性质、特点、变化、规律等，不夸大、不缩小、不走样、不遗漏。对待事物作者要有实事求是的科学态度。如达尔文在《〈物种起源〉导言》一文中有这样一句话："虽然许多事实现在还是不清楚，而且在未来长期内也还弄不清楚，但是我们经过了精细的研究和冷静的判断，可以毫不怀疑地断言创造论的错误。"一方面说明自己否定创造论的科学精神，另一方面又承认还有许多未知事物，这种表述是实事求是的，因而也是准确明白的。如法布尔的《蝉》中，"约一寸口径的圆孔""大多数的掘地昆虫""深达十五寸至十六寸""常常在附近徘徊""当时头先出来"等句中，大量使用这类副词，使语言表达切合实际，更为准确。

2. 要准确地说明事物，就要正确地运用和解说概念。无论是下定义，还是做解释，都要表达得严密无误。如"图书目录简称书目，是一种记录书名著者出版情况和收藏情况，按照一定的顺序编排，供人们查找的工具书"，这个定义，对书目的性质、内容、编排、用途等本质特征进行了准确的概括，这几项去掉任何一项都不行。如只说书目是一种工具书，它与《新华字典》等工具书就没有区别；不说"供人们查找"，就无法与供人们阅读的一般书籍区分了。

3. 准确地说明事物，还要特别注意词句的锤炼和修饰语的恰当运用。如："我国石拱桥的设计施工有优良传统，建成的桥，用料省，结构巧，强度高。"后面三个排比短语，准确地揭示了我国石拱桥建筑的特征和优点，句式整齐，用词精当。修饰语对说明的对象进行限制，能使事物的特征鲜明地突显出来，使作者的解说更有分寸，合乎实际。如："南美的河流中有若干种名叫锯齿鲑或锯齿鱼的体形不大的鱼类，体长只有20—60厘米，其中至少有四种是对人很危险的。"句中的"至少"两字，突出这种吃人鱼数量之多、危害极大的特点。少了这两字，那就成为一个确切的数字——"四"了。如《蝉》中，介绍蝉脱皮的过程时，"当时头先出来，接着是吸管和前腿，最后是后腿与翅膀"。用了"先""接着""最后"三个很连贯的词，将脱皮顺序表达清楚。"将身体翻上来"一句中的"翻"，"并且前爪钩住它的空皮"中的"钩"，都是极为生动形象的动词，富有表现力。

经常有下面的几种考察的方式，用以检验我们的语言是否具有准确性：

①找出体现语言准确性的词语或分析该词语的表达作用。

②加点词语能否去掉，为什么？

③加点词语能否换成另外一个词语，为什么？

④某两个或多个词语的顺序能否颠倒，为什么？

例如：

①第 7 段画线句子中的"缓解"改成"消除"可以吗？为什么？（2004 年河北中考第 12 题）

②"光脑和电脑的工作原理基本一样，所不同的是光子代替了电子"一句中，"基本"用得准确是因为_____。（2004 年资阳中考第 19 题）

③"据说黄至筠生平最爱翠竹"中的"据说"和"现在仅存几十种"的"仅"能否删掉？为什么？（2004 年长沙中考第 12 题）

④文章第 3 段中加着重号的"容易"能否去掉？请说出理由。（2005 年河北中考第 11 题）

在写作中，做到说明文语言的准确性要从以下几个方面努力：

1.准确选用同义词（近义词），使语言丰富，避免重复，准确表达复杂的事物。

汉语的词汇极其丰富，其中大量同义词的存在更体现着汉语语言的发达。同义词使用得当，会使遣词造句和表情达意更加准确、丰富和更富有表现力，能充分表达人们丰富的思想感情，使语言富有变化，收到积极的修辞效果。反之，如果使用不当，则会弄巧成拙，甚至适得其反。

2.准确地运用专门术语。

术语是定义明确的专业名词，每个学科都会有自己独立的术语系统，它展现着本学科的特色和本学科在研究对象和研究方法上的侧重点，因此术语的使用也体现着说明文语言的准确性。

3.造句要特别注意句子内部、句子之间的逻辑性。恰当地使用关联词语，可使语言表达更连贯、更严密，从而更好地体现说明文语言准确性的特点。

4.说明文语言的准确还体现在修饰、限制性词语的选用上。修饰限制性副词和数量词，一般作定语、状语或补语。恰当使用这些词语可使语言表达更准确、严密、科学。

5.恰当运用模糊语言。使用表意精确的词语还是表意模糊的语言，要根据读者对事物的认识程度而定。太肯定显得武断，运用模糊语言反而能准确地反映事物的客观存在和人们的认识程度。

二、说明文语言的条理性。

说明文的条理性主要体现在说明的顺序上。在考虑运用何种说明顺序时，既要注意客观事物本身的特点，又要遵循人们认识事物的规律。如下例：

（1）3D打印源自100多年前的照相雕塑和地貌成形技术，是一种不需要传统刀具和机床就能打造出任意形状、根据物体的三维模型数据制成实物模型的技术，被认为是一项改变世界的新技术。

（2）3D打印使用的不是传统的"墨"，而是那些能发生固化反应的材料，比如树脂、塑料、陶瓷、金属等，因而能"打印"出实实在在的三维立体模型，就像童话中的"复制机"一般神奇。这将使工厂彻底告别车床、冲压机、制模机等传统工具，从而转变为一种以3D打印为基础的成本更低、研发周期更短的生产方式。英国《经济学家》杂志曾刊发题为《第三次工业革命》的文章，称3D打印标志着第三次工业革命的到来。以目前的发展情况判断，3D打印之后，必将是社会制造业的迅猛崛起。

第二段中"3D打印标志着第三次工业革命的到来"的表述，很好地佐证了第一段末尾"（3D打印）被认为是一项改变世界的新技术"的说法。

《蝉》文中"蝉的地穴"部分，先写洞口后写地穴，符合认知过程；"蝉的卵"的部分，写蝉择地、产卵、孵化，次序井然，而全文则再现了蝉的整个生命过程，顺序合理，条理清楚。

恰当地使用说明方法，也能表现说明文语言的条理性。如：

（3）3D打印的应用并不止于工业制造，它在医学界也有着广阔的发展前景。如果它用来打印的"墨"是一个个活体细胞，那么，只要获得相关器官的切片数据，该器官就可以被"打印"出来。这并非天方夜谭，在去年举行的全球科技娱乐设计大会（TED）上，美国维克森林再生医学学院博士安东尼就向人们展示了这样一个肾脏模型打印的过程。据他介绍，他们正在进行一个更大胆的试验，直接用打印机在人体伤口上进行修复式"打印"，如果取得成功，这将是医学领域的重大进展。

第三段画线句子运用了举例子的说明方法，印证了前面"如果它用来打印的'墨'是一个个活体细胞，只要获得相关器官的切片数据，该器官就可以被'打印'出来"这一说法。

《蝉》文中，说到掘地时，拿金蜣与蝉相比，是比较说明，表现了"它们工作方法的不同"；"它的举措简直像矿工或是铁路工程师一样"是比喻说明，以表现蝉的聪明；"每个小穴内，普通的约有十个卵，所以总数约有三百或四百个"，这是列举数字，用以说明蝉产卵之多。每种方法无不为其说明目的服务，可见照应之周。

三、说明文语言的趣味性。叶圣陶先生说："说明文不一定就是板起面孔来说话，说明文未尝不可带一点风趣。"为了把事物的特点说得更加生动形象，增强文章的启发性和感染力，说明文要适当地采用生动的说明。

1. 首先，插入趣文。写作过程中插入神话、传说和故事等，可以增强说明语言的生动性，激发读者的阅读兴趣。如《死海不死》一文，在说明死海海水的浮力很大时，穿插了古罗马元帅处决俘虏，两次将奴隶投入海中却不沉的传说；在说明死海的成因时，又插入了鲁特妻子变成石人的神话。通过这些有趣的段落，既帮助读者加深了对死海的了解，又使文章变得形象生动、活泼多姿。再如《自拍神器》的首段："你还拿着自拍这个……吓人哪……我这话出去了，就是你（播出去的）……"中纪委书记王岐山看着崔永元举着的自拍杆，哈哈大笑。不止小崔，小米 CEO 雷军和多位记者也都在 3 月份召开的"两会"上使用了这种神器，自拍杆在两会上真是大放异彩。

第一自然段用自拍杆在"两会"上大放异彩的情况引出本文的说明对象，说明自拍杆使用范围之广，吸引读者的阅读兴趣。《蝉》的首段一定有这样的作用。

2. 其次，引用诗文。说明过程中，适当引用诗文、谜语、歇后语、成语、俗语或歌词等，可以增强说明语言的趣味性。如《南州六月荔枝丹》的题目就是出自明代陈辉的《荔枝》一诗，引诗句作题目，可以让读者见题而知荔枝的产地、成熟期和颜色，更给文章增加了诗意，具有文学色彩。茅以升的《中国石拱桥》中说明赵州桥和卢沟桥的特征时，就引用了我国诗人和外国名家许多赞语。从不同方面、不同角度对我国的石拱桥给予了形象生动的说明。比如《说"屏"》中的两个段落。

① "屏"，我们一般都称"屏风"，这是很富有诗意的名词。记得童年与家人在庭院纳凉，母亲总要背诵唐人"银烛秋光冷画屏，轻罗小扇扑流萤"的诗句，其情境真够令人销魂的了。

引用唐人"银烛秋光冷画屏，轻罗小扇扑流萤"的诗句，表达了作者幼时对屏无限向往与喜爱之情。

②屏是真够吸引人的，"闲倚画屏""抱膝看屏山"，也够得一些闲滋味，未始不能起一点文化休憩的作用。聪明的建筑师、家具师们，以你们的智慧，必能有超越前人的创作，诚如是，则我写这篇小文章，也就不为徒劳了。

引用"闲倚画屏""抱膝看屏山"，点出"屏"的文化内涵，表达了作者希望人们更好地开发和使用屏风的愿望。

3.形容词、动词和比喻、拟人等修辞方法的运用，可使语言生动有趣。"生动的说明文语言"能增加文章的文采修辞，增添文章的表现力和感染力，引起读者的阅读兴趣。

如：对书籍的深阅读需要耐心，而数字阅读堪称"耐心杀手"。

"耐心杀手"打比方说明了数字阅读"不足以锻炼耐心"的弊端。体现了说明文语言的生动性。

这种机器人进入管道之后，可用自己的身体测量经过地方的电导，一旦测不到这种电导，就表明那里存在着裂缝或漏洞。于是该机器人便作出"自我牺牲"，用自己的身体来把裂缝或漏洞堵上。"自我牺牲"生动形象地说明了微型机器人用身体堵裂缝或漏洞的现象。

《蝉》文中，"蝉的卵"第17段，"这可怜的母亲仍一无所知"，"宁肯让自己做牺牲"都是运用了拟人手法，以表现它对蚋的行为的视而不见。接下来写幼虫，"日光浴""懒洋洋地在绳端摇摆""翻跟斗""挥动斧头向下掘"，这些生动形象的语言，对描写幼虫起到了极有力的作用。

说明文中语言用好了，起到的作用未必是单一的。请赏析下列语句中加点词语的表达效果。

（1）鸟坛"大嘴大"

①"大嘴大"对于巨嘴鸟的嘴进行摹状貌，突出巨嘴鸟嘴大的特点；②同时也明确了文章的写作对象和主要内容；③吸引读者，体现文章语言的趣味性。

（2）一些小型的巨嘴鸟则不客气地借住到亲戚家里，去抢占啄木鸟辛苦开凿的洞穴。

"不客气""抢占"①拟人修辞手法的使用，将巨嘴鸟赋予人的特性，体现了他们可爱、调皮的特性；②贬义褒用，同时也表达了作者对于巨嘴鸟的喜爱之情。

（3）"向日葵建筑"中还拥有众多"葵花子"，比如客厅电灯、浴室加热器等，它们的能量都来自屋顶的太阳能光电板。

把客厅电灯、浴室加热器等比喻成"葵花子"，体现了说明语言生动的特点；"都"从范围上进行限制，说明了"向日葵建筑"中家用电器的能量全都来自屋顶的太阳能光电板，体现了说明语言准确、严密的特点。

说明文的语言还包括简洁性、科学性、严密性等。学生在写作时，要灵活把握、恰当运用、积极思索，选取与文章相适合的特点，一定能写出优秀的作文。

## 常见错误

1. 缺乏形象生动的语言。

要使说明形象生动，关键在于语言。写作过程中要努力使语言生动形象起来。如一个同学在写《土豆丝的制作》一文时末段这样说："整个炒菜过程是在锅碗瓢盆交响乐的伴奏下进行的，不用说土豆的美味，单是那种劳动就是一种享受。不信吗？试试吧，相信不久它会成为你家饭桌上的'一绝'。"如果把加点词分别改为"各种餐具的使用"和"一道好菜"，意思当然没变，但是文章的味道"寡"了许多。而有些同学写作文，总是那一种腔调，总是那几个干巴巴的词，写出的文章当然无法避免枯燥乏味了。

2. 过分注重形象生动，导致失真。

事物总是这样，过犹不及。生动形象的要求是在准确简明的基础上的，有人为了生动夸大其词，导致传播错误的信息甚至传授错误的知识。这种做法不但不能使人受益，反而会使人受害，是万万要不得的。如某同学写《恐龙》一文，得到的知识是这样的："恐龙的身体差异很大，从50米长到一只鸡那么大小的都有。寿命从10年到400年不等。"该同学为了追求语言的生动形象，将加点的数量词做了改动，结果变成这样："恐龙的身体差异很大，从巨无霸般的顶天立地到尘埃般无比渺小的都有。寿命从不知春秋的蟪蛄到八百年不死的彭祖不等。"这就完全颠覆了原材料中恐龙的形体和寿命。说明的结果就是传达了错误的知识。

## 导师名作

《蝉》是一篇科学小品。其实质是科学观察笔记、考察报告，属于科学著作的范畴，作者在表达上采用了一些文学性语言对说明对象的科学资料进行综合介绍，因此有一定的文学色彩。作者把蝉人格化，赋予它人的情感和行为。这就使文章具有了较强的感染力，能使读者对作者的议论和抒情产生共鸣。文中运用文学的语言表达，运用比喻的手法把一般不为人知的科学现象表现得具体形象，以准确而形象的语言描写所观察到的情形，其中的动词准确而又生动地描写了蝉脱壳的整个过程。

# 蝉

法布尔

## 蝉的地穴

第1段，自己研究蝉的习惯的有利条件。

我有很好的环境可以研究蝉的习惯，因为我是与它同住的。七月初，它就占据了靠我屋子门前的那棵树。我是屋里的主人，门外就它是最高的统治者，不过它的统治无论怎样总是不会让人觉得舒服。

第2段，蝉来到地面的圆孔。

蝉初次被发现是在夏至。在行人很多，有太阳光照着的道路上，有好些圆孔，与地面相平，大小约如人的手指。在这些圆孔中，蝉的幼虫从地底爬出来，在地面上变成完全的蝉。它们喜欢特别干燥而阳光充沛的地方。因为幼虫有一种有力的工具，能够刺透焙过的泥土与沙石。当我考察它们的储藏室时，我是用手斧来开掘的。

蜣 qiāng（屎壳郎）
第3段，圆孔的口没有泥土堆积。

最使人注意的，就是这个约一寸口径的圆孔，四边一点尘埃都没有，也没有泥土堆积在外面。大多数的掘地昆虫，例如金蜣，在它的窝巢外面总有一座土堆。蝉则不同，是由于它们工作方法的不同。金蜣的工作是在洞口开始，所以把掘出来的废料堆积在地面；但蝉的幼虫是从地底上来的。最后的工作，才是开辟门口的生路，因为当初并没有门，所以它不是在门口堆积尘土的。

第4段，蝉的隧道的特殊性。
（1）地穴为什么不会坍塌？

蝉的隧道大都是深达十五至十六寸，一直通行无阻，下面的部分较宽，但是在底端却完全关闭起来。在做隧道时，泥土搬移到哪里去了呢？为什么墙壁不会崩裂下来呢？谁都以为蝉是用了有爪的腿爬上爬下的，而这样却会将泥土弄塌了，把自己房子塞住。其实，它的举措简直像矿工或是铁路工程师一样。矿工用支柱支持隧道，铁路工程师利用砖墙使地道坚固。蝉的聪明同他们一样，它在隧道的墙上涂上水泥。这种粘液是藏在它身子里的，用它来做灰泥，地穴常常建筑在含有汁液的植物须上的，它可以从这些根须取得汁液。

（2）地穴的位置有什么特点？

能够很容易的在穴道内爬上爬下，对于它是很重要的，因为当它爬出去到日光下的时候，它必须知道外面的气候如何。所以它要工作好几个星期，甚至一个月，才做成一道坚固的墙壁，适宜于它上下爬行。在隧道的顶端，它留着手指厚的一层土，用以保护并抵御外面空气的变化，直到最后的一霎那。只要有一些好天气的消息，它就爬上来，利用顶上的薄盖，以便测知气候的状况。

第5段，隧道便利于蝉爬出获知天气情况。

假使它估计到外面有雨或风暴——当纤弱的幼虫脱皮的时候，这是一件最重要的事情——它就小心谨慎地溜到隧道底下。但是如果气候看来很温暖，它就用爪击碎天花板，爬到地面上来了。

第6段，蝉根据天气情况爬出或躲藏。

在他臃肿的身体里面，有一种液汁，可以利用它避免穴里面的尘土。当它掘土的时候，将液汁倒在泥土上，使它成为泥浆。于是墙壁就更加柔软了。幼虫再用它肥重的身体压上去，便把烂泥挤进干土的缝隙里。因此，当它在顶端出口处被发现时，身上常有许多湿点。

第7段，蝉在洞穴内避免尘土。
（3）"臃肿""肥重"两词好在哪里？

蝉的幼虫，初次出现在地面上时，常常在附近徘徊，寻找适当的地点脱掉身上的皮——一棵小矮树，一丛百里香，一片野草叶，或者一枝灌木枝——找到后，它就爬上去，用前足的爪紧紧地握住，丝毫不动。

第8段，幼虫到地面寻找合适的地方脱皮。

于是它外层的皮开始由背上裂开，里面露出

淡绿色的蝉。当时头先出来，接着是吸管和前腿，最后是后腿与翅膀。此时，除掉身体的最后尖端，身体已完全蜕出了。

然后，它会表演一种奇怪的体操，身体腾起在空中，只有一点固着在旧皮上，翻转身体，使头向下，花纹满布的翼，向外伸直，竭力张开。于是用一种差不多看不清的动作，又尽力将身体翻上来，并且前爪钩住它的空皮，用这种运动，把身体的尖端从鞘中脱出，全部的过程大约需要半个小时。

在短时期内，这个刚被释放的蝉，还不十分强壮。它那柔软的身体，在还没具有足够的力气和漂亮的颜色以前，必须在日光和空气中好好地沐浴。它只用前爪挂在已脱下的壳上，摇摆于微风中，依然很脆弱，依然是绿色的。直到棕色的色彩出现，才同平常的蝉一样。假定它在早晨九点钟取得树枝，大概在十二点半，弃下它的皮飞去。那壳有时挂在枝上有一两月之久。

## 蝉的卵

普通的蝉喜欢把卵产在干的细枝上，它选择最小的枝，粗细大都在枯草与铅笔之间。这些小枝干，垂下的很少，常常向上翘起，并且差不多已经枯死了。

蝉找到适当的细树枝，即用胸部尖利的工具，把它刺上一排小孔——这样的孔好像是用针斜刺下去的，把纤维撕裂，使其微微挑起。如果它不被打扰与损害，在一根枯枝上，常常被刺成三十或四十个孔。它的卵就产在这些小孔里，这些小穴是一种狭窄的小径，一个个的斜下去。每个小穴内，普通的约有十个卵，所以总数约有三百或四百个。

这是一个蝉的很好的家族。然而它所以产这么多卵，其理由是为防御一种特别的危险，必须要生产出大量的幼虫，预备将会被毁坏掉一部分。经过多次的观察，我才知道这种危险是什么。就是一种极小的蚋，拿它们的大小相比较，蝉简直是庞然大物呢！

蚋和蝉一样，也有穿刺工具，位于身体下面靠近中部的地方，伸出来时和身体成直角。蝉卵刚产出，蚋立刻就会把它毁坏。这真是蝉的家族中的灾祸！大怪物只须一踏，就可轧扁它们，然而它们竟镇静异常，毫无顾忌，置身于大怪物之前，真令人惊讶之至。我曾见过三个蚋顺序地排列着，同时预备掠夺一个倒楣的蝉。

蝉刚装满一个小穴的卵，移到稍高处，另外做穴时，蚋立刻就会到那里去，虽然蝉的爪可以够得着它，然而它却镇静而无恐，像在自己家里一样，它们在蝉卵之上，加刺一个孔，将自己的卵产进去。蝉飞回去时，它的孔穴内，多数已加进了别人的卵，这些冒充的家伙能把蝉的卵毁坏掉。这种成熟得很快的幼虫——每个小穴内一个——即以蝉卵为食，代替了蝉的家族。

几世纪的经验，这可怜的蝉的母亲仍一无所知。它的大而锐利的眼睛，并非看不见这些可怕的恶人，鼓翼其旁。它当然知道有其它昆虫跟在后面，然而它仍然不为所动，宁肯让自己做牺牲。它要轧碎这些坏种子是非常容易的，不过它竟不改变原来的本能，解救它的家族，以免遭破坏。

从放大镜里，我曾见过蝉卵的孵化过程。开始很像极小的鱼，眼睛大而黑，身体下面有一种鳍状物。由两个前腿连在一起组成。这种鳍有些运动力，可以帮助幼虫冲出壳外。并且帮它走出

蚋 ruì（小昆虫，体长两三毫米，头小，色黑，胸背隆起，吸人和牲畜的血液）

第14段，蝉大量产卵的原因。

倒楣：遭遇不好。（也作倒霉）

第15段，蚋破坏蝉产出的卵。

第16段，蚋以自己的卵代替蝉的卵。

第17段，蝉母亲对蚋的行为视而不见。

鳍 qí（鱼类的运动器官）

第18段，蝉卵的孵化过程。

有纤维的树枝，而这恰恰是比较困难的事情。

鱼形幼虫到穴外后，立刻把皮脱去。但脱下的皮会形成一种线，幼虫依靠它附着在树枝上。它在未落地以前，就在这里进行日光浴，用腿踢着，试试它的精力，有时则又懒洋洋地在绳端摇摆。

等到触须自由了，可以左右挥动，腿可以伸缩，在前面的能够张合其爪，身体悬挂着，只要有一点微风，就摇摆不定，在空气中翻跟斗。我所看到的昆虫中再没有比这个更为奇观的了。

不久，它就落到地面上来。这个像跳蚤一般大小的小动物，在它的绳索上摇荡，以防在硬地面上摔伤。身体渐渐地在空气中变硬。现在它开始该投入到<u>严肃的实际生活</u>中去了。

此时，它当前仍有着千重危险。只要有一点儿风，就能把它吹到硬的岩石上，或车辙的污水中，或不毛的黄沙上，或黏土上，硬得它不能钻下去。

这个弱小的动物，有如此迫切的需要藏身，所以必须立刻钻到地底下寻觅藏身之所。天气是冷起来了，迟缓一些就有死亡的危险。它不得不四处寻找软土，毫无疑问，它们之中有许多在没有找到合适的地方之前就死去了。

最后，它寻找到适当的地点，用前足的钩挖掘地面。从放大镜中，我看见<u>它挥动斧头向下掘</u>，并将土抛出地面。几分钟后，土穴完成，这个小生物钻下去，埋藏了自己，此后就再也看不见了。

未长成的蝉的地下生活，至今还是未发现的秘密，我们所知道的，只是它未成长爬到地面上来以前，地下生活经过了许多时间而已，它的地下生活大概是四年。此后，日光中的歌唱不到五个星期。

四年黑暗的苦工，一月日光中的享乐，这就是蝉的生活，我们不应厌恶它歌声中的烦吵浮夸。因为它掘土四年，现在忽然穿起漂亮的衣服，长起与飞鸟可以匹敌的翅膀，在温暖的日光中沐浴着。那种钹的声音能高到足以歌颂它的快乐，如此难得，而又如此短暂。

（选自语文实验课本（必修）《现代文选读（下册）》，人民教育出版社 2000 年 10 月版）

第 26 段，漫长的地下生活换来的短暂而快乐的地面生活。

匹敌：(pǐ) 对等，相称。

## 赏析

全文节选了原文的两个部分。

第一部分：蝉的地穴。第 1 段解释自己观察蝉的生活习性的便利条件，使读者对下文中写的蝉的一系列习性特点感到真实信服。2—7 段，写蝉的地穴和幼虫的地底生活。先写洞口，再写地穴的深度、形状，并解释地穴不会坍塌的原因，然后写地穴的位置，写蝉挖地穴的方法，挖出的土的去向和身上带有泥点的原因。第 8 段简单交代蝉的幼虫要到地面脱皮，9—11 段，十分细致地写了蝉出洞脱皮的过程。脱皮的顺序：背—头—吸管和前腿—后腿和翅膀—尾部；蝉最后从壳中脱出，法布尔用拟人的手法说蝉"表演一种奇特的体操"用了一连串动词，如"腾越""翻转""倒悬""伸直""张开""钩住"等等，把蝉从壳中脱出的艰难过程具体、生动、准确地写了出来。文中说，蝉从壳中全部脱出，"总的过程大概要半点钟"；刚得到自由的蝉从柔弱到强壮起来飞离树枝，大概要三个半小时。由此可见，作者观察的耐心程度也是惊人的。这种态度、这种精神，值得赞扬，值得我们学习。

第二部分：蝉的卵。12—13 段，写蝉怎样产卵的。蝉选择产卵的地方，产卵的过程：产大量的卵及其原因。15—17 段，写蚋怎样破坏蝉刚产出的卵。写得非常具体，一边（蝉）是一无所知，一边（蚋）是紧追不舍，使读者也知道得清清楚楚。文中作者也表明这是他经过多次观察才弄清楚的。18—20 段，写蝉卵孵化，幼虫出壳。先是对刚孵化的幼虫作了具体的描写，接着又对出壳以后落地之前的幼虫的情态进行了描写。21—23 段写幼虫落地，面对的"严肃的实际生活"。24 段写幼虫挖穴隐藏。25 段写蝉进入长久而未知的地下生活。26 段，则将蝉长达四年经历的黑暗与到达地面后一个月的阳光欢娱进行对比，对蝉表达了赞美之情。

蝉的生命简史：

成虫产卵→蝉卵孵化→（即刻）→幼虫走出壳外→（不久）幼虫落在地上→（立刻）到地下寻觅藏身的地方→（几分钟以后）幼虫钻进地里→（四年后）幼虫从地穴爬出→（徘徊一阵）幼虫爬上灌木枝或草叶→（半个小时后）变成成虫→（三个半小时）成虫离枝飞去→（五星期后）成虫交配、产卵、死亡。

课文用小标题分为两大部分。"蝉的地穴"第 1 段是文章的开头，交代作者有个很好的研究蝉的习性的环境，起了统领全文的作用，有了观察蝉的环境就可以具体描写蝉的习性，说明下文的观察都是法布尔亲自观察的，使读者看起来很真实。"蝉的卵"最后一段用"四年黑暗中的苦工，一个月阳光下的享乐"，对蝉的一生进行总的概括，表达了作者赞颂的感情。

文章两大部分，似乎颠倒了蝉由卵到幼虫，由幼虫到成虫这样一个生长过程，但从表中看出，实际上还是按照生长过程来写的。两个部分的说明顺序是按照蝉延续生命的几个过程安排的——先由幼虫到成虫，然后成虫产卵完成繁衍，孵化成幼虫结束，这就是蝉循环往复的生活史。作者并没有按照昆虫的一般成长过程——卵、幼虫、成虫的顺序来介绍，而是从幼虫时代入手，介绍这一过程，这正是作者别具匠心的地方。首先，蝉的幼虫生涯占了它生命的大部分时间。其次，这部分的生活不为一般人了解，容易引起读者兴趣。开头写地下生活，结尾写隐入地下，前后照应结构非常严密。作者从幼虫的地下生活写起，同文章的立意有关，这样写可以突出蝉的"四年黑暗中的苦工"。

全文以作者对蝉一生的观察进程为线索，以幼蝉夏至出洞开头，又以幼蝉天冷入洞结尾，首尾衔接，将蝉一生的生长过程连接得十分完整，文章也因此而显得条理清楚、结构严谨。

说明顺序，既有顺序：卵→幼虫→成虫→生活习性、生理特征；也有倒叙：幼虫→成虫→产卵→幼虫。跟记叙文"倒叙"的作用完全一样，是为了突出蝉的"四年黑暗中的苦工"。这既是重点（蝉一生大部分的活动时间），又是难点（最不易了解），并使行文生动活泼，吸引读者注意，加深读者印象。

在具体内容的说明中，写地穴是按照考察的过程，从外到内的顺序写的，写内部构造的同时介绍了建造地穴的方法。幼虫出穴以后，又是按照事物发展的顺序来写的：幼虫出穴以后怎样寻求脱皮的地方；怎样完成脱皮而变为成虫，飞离树枝；怎样产卵；怎样孵化成幼虫；幼虫落地以后又怎样寻觅隐藏处所，然后挖土隐入地下。一步一步发展生长的过程写得非常清楚。

《蝉》这篇课文，没有引用什么材料，完全是靠文艺笔调对蝉的生长过程进行具体的，甚至是相当细致的描写，来增强它的生动性。这是一篇很有代表性的文艺性说明文。

写得生动的地方有很多，如第8—10段，写蝉出洞有脱皮的过程，十分细致。尤其是第10段写蝉最后从壳中脱出，先以拟人手法说"它表演一种奇怪的体操"，然后用一连串的动词，如"腾跃""翻转""倒悬""伸直""张开""钩住"等，把蝉从壳中脱出的艰难过程具体地写了出来，既生动、又准确。又如第18—20段，写蝉卵孵化，幼虫出壳，先是对刚孵化的幼虫作了具体的描写："很像极小的鱼，眼睛大而黑……"，接着又对出壳以后落地之前的幼虫的情态进行了描写："在这里行日光浴，踢踢腿，试试筋力，有时却又懒洋洋地在线端摇摆着。"这好像不是在写虫子，而是在写一个可爱的小孩儿了。

语言的准确性，是本文的一个重要特点，比如第7段写幼虫在地穴里怎样建造坚固的墙壁，里面不仅"臃肿""喷洒""柔软""肥重""压""挤"等词用得很准确，而且整段话说明建造过程，也很清楚准确。第二段中说："在阳光曝晒的道路上有好些小圆孔，孔口与地面相平。蝉的幼虫就从这些圆孔爬出"。"道路"前面的一个限定语"阳光曝晒"正写出蝉的特性"喜欢顶干燥、阳光顶多的地方。""阳光曝晒"不能写为"阳光充足"，"曝晒"限制在炎热的夏天。拿蝉的脱壳过程和孵化过程来说，文章都写得很清楚，"开始""不久""最后""以后"这些时间词语，正写出其过程的进展。

文章写得具体、生动、准确，关键在作者观察细致周到，如第15—17段写蚋怎样破坏蝉刚产出的卵，非常具体，一边（蝉）是一无所知，一边（蚋）是紧追不舍，使读者也知道得清清楚楚。文中作者也表明这是他经过多次观察才弄清楚的。再如第18—20段，写刚孵出的幼虫是什么样子，幼虫落地之前悬挂在树枝上又是怎么个样子，有哪些活动，写得活灵活现。为什么能写得这么准确而生动呢？因为作者不仅用眼睛，而且还借助放大镜进行了仔细的观察。又如，第8—11段，写幼虫出土之后从脱皮到变为成虫飞离树枝的全过程也非常具体、非常生动。文中说，蝉从壳中全部脱出，"总的过程大概要半点钟"；刚得到自由的蝉从柔弱到强壮起来飞离树枝，大概要三个半小时。由此可见，作者观察的耐心程度也是惊人的。这种态度、这种精神，值得赞扬，值得我们学习。

此外，本文说明中兼用文艺笔调，对所要说的事物进行具体描绘，也是重要的特点。如使用了拟人，在"蝉的卵"这一部分，我们仿佛看到一位"可怜的母亲"

生儿育女所付的艰辛，同样也会憎恨像蚋那样专门残害生灵的坏种，而由卵发育成蝉所经历的漫长艰苦的历程，更使我们对这个小生物的成长发出慨叹，多么不易啊！从而对作者在文末的一大段抒情产生共鸣。最后一段里的"苦工""享乐""歌声""穿起"等。文中也使用了比喻：以"表演一种奇怪的体操"来比喻蝉的离壳过程。它"在空中腾跃，翻转，使头部倒悬，花纹布满的翼向外伸直、竭力张开。然后用一种几乎不可能看清的动作，尽力翻上来，并用前爪钩住它的空皮。这个动作使尾端从壳脱出。"整个动作顺序有它自身的规律，其中的"腾跃""翻转""倒悬""伸直""张开""翻""钩""脱"等动词用得非常准确，把蝉脱壳的整个过程准确而又生动地展现在读者面前。

# 构思为文虽辛苦，条理分明自然成

## 跟王谷岩学写条理清楚的说明文

## 名家简介

王谷岩，中国科学院生物物理研究所研究员，科普作家。1940 年 11 月生于唐山市，1965 年毕业于中国科学技术大学物理系生物物理专业，从事"视觉信息处理"基础理论研究，成果获"中国科学院自然科学二等奖"。1992 年以来的十几年间，承担国家载人航天工程"神舟号"航天飞船空间生命科学实验工作，被授予"中国科学院参加载人航天工程优秀工作者"荣誉称号。重要作品有《仿生学漫话》《叩开生命之门——20 世纪生命科学进展》《了解生命》等。

## 写作指导

所谓条理性，首先是指事物或事理本身的规律、特点在说明文的结构和顺序上的反映。要想条理分明地说明事物，就必须掌握说明的顺序。一篇文章中，哪个内容先说，哪层意思后说，要根据被说明事物的性质特征和它的发展变化来妥善安排。事物的性质特点、事物的发展变化都是客观存在的，而合理的说明顺序，正是要反映出这事物的性质特征及其发展变化。因此，在写说明文时，必须仔细观察、认真思考，选用合理顺序，做到条理井然地进行说明。

说明的顺序，一般有时间顺序、空间顺序、逻辑顺序三种，在说明文的写作中，可以单独采用一种顺序，也可以综合运用两三种顺序来进行说明。选择什么顺序来说明某个具体事物，这要根据被说明事物的本质特点和文章的写作目的来决定。

如写《土豆丝的制作过程》，采用时间顺序就最有条理性了。介绍《鲁迅故居》，选择空间顺序是合理的。《奇招击退红潮》按照逻辑顺序依次说明了击退红潮的原因、方法及科学原理，用超声波消除红潮的优势、不足。由因到果、由表及里，条理清晰。王谷岩的《眼睛与仿生学》说的是眼睛仿生的科学原理，以采用逻辑顺序为佳。

写好说明文，还要处理好文章开头、主体部分和结尾之间的关系，以及选用必要的、恰当的过渡照应方式。文章的结构安排妥帖了，才能使说明文内容具体，条理清楚。

一、说明文开头的常见方式

1. 概述式开头。用简洁的语言介绍事物的概况，给人以总体形象。如《故宫博物院》是这样开头的：在北京的中心，有一座城中之城，这就是紫禁城。现在人们叫它故宫，也叫故宫博物院。紫禁城是明清两代的皇宫，是我国现存的最大最完整的古代宫殿建筑群，有五百多年了。开头介绍了故宫博物院的地理位置、名称、性质和年代。通过概述的介绍，我们可以大致了解故宫博物院的概况。《眼睛与仿生学》开头谈眼睛的作用和功能，这就突出了其仿生的重大科学价值，使得下文的说明成为必要，也总括了下文的各种眼睛仿生。

2. 描述式开头。描写事物的特征或状态，让读者有一个直观的总体认识。如《中国石拱桥》开头是这样描述的：石拱桥的桥洞成弧形，就像虹。古代神话里说，雨后彩虹是"人间天上的桥"，通过彩虹就能上天。我国的诗人把拱桥比作虹，说拱桥是"卧虹""飞虹"把水上拱桥形容为"长虹卧波"。开头描述石拱桥的重要部位"桥洞"的状态特征，然后用神话传说和诗人对石拱桥的描述补充说明这一特征。

3. 设问式开头。设问，能激发读者了解知识的欲望和兴趣，使他们急切了解事物或事理。如《花儿为什么这样红》的第一段。由描述红花的鲜艳和美丽，自然提出"花儿为什么这样红"的问题，让人们随作者的具体解说了解其原因，探寻其知识。

4. 定义式开头。对事物下定义，揭示事物内涵（本质特征）和外延（包含的范围），让人了解事物的本质。如《统筹方法》开篇是这样定义事物的："统筹方法，是一种安排工作进程的数学方法，它的实用范围极其广泛。"

二、说明文的结尾方式。

说明文的结尾一般是自然结束，说明清楚了，文章就结束了。

1. 归结特征结尾。有的说明文最后再次归结特征，有利于读者区别事物。如《故宫博物院》最后写道："站在景山的高处望故宫，重重殿宇、层层楼阁、道道宫墙，错综相连，而井然有序。这样宏伟的建筑群，这样和谐统一的布局，令人不能不惊叹。"结尾直接点出了故宫建筑群的特征：宏伟、和谐、统一。《眼睛与仿生学》的结尾，以递进的方式，在前文介绍各类眼睛仿生的基础上，概括了视觉仿生—感觉仿生—仿生学这一科学链条，归结了视觉仿生的重大意义。

2. 补充说明结尾。有的说明文，结尾做一些补充性的说明，或开拓读者的视野，或增强说明的准确、严密程度。如《看云识天气》结尾是这样写的："在某些情况下，看云识天气往往要受到限制，因而，还是要依靠天气预报。"这一补充，比较全面地说明了"看云识天气"的作用，增强了说明的科学性。

三、说明文过渡方式

过渡方式，其实主要就是承上启下，当然有时侧重在上，有时侧重在下。总的来说，是容易理解，但也是容易忽略的。例如：

1. "美酒加咖啡，我只要喝一杯，想起了过去，又喝了第二杯……"邓丽君甜美的歌声，加深了人们对咖啡的印象，也激发了一些人品尝咖啡的欲望。

2. 咖啡的益处主要是，它能滋养皮肤，有助于消除疲劳，可预防胆结石，具有一定的抗氧化及开胃促食、活血化瘀、息风止痉等作用；此外，咖啡可能还有解酒作用。当然，其害处也不能忽视，就是它会造成人神经过敏，加剧高血压，诱发骨质疏松，饮用过量会有致癌危险，咖啡中所含的物质会让人上瘾……

上面这两段，读来总觉得少点什么，也就是由第一段到第二段有点衔接不好，原来，它们之间少了这么一句："但是，关于咖啡这种饮品，科学家们曾站出来发言：咖啡对人有益也有害。"这句话承上启下，与第一段内容构成转折，与第二段所表述的内容（咖啡对人的益处与害处）一致。其实，第二段内部，"当然，其害处也不能忽视"这句话也起过渡作用，由上文谈益处转折到下文谈害处。

有了恰当的过渡段落或句子，文章衔接自然，一路顺畅，条理性就强。

条理清楚地说明事物，还得讲究文章的结构形式。说明文的结构是指文章的内部组织、内部构造。文章的结构是由内容决定并为内容服务的。说明文的内容主要是解说事物、阐明事理，那么，它的结构就需要根据事物、事理的有关知识并结合作者的写作思路，进行适当的安排。

说明文的结构一般有以下几种：

1. 总分结构

总分结构，就是先总的说明事物的主要特征和基本性质，然后分开说明事物各个方面的具体特性，这样，文章的开头和主体部分之间就是总分关系。有时也可以把这种结构倒过来安排，先分开说，到最后再总起来说，这样文章的主体部分和结尾之间就是分总的关系。如果把前面两种结构合在一起，那么文章的开头、主体部分、结尾之间就是"总—分—总"的关系了。

如《眼睛与仿生学》第10段开头就是一个过渡句："跟人和上述各种动物的眼睛不同，另一类动物的眼睛别具一格。"这个过渡句传达了以下信息：①上文讲的是人眼和各种动物的眼睛，它们是一类；②下文讲的是另一类眼睛；③这类眼睛中只有动物的不包含人类的；④这类眼睛很有特点。这个句子是不是条理很清楚？

如下段，总说梦的形成，分别从生理和心理两方面进行分析，这就是总分结构。

关于梦，从古到今始终有一层神秘的色彩。大脑到底是如何形成那些无拘无束的梦呢？迄今为止，众说纷纭。目前公认的观点是：从生理上看，人的睡眠总是处于有规律的快波睡眠和慢波睡眠的交替之中，梦是快波睡眠的一种表现，人在此阶段，供给大脑皮质的血流量增加，耗氧量也增多，这时不仅呼吸加快，心跳和血压也出现波动。这说明此时人虽处于睡眠状态，但大脑皮质的某些区域仍处于紧张的活动状态，梦就发生在这"动乱"之际。从心理上分析，就如古人所说"日有所思，夜有所梦"。的确，梦的内容与白天发生的事情有关系，但梦决不都是日常生活的翻版，而是生活内容经过"改装"后的产物。比如，梦见从山上掉下来，可能预示着害怕失败或者遇到不可克服的困难。但要记住梦是经过"伪装"的，现实只是梦形成的基础。

《眼睛与仿生学》正是采用了这种"总—分—总"的结构形式，先总说眼睛的作用和功能，再具体讲各类眼睛在仿生学中的重要启发，最后总结视觉仿生和仿生学，有利于读者把握全文内容。

运用总分结构，文章要着力写好中心段，文段要着力写好中心句。起到总说作用的中心段或中心句，放在开头，能统摄、引领全文或全段；放在结尾，能总结、概括全文或全段。分说部分是文章的主体，要花气力去写，写得具体、实在、明白，并注意各项分说内容要与总说相照应。

2. 并列结构

并列结构，是指先把要说明的事物或事理进行分析、分解，然后分别加以说明。这样，文章的各部分内容、各层意思之间，就是并列的关系。

并列结构也是说明文常用的结构形式。运用并列结构的关键，是对事物进行科学的分析、分解，把属于同一性质的内容归在一类。比如，凡是属于事物的外部特征的，就都归到外部特征这一类，凡是属于事物的内部本质的，就都归到内部本质这一类，二者不能混淆。

例如：肌肉运动时，如果氧气不足，葡萄糖代谢产物就会变成乳酸，如果肌肉持续强力收缩，导致血流中断，乳酸就无法被快速代谢，量大了就会刺激神经，产生酸痛感。等停止运动一分钟左右，这种感觉就会消失，而运动过后的肌肉酸痛，其实并非主要由乳酸造成，而是因为肌肉长时间"闲置"，突然大幅用力，造成肌纤维和结缔组织受损，也就是俗称的"肌肉拉伤"，只不过拉伤程度较低，感觉与乳酸堆积类似。当然，肌肉是可以在短时间内自我修复这种"肌肉拉伤"的。

本段用并列式结构介绍了运动中和运动后产生酸痛感的不同原因。

《眼睛与仿生学》的第二部分采用了并列式结构，分别介绍人类和各种动物的不同眼睛的特殊构造、不同功能和它们给了科学研究以怎样的启示，对象不同而角度相同，驾驭丰富的材料，集中表达出中心的内容。

3. 递进结构

递进结构是指文章各部分的内容一层进一层，有着内在的联系。说明事物的某项功能以后，进一步说明产生这种功能的原理，就是递进。递进结构的文章，各个部分内容、各层意思之间的关系是层层深入、步步推进的。

如《恐惧是一种可以控制的情绪》一文的四个段落，就是典型的递进式结构。

①什么是恐惧？恐惧就是对于外部发生的危险做出的一种心理反应……

②人们一般把常见的恐惧症分成四种：动物恐惧症、场所恐惧症、密集恐惧症、社交恐惧症……

③恐惧自何而来？原因多种多样……

④如何克服恐惧心理呢？

《眼睛与仿生学》，尽管都在谈眼睛的构造、功能、启示，但选择的眼睛对象却是由一般到特殊，由简单到复杂的，具有逻辑上的递进关系。这样写，便于读者由浅入深，逐步认知。

说明文的结构由事物的性质确定，一般来说，确定结构可从以下两个方面考虑：

1. 按说明对象的自身条理性来安排结构。

一般来说，运动、变化、发展的事物，条理性表现在时序上，不同时间有不同的形态，说明时可按时间顺序安排结构。如《从甲骨文到缩微图书》，就是按时间顺序安排结构的，先写文字产生和出现书籍的雏形，再写正式的书籍，最后写现代的书籍，从而说明了书籍演变发展的过程。

处于静止状态的事物，如建筑群、名胜古迹、物品等，常常从空间位置上体现它的条理性。说明这类事物，宜按空间顺序，先表后里、先外后内进行说明。如《故宫博物院》说明一个古代建筑群，这个建筑群处在一定的空间方位上，排列有序，内部建筑有主有次。文章按照空间位置，先写外部城门，后写城内建筑，写内时先写主，后写次。整篇文章层次井然有序。

2. 按人们对说明对象的认识规律安排结构。

读者陌生及难以理解的对象，说明时常常由具体到抽象，由表面现象到内在事理，由个别推及一般。在具体说明中，宜先写状态，后写功用或成因，最后揭示性质特征。如《死海不死》是一篇事理性说明文，具体说明部分先说一种现象：传说约两千年前，罗马统帅狄杜把俘虏的奴隶投在死海里，但奴隶却安然无恙。然后解释原因，这是因为死海海水的咸度很高。接着进一步解说死海的成因，说明时先叙事，后说它是自然界变化的结果。这样说明，读者易于理解。

读者并不陌生的事物或事理，说明时可先说一般，再叙说个别现象。这种写法宜先写性质特征，后写状态，人们可先获得事物或事理的总体认识，然后具体理解。如《苏州园林》，一般读者都知道园林，但苏州园林与其他园林有所不同，因此，写作时宜先说出它与其他园林不同的性质特征，然后具体说它的形态。这种结构安排有利于读者尽快地认识事物。

眼睛，就其作用，是读者熟悉的，但其功能和结构特点读者比较陌生，和仿生学联系起来，对读者来说，就是新知，所以作者先谈人们熟知的眼睛的作用，再一步一步引入仿生学的范畴，把这一新知识介绍给读者，很好地实现了说明目的。

要做到条理清楚，还必须善于抓住特征说明事物。

任何事物都有自己的特征，这是此事物区别于彼事物的最本质、最主要的方面。因此，要介绍清楚这一事物，必须把握住它的特征，才有条理性可言。写作说明文如此，阅读说明文也同样，把握住事物的特征，才能清楚地认识作者介绍的事物。

如《植物本是有情物》一文，很明显，作者抓住的是植物"有情"这一特点，下文第①段总写：植物学家们通过大量的试验和观测得出一个结论：植物是有着丰富感情的。

第②③段写植物像动物长着"眼睛"。第④⑤段写植物在危急时刻也会发出求援，它们有语言。第⑥段写像人累了要休息一样，植物也要睡眠。这样，全文围绕"有情"这个总体特征，分别加以说明，就成功达到了写作目的。

世间万千动物，眼睛有同有异，该视觉仿生，总要分类，文中所举的人与各种动物的眼睛，不到十种，是因为它们是有特征的，能代表不同类别的眼睛，抓住了这些典型，也就抓住了事物的特征，读者就能通过这些眼睛了解视觉仿生这一科学概念了。

当然，条理说明也要选好说明角度。

事物的特征，往往有多样性。从不同的角度来考察同一事物，就会发现，它的特征不止一个。因此，要求我们在说明事物时要根据不同的写作目的、读者对象，选好角度，确定重点，有详有略地进行说明。

比如《水乡的桥》一文，作者是这样安排首段的：

提起"江南水乡"，不由使人想到"户藏烟浦，家具画船"一些水乡景色，每当杏花春雨，秋水落霞，更令人依恋难忘了。这明秀柔美的江南风光，是与形式丰富多变的水上桥梁有所分不开的。它点缀了移步换影的景色，刻画了水乡的特征，同时又解决了交通问题。我们的祖先是如何从功能与艺术两方面来处理了复杂的水乡交通，美化了村镇城市的面貌。

作者选取了水乡的桥两个方面的特点：功能与艺术（交通、审美及建筑艺术价值），就能够集中笔墨，准确而简洁地作介绍了。

《眼睛与仿生学》作者紧扣眼睛的构造功能，联系仿生应用来说明，再恰当不过了。

条理清楚，要恰当地使用各种说明方法。

恰当地、灵活地使用多种说明方法，有利于把事物（或事理）介绍清楚、剖析生动。说明方法的使用取决于说明对象及其特征，取决于作者说明时的需要。但准确生动的说明，会使文章显得条理性强。《眼睛与仿生学》主要使用了举例子和做比较的说明方法，既使说明具体准确，又能突出各类眼睛的不同特点。

条理性要求运用准确、简明的语言说明。

说明文中的任何意图、技巧都必须通过语言来表现，不管是事理说明文还是事物说明文，语言方面的要求虽有区别，但共性也是明显的。

比如《黑匣子在，希望就在》一文，第一段这样写：

①每当飞机失事，人们都急切地希望尽快找到黑匣子。特别是在机毁人亡的情况下，黑匣子更是成了唯一的关键"证人"。

这里打比方，把黑匣子比作空难中的关键"证人"，说明它能够像证人一样提供关键的证据。这样的语言，既准确又简洁而生动形象，那么，下文写到的它可提供的两个证据：

证据之一：座舱语音，即飞机驾驶舱内每个人的语言及与外人通信的音响信息；证据之二：飞行数据，即飞机飞行过程中记录下来的各项相关的工作数据。

就使得本文语言前后照应，极有条理性。

《眼睛与仿生学》在语言运用上也是说明文的典范，很值得我们研究和学习。

## 常见错误

误区一：急于下笔，头绪紊乱

对于比较复杂的说明对象，下笔之前要仔细观察，深入了解，自己想清楚了再下笔。自己还没有搞清的事物想说得清楚明白，那真是"以其昏昏，使人昭昭"，怎么可能呢？

误区二：不善于综合使用多种顺序，使得说明过程捉襟见肘。使用多种说明顺序，整篇文章要结构合理，衔接过渡要交代清楚。

误区三：词汇贫乏，不够准确

说明文语言的要求是准确、简明、生动。也就是说准确是第一位的。传授知识缺乏准确，说明问题含糊其词，这是说明文写作中最要不得的。

误区四：行文啰唆，让读者读着很累。

误区五：过分求序，反使文章支离破碎。

有些同学过分讲究说明的次序，该排不该排的统统排起来，甲乙丙丁，一二三四，1234，（1）（2）（3）（4），看起来井井有条，实则割裂了有机联系，只剩下一些支离破碎的条条道道。

## 导师名作

这篇文章是介绍仿生学这门新兴科学的说明文，说明顺序是由一般到特殊，由简单到复杂，既便于读者理解，又符合人们的认识规律。整体结构采用的是"总—分—总"的形式，主体结构即文章的第二部分则采用的是横式结构。作者运用了举例和比较交错运用，以及分析与综合的说明方法，具体、生动的生活实例加上准确、严密、简明的语言把深奥难懂的科学道理表达得深入浅出、通俗易懂。

# 眼睛与仿生学

王谷岩

眼睛是人和动物的重要感觉器官。人眼从外界获得的信息，不仅比其他感觉器官多得多，而且有些是其他感觉器官所不能获得的。据研究，从外界进入人脑的信息，有百分之九十以上来自眼睛。

眼睛的基本功能是感受光的刺激、识别图像：从外界景物来的光线，通过眼的光学系统投射到视网膜的感觉细胞上，感觉细胞把光的刺激转换成一种电信号，而后通过视神经传到大脑，再经过脑的综合分析，人和动物便看到了景物的形象、色彩和运动的状况。

人和各种动物的眼睛，构造是不同的，各种构造不同的眼睛，功能又都有特殊的地方。研究、认识眼睛的各种构造和功能，可以从中得到重要的启示。这对发展现代科学技术有重要的意义。

人眼的光学系统跟照相机是十分类似的。但跟照相机只是把外界景物的图象映在照相软片上不同，人眼并不是把投射到视网膜上的图象一点不漏地传给大脑，而是先对图象进行信息加工，抽取线段、角度、弧度、运动、色度和明暗对比等包含重要信息的简单特征，并把它们编制成神经密码信号，再传给大脑。人眼的这种信息加工原理，对于改进某些机器的输入装置和自动控制系统的传送器，研制新型跟踪和发现系统，都具有十分重要的参考价值。

人眼还可以对比周围的景物，使人感知自身的运动和位置状态，确定物体的距离、形状和相对大小。人们由此得到启示，研制成功了一种叫

第 1 段，眼睛的重要作用。
（1）为什么要从人眼谈起？

第 2 段，眼睛的基本功能。

第 3 段，眼睛对仿生学的重要启示作用。

第 4 段，人眼的工作原理。
（2）本段主要使用了什么说明方法？

做"生物—电子位置传送器"的"人造眼"。进一步完善这种技术装置，将可以用来自动控制宇宙飞船下降阶段的制导，选择合适的着陆场地，并实现稳妥的着陆；还可以控制无人驾驶探险车，使它准确灵活地避开障碍，选择道路，在人迹从未到过的地方长途巡行。

你如果看过科教片《保护青蛙》，一定会为青蛙动作的敏捷、捕食的准确而赞叹不已。青蛙所以能够具有这样一套特殊本领，主要是因为它有一双机能优异的大眼睛。

蛙眼对运动的物体简直是"明察秋毫"，而对静止不动的物体却是"视而不见"。这是它适应特定环境所获得的一套特殊本领。就是靠这套本领，青蛙才能准确的捕捉食物和逃避敌害，在地球上生存了两百万年之久。

蛙眼能够敏捷地发现具有特定形状的运动目标，准确的确定目标的位置、运动方向和速度，并能选择最佳的攻击时刻。这种机能特性，用在技术上，特别是<u>用在军事技术上，可以起重要的作用</u>。根据蛙眼的视觉原理，借助于电子技术，人们制成了多种"电子蛙眼"。有一种电子蛙眼可以像真蛙一样，从出示给他的各种形状的物体当中，识别出类似苍蝇等昆虫形状的物体。这种识别图像的能力正是雷达系统所需要的。不断改进这种电子蛙眼，并把它用到雷达系统中，就可以准确地把预定要搜索的目标同其他物体分开，特别是把目标同背景分开，因而大大提高雷达系统的抗干扰能力，在显示屏上显示出十分清晰的目标。装有改进了的电子蛙眼的雷达系统，还有可能根据导弹的飞行特征，轻而易举地把真假导弹区分开来，使人们能够及时地截击真导弹而不为假导弹所迷惑。国外已经投入使用的一种人造

第5段，"人造眼"的产生。

制导：通过无线电装置，控制和引导导弹等，使其按一定轨道运行。

第6段，青蛙机能优异的大眼睛。
明察秋毫：比喻目光敏锐，连极细小的事物都看得清楚。秋毫：秋天鸟兽身上新长的细毛。

第7段，蛙眼的特殊本领。
（3）本段第1句使用了什么修辞手法？

第8段，蛙眼特异性的仿生学应用。

（4）从原文看，用在军事技术上，可以起到的重要作用是什么？

卫星跟踪系统，也是模仿蛙眼视觉原理的。

由于受到视野和视敏度的限制，在高空飞行的飞行员单凭肉眼很难发现和识别地面目标。例如飞机在六千米高空作水平飞行时，飞行员只能看到两侧八九公里和前方一二十公里狭窄范围内的地面。即使在这个区域里，对比较大的目标也不是总能准确无误地发现和识别的。但是，老鹰眼睛的视野却比人眼广阔得多。展翅翱翔于两三千米高空的雄鹰，一下子就能发现地面上宽广范围内的一只小兔或小鸡。如果我们能够研制出一种类似鹰眼的搜索、观测技术系统，就能够大大扩充和提高飞行员的视野和视敏度。如果能够研制出具有鹰眼视觉原理的"电子鹰眼"，就有可能用于控制远程激光制导武器的发射。如果能够给导弹装上小巧的"鹰眼系统"，那么它就可以像雄鹰一样，自动寻找、识别、追踪目标，做到百发百中。

跟人和上述各种动物的眼睛不同，另一类动物的眼睛别具一格。例如蜻蜓的眼睛，没有人眼的那种眼球，也不能转动，而是靠着头部的转动朝向物体的。它的表面是一层比较硬的半透明角膜，边缘与头部表面融为一体。我们用显微镜观察，会惊异地看到，蜻蜓的一只大眼睛竟是由两万多只表面呈六边形的"小眼"紧密排列组合而成的。每只小眼都自成体系，有自己的光学系统和感觉细胞，都能看东西。这类由几十至几万个独立小眼构成的眼睛，叫做"复眼"。虾、蟹、蜂、蚁、蝇等节肢动物的眼睛都是复眼。复眼构成的精巧、功能的奇异，在某些方面为人眼所不及。因此，复眼已成为人们极感兴趣的研究对象，给了人们种种有益的启示。

有一种小甲虫，叫象鼻虫，它的眼睛是复眼，

第9段，鹰眼的仿生学应用。

别具一格：另有一种独特的风格。

第10段，动物复眼的仿生学启示。

（5）"复眼"是否只为蜻蜓独有？

第 11 段，象鼻虫复眼的仿生学应用。

呈半球形，许多小眼排列在曲面上。在飞行中，不同的小眼是在不同的时刻看到外界同一个物体的。象鼻虫根据各个小眼看到同一个物体的时间差以及自身在此期间飞过的距离，可以很快地"计算"出它相对于地面的飞行速度。它的眼睛竟是天然速度计。模仿象鼻虫复眼的这种功能原理，人们研制成了一种测量飞机着陆时相对于地面的飞行速度的仪器——地速计，已经在飞机上试用。这种地速计也可以用来测量导弹攻击目标时的相对速度。

散射：光线通过有尘土的空气或胶质溶液等媒质时，部分光线向多方面改变方向的现象。

太阳光本来是自然光，它的振动均匀地分布在各个方向上。但是当它穿过大气层时，由于受到大气分子和尘埃颗粒等的散射，它的振动就只分布在某个方向上，或者在某个方向上的振动占了优势。这种现象叫做光的偏振现象。具有偏振现象的光叫做偏振光，人眼不借助仪器是观察不到的，但是蜜蜂、蚂蚁和某些甲虫却可以凭借复眼看到偏振光的振动方向，并且能够利用天空中的太阳偏振光来导航，确定行动方向。

第 12 段，动物眼睛对偏振光的应用。

第 13 段，蜜蜂复眼的仿生学应用。

蜜蜂的复眼因为具有特殊的结构，能够看到太阳偏振光的振动方向，而这种方向与太阳的位置有确定的关系，所以蜜蜂能够随时辨别太阳的位置，确定自身的运动方向，准确无误地找到蜜源或回巢。人们按照蜜蜂的复眼的结构特点和工作原理，制成了一种根据天空偏振光导航的航海仪器——"偏光天文罗盘"。应用这种罗盘，即使在阴云密布以及黎明或傍晚看不到太阳的时候，也不会迷失方向。特别是在不能使用磁罗盘的靠近南北极的高纬度地区，使用这种偏光罗盘就更显得优越了。

第 14 段，蜻蜓和苍蝇复眼角膜的仿生学应用。

蜻蜓和苍蝇等的复眼的角膜，具有一种奇特的成像特点。剥取蜻蜓和苍蝇复眼的角膜，放在显微镜下观察，尽管在角膜前面只放一个目标，但通过角膜却可以看到许许多多个像。这是因为这种复眼角膜是由许许多多个六边形的小眼角膜排列构成，而每个小眼的角膜又都能形成一个像。人们从这里得到启示，模仿这些昆虫复眼角膜的结构，用许多小的光学透镜有规则地排列起来，制成了一种新型光学元件——"复眼透镜"。用它作镜头制成的"复眼照相机"，一次就能照出千百张相同的像。这种复眼照相机已用于印刷制版和大量复制大规模集成电路中精细的显微电路，大大提高了工效与质量。

上述各方面的研究工作，是进行技术设计的一条新途径，属于一门新兴边缘科学——"仿生学"的研究范畴。仿生学是在生物科学与技术科学之间发展起来的，它的任务是用生物体结构与功能的原理，去改善现有的或创造新型的机械系统、仪器设备、建筑结构和工艺过程。

第15段，仿生学的定义及研究任务。
（6）为仿生学下一条定义。

探索人和动物眼睛奥秘的仿生学研究工作，称为视觉仿生。它跟听觉仿生、嗅觉仿生、触觉仿生和味觉仿生一起，统称为感觉仿生。感觉仿生已经成为目前仿生学的发展重点。

第16段，仿生学的研究范围，类别和发展重点。

（选自语文实验课本(必修)《现代文选读(下册)》，人民教育出版社 2000 年 10 月版）

## 赏析

这是一篇介绍仿生学的一个分支——视觉仿生学的说明文。主要介绍人和动物的眼睛的不同构造和功能，从而向我们展示了研究各种不同构造和功能的眼睛，对发展仿生学，发展现代科学技术都有重要意义。

本文由三部分构成。第一部分从"眼睛是人和动物的重要感觉器官"到"这对发展现代科学技术有重要的意义。"讲的是"研究视觉仿生的意义"。共有三个自然段，分别讲了：（1）眼的重要性，（2）眼的基本功能，（3）眼睛与仿生学的关系。第二部分从"人眼的光学系统跟照相机是十分类似的"到"大大提高了工效与质量。"探讨了研究视觉仿生的成果。又可以分为两层，第一层讲单眼的构造与功能，从文章的第四自然段到第九自然段分别讲了人眼、蛙眼、鹰眼，第二层则分别以象鼻虫、蜜蜂、蜻蜓和苍蝇为例讲了复眼的构造与功能，从第十自然段到第十四自然段。第三部分从"上述各方面的研究工作"到"感觉仿生已经成为目前仿生学的发展重点。"说明了仿生学的定义，任务、研究范围和发展重点。

文章的整体结构采用的是"总—分—总"的形式，主体结构即文章的第二部分则采用的是横式结构。课文主体部分采用了条分缕析的方法，始终停留在一个平面上举例介绍了人眼和其他动物眼睛的特殊构造、功能及其在仿生学上的作用。这种"横式"结构便于作者较全面地充分介绍丰富的材料，使说明对象的各个部分和侧面较清晰地展现出来，各并列部分之间有一个由浅入深的顺序，结构上有其内在联系。

由于仿生学是一门新兴科学，人们一般对它都比较陌生，所以作者不是先在科学定义上做文章，而是先介绍人们最熟悉，印象最深的人的眼睛及其在仿生学中的意义，然后再说明一些动物的眼睛及其构造和功能。就眼的构造来说，一般眼的构造比复眼简单，所以作者先从一般眼睛谈起，然后再介绍复眼的构造及其在仿生学中的意义。

本文的说明顺序是由一般到特殊，由简单到复杂。按照这些关系安排说明顺序，就叫逻辑顺序。这样的说明顺序既便于读者理解，又符合人们的认识规律，因此显得合情合理。

深入浅出，必须抓住事物的特征。课文分别介绍了人和蛙、鹰、象鼻虫、蜜蜂、蜻蜓及苍蝇等动物的眼睛，之所以选这些材料，就是因为它们的眼睛有特征，有区别于其他眼睛的独特构造和功能。仿生学之所以要研究它们，原因也在于此。本文在对各种眼睛在仿生学中的意义进行分析说明时，都先说明这些眼睛的构造特点或功能特点，然后再说明它们对于发展科学技术的启发。这样写眉目清楚，使读者易于掌握。

这篇文章是介绍仿生学这门新兴科学的说明文，为了说明这门新兴科学，作者交错运用了举例和比较的说明方法，以及分析与综合的说明方法，具体、生动的生活实例加上本文准确、严密、简明的语言，把深奥难懂的科学道理表达得深入浅出、通俗易懂。

交错运用举例和比较的手法是本文在运用说明方法上的特点。一边大量地举出例子，一边对举出的例子进行比较，既简略地介绍了相关事物的共同性，又详细地说明了它们的不同之处。例如，文章开头部分以人眼与照相机进行比较，来说明研究各种不同构造的眼睛在仿生学中的意义。通过两者的比较，着重说明了人眼跟照相机不同的地方：要先对图像进行信息加工，抽取线段、角度、弧度、运动、色度和明暗对比等包含重要信息的简单特征，并把它们编制成神经密码信号，再传给大脑。同时，人眼还可以对比周围的景物，使人感知自身的运动和位置状态，确定物体的距离、形状和相对大小等。又如，在介绍复眼时，以蜻蜓为例，把它同人眼相比，说明它没有眼球，不能转动，靠头部的转动朝向物体，表面是一层比较硬的半透明角膜，边缘与头部边缘融为一体。最后概括起来说明，复眼构造的特点是"精巧"；功能的特点是"奇异"，在某些方面为人眼所不及。通过举例与比较突出了人和动物眼睛的不同特征，给人留下了深刻的印象。

本文还运用了分析说明和综合说明。分析说明通常指对某一说明对象按照不同的角度或层次分开来说明。如本文对眼睛的说明，一般的眼睛(人眼、蛙眼、鹰眼)特殊的眼睛——复眼(蜻蜓、象鼻虫、蜜蜂、苍蝇)。综合说明是从总体上对一个事物作概括的说明(1—3自然段)(10自然段)(15—16自然段)。

本文语言准确、严密。文章在介绍视觉仿生学的一系列研究成果时，用词特别准确、严密。对其中取得较好效果的，如"复眼透镜"，作者就具体介绍它的特殊作用，指出它"大大提高了工效与质量"，对有些虽已制成但效果尚不理想的，如"人造眼"，作者在介绍它的用途后，同时强调它还需要"进一步完善"，对于有些仅仅得到某种启示，尚未研制成仪器或机器的，如"电子鹰眼"，作者就连用"如果……就能够""如果……就有可能""如果……就可以"三个假设关系的复句来表示，说明只是一种假设，并未变成现实。这样实事求是反映发展现状的写法，是科学说明应当遵循的原则。

# 参考答案（仅供参考）

## 《我国古代的几种建筑》

（1）"厅"的性质、功用、体量、装修、造型、前后布置。

（2）从功用上说明了"堂"这种建筑，它是"长者居住的地方，也常作为举行家庭重要庆典的场所。""在离宫型园林中，供居住用的那一部分建筑也往往称为堂"。

（3）说明了"楼"的特点："重屋曰楼"重檐之屋。

（4）文章从用途这一角度介绍了三种不同用途的阁，它们是收藏贵重文献的建筑，观赏风景用的建筑，供奉高大佛像的多层建筑。

（5）介绍"亭"时，文章着重从用途和体型方面介绍。"亭"的用途分为两种：一是"供游人在内停留小憩的得景建筑"还有一用途是"供游人自外观赏的点景建筑"。"亭"又是整个园林景点之一，是其点缀之景。

（6）"榭"的突出特点：建在水边。说明了它在制式上的特点；体型：多是长方形或近于方形的单层建筑；结构：轻巧，歇山屋顶、支撑柱、坐凳栏杆。

（7）在介绍"轩"时与"亭"进行了比较：在轩中往往陈设简单家具，这是与亭不同的地方。它的风格自由并举例说明。

## 《物种起源导言》

（1）使读者知道书中的结论不是自己"轻率"得出的，而是经过严肃认真的研究。

作者从"远航"到"现在"，从"考察"到"研究"，从感性到理性，从纲要到全书，历经 20 多年，可以看出达尔文的严谨、审慎态度，长期刻苦钻研——对真理的追求坚持不懈、持之以恒的精神。

（2）一从主观方面说：《物种起源》作为进化论的绪论部分的研究工作"将近结束"；进化论的全部研究计划的完成需要更多岁月，由于体弱多病，要早日出版。二是从客观方面说：华莱斯写了关于生物进化的论文，迫使达尔文早日发表自己二十多年的研究成果。

（3）是缺点。作者紧接着说明今后的打算，"详尽地刊出"，避免使别人"得到完全相反的结论"，反映出达尔文对理论著作严肃、审慎的态度及知之为知之，不知为不知的谦逊的精神。

（4）要想了解"生物变异及相互适应的原因和方法"就不能单凭一方面的条件。

（5）家养变异的意义，即为处理"生物变异及相互适应的原因和方法"的问题和其他一切复杂事件提供最良好最可靠的线索。

（6）物种是由以前别的种演变而来的，而不是分别创造出来的；自然选择是物种变异的最重要的条件。

### 《千篇一律与千变万化》

（1）看副标题就可知道，文章要谈的是"音乐、绘画、建筑之间的通感"。"音乐、绘画、建筑之间的通感"指的是这两者之间的统一。

（2）音乐是一种时间持续的艺术，音乐的重复是指它的主题，变化是指它的变奏，作者举了舒伯特的"鳟鱼"五重奏为例加以说明。

（3）几乎所有的舞蹈都在变化中有重复，这重复就是指动作的重复。

（4）这一列和另一列柱在高低大小上略有不同，但每一根柱子都是另一根柱子的完全相同的简单重复。

（5）在时间持续的同时，空间也连续着"流动"，空间与时间，重复与变化的辩证统一在北京故宫中达到了最高的境界。

（6）空间与时间，重复与变化的辩证统一。

（7）"每一条街都是一轴'手卷'、一首'乐曲'"这句话生动形象地说明了街道千篇一律和千变万化的统一给人的美感。

（8）"'损人'且不'利己'"一句在文中的含义指一些街道上的房子互不和谐，相互减色。

### 《蜘蛛》

（1）指的是文中所说的"这种昆虫的天生形体，是为了战斗，不仅和其他昆虫，而且和它们同类相斗"。

（2）头和胸覆以天然的坚硬甲胄；身躯裹以柔韧的皮甲；与龙爪类似的强壮的腿部末端，简直像矛一般的长脚爪；宽大透明的几只眼睛；嘴巴上还装备一把钳子；编织的网；一种能拉出粗细均匀的丝的胶质液体。

（3）指的是善于织网的蜘蛛。

（4）与第 12 段写蜘蛛去侵占别的蜘蛛的领地的内容相呼应。表现的是失去织网能力的蜘蛛的行为。

（5）使用了拟人的修辞手法。

（6）结网和捕虫两个方面。

（7）一是势均力敌、反败为胜；二是克敌制胜、稳操胜券；三是无可奈何、主动放弃。

### 《野草芳菲人难识》

（1）第 1 自然段介绍古今文人用草来抒发情怀、表达意志。作者分别以《楚辞》、白居易诗和夏衍的《野草》为例进行具体说明。

（2）第 2 自然段介绍农民对草的认识及现代人除草、灭草的行为。这一段与第 1 自然段形成了正反对比，也表明了草所面临的厄运，为下文的具体介绍做铺垫。

（3）介绍草可以做食物，还可以入药。

（4）数字说明。

（5）草可以净化人们的心灵，陶冶人们的情操，给人们以美的享受。

（6）这一段看似与人类生活关系不大，实则不然。有了富饶美丽的草原，才会有人类生活的美好自然环境；有了富饶美丽的草原，才会有膘肥体壮的牛马羊群；有了膘肥体壮的牛马羊群，才会有人们富裕美满的幸福生活。

（7）引用陶行知的两句歌词"现在看来也并不完全对了"，用来丰富文章内容，强调种草的重要作用。

### 《南州六月荔枝丹》

（1）"南州六月荔枝丹"这个标题，包含了荔枝的生长地域、成熟的时间、以及鲜明的色泽，可以激发读者丰富的联想；并且它是引用明朝诗人陈辉《荔枝》中的一句诗，具有浓厚的文学气息，同文章的语言风格是一致的，比用"荔枝"作标题要好。

（2）用幼年时对荔枝的疑问引出说明的对象，提出要说明的问题，是全文展开说明的总纲。

（3）第 8 段介绍了荔枝的贮运，很明显，贮运不属果实的范畴，但贮运主要是为了保持荔枝肉的鲜美，与果实关系甚密，所以放在"肉"后一并介绍。

（4）第 12 段用现在知道的 13 种讲荔枝的古书，特别是"蔡谱"，更有力地说明荔枝原产地在我国。

（5）宋徽宗移荔枝于宣和殿的典故，主要用来说明荔枝的性喜温暖特点，同时也丰富了文章的内容。

（6）"现代科学发达，使荔枝北移，将来也许不是完全不可能的事"，作者用揣测语气，说将来也许有可能发生这样的事，如果改成"将来是完全可能的事"，就变成了肯定语气，指将来必然产生的事实。

（7）本文最突出的说明方法是引用。引用古诗文、史料、故事多达二十多处，既增强了文章的文学色彩，又充实了文章的内容。比如引用古诗文，引白居易的《荔枝图序》，给人感觉开头新颖，引人入胜，并为后文作者与白居易对荔枝的不同看法提供依据。

### 《现代自然科学中的基础学科》

（1）作者从纵横两方面阐释现代自然科学的重要特点：研究事物、现象的变化发展过程（纵），研究事物相互之间的关系（横）。

（2）天文、地学、生物、数学、物理、化学。

（3）不是，从严密的综合科学体系讲，最基础的是物理和数学两门学问。

（4）化学，研究分子变化的——量子化学（用瓶瓶罐罐做实验）——计算化学（掌握了物质世界里头的原子运动规律，靠电子计算机计算）

（5）天文学，研究内容是"现在的天文学，不光是研究太阳、星星、月亮在天上的位置和运行规律，还要研究星星里头的变化，研究宇宙的变化"。

（6）研究三个发展阶段，生物学地球观——化学地球观——物理学地球观。

（7）生物学，分子生物学的研究内容已经不是过去那样研究细胞核、细胞膜、细胞质，而是一直追到分子，把生命现象看作是分子的运动，分子的组合和变化过程。

（8）物理研究物质运动的基本规律，数学在研究过程中起到演算和逻辑推理的作用。

### 《春天从哪一天开始》

（1）通过生动而美好的春天景象的描写，唤起读者对春天的感知。丰富了文章的内容，吸引了作者的阅读兴趣，为下文提出问题做了铺垫。

（2）这是因为阴历是以月亮的盈亏来计算月份的；而季节的变迁应当以地球的运行为依据。

（3）因为前提是"如果光以天文学上地球运转为依据"，从下文看，应该还有其他更为正确的依据。

（4）原来我们感到气候的冷热，并不是直接随着太阳光的角度变化而变化的，而是随大地接收到太阳光的照射后，放出热量的多少而变化的。

（5）以气温变化来决定季节。

## 《景泰蓝的制作》

（1）缘由是"看了景泰蓝的制作过程"，"景泰蓝是多数人喜欢的手工艺品"。

（2）"点蓝"现已失去它的本来意义，如果去掉"当时"，就没有了明确的时间界限，不能体现现在是沿用传统叫法这一特点，人们对这一术语的含义就会模糊不清，甚至对其准确性产生怀疑。

（3）文章通过"放""拿""送""提"几个动作着重介绍其操作过程，简略而生动。

（4）文中"全部是手工"，用"全部工作"四个字结束了整个制作过程的介绍，又简要叙述了手工操作这一贯穿全过程的主要特点。"手工操作"，使读者对全过程留下了总的印象。

（5）六道工序：制胎—掐丝—点蓝—烧蓝—打磨—镀金。

（6）文章自始至终扣住景泰蓝制作过程中手工操作这一特点，制胎——"打"，掐丝——"粘"，点蓝——"填"，烧蓝——"烧"，打磨——"磨"，镀金——"镀"。开头点明景泰蓝是"手工艺品"，结尾一再强调"全部工作是手工"。文章突出"手工"特点，高度赞扬了作坊工人的聪明才智和他们的辛勤劳动。

（7）介绍六大工序时，很注意各道工序的衔接，注意使用起过渡作用的词句。

第1段末总提"现在把它的制作过程说一说"；第2段由"拿红铜作胎"开始介绍制胎；第3段开头点出"制胎"这一术语；第4段开头"第二步工作叫掐丝"，交代出工序名称，4至9段详细介绍之后，第10段开头用"于是轮到涂色料的工作了，他们管这个工作叫点蓝"，承上启下，转入第三道工序；第14段开头"现在该说烧的工作了"标志着第四道工序的开始；第15段"涂了三回烧了三回以后，就是打磨的工作了"；第16段"可是全部工作还没完，还得镀金"等句都起过渡的作用；第17段"全部工作是手工"一句以"全部"二字结束了整个制作过程的介绍，极富条理性。

## 《苏州沧浪亭》

（1）非封闭式园外一笔，妙手得之，一水萦带。

（2）园内园外，似隔非隔，山崖水际，欲断还连。

（3）表现园中园林之美使人产生向往之情。

（4）不能。"现存"一词起时间限定作用，因为沧浪亭未必是苏州事实上最早的园林。

（5）外貌非属封闭式；是个面水园林，可是园内则以山为主，山水截然分园内园外，似隔非隔，山崖水际，欲断还连；园林苍古，在于树老石拙，唯此园最为突出园多乔木修竹。

## 《沙漠里的奇怪现象》

（1）这两位都是历史上的知名人物，万里跋涉走过各处，他们对沙漠的感受集中表现了古人对沙漠的认识和情感。此外，他们的故事让读者了解了沙漠的一些奇怪的现象，也激起了读者探求真相的欲望，引出下文，增强文章的生动性。

（2）不能。因为这样写说明了说明文语言的准确性，去掉之后就与实际不符了。

（3）揭示事物奥秘并非易事，科学发现需要付出艰苦的脑力劳动。

（4）沙漠中地面被太阳晒得酷热；贴近地面一层空气温度比上面一两米温度高许多；因光线折光和反射的影响使人们产生了错觉。

（5）这是一个递进句，有承上启下的作用，引出了对更为奇怪的"声音作怪"的现象的研究。

（6）产生这一现象的条件有：①面部沙子细而干燥；②含有大量石英；③晒得火热；④沙粒移动摩擦。

（7）文章主要描述了沙漠里的两种奇怪现象，一是"魔鬼的海"和"海市蜃楼"，二是"鸣沙"。

## 《神奇的极光》

（1）附宝感极光而孕黄帝、《山海经》中关于触龙的记载、西方伊欧斯的传说。

（2）说明在很早的时候，人们对作为一种自然现象的极光已经有了观察。

（3）极光卵、极光区和极盖区。

（4）20世纪60年代以前。从"直到20世纪60年代"可以看出。

（5）①极光是地球外面燃起的大火；

②极光是红日西沉后，透射反照出来的辉光；

③极光是极地冰雪释放出来的太阳光。

（6）极光是磁层（地磁场被太阳风包裹着形成的）将进入高空大气的太阳风粒子流汇聚成电子束打入极区高空大气层时，激发大气的分子原子发光的现象。

（7）极光是太阳风粒子流在磁层的作用下，汇聚成束被极区大气中分子和原子激发而产生的，形态各异、色彩繁多、亮度变化大，主要分布在极区附近的一种光学现象。

## 《吃人的动物》

（1）人类早已成为我们这个星球的主宰。

（2）因为这里野牲资源贫乏，人类社会压力较大。

（3）不可以去掉，因为吃人豹在我国没有什么例子，但并不等于绝对没有，去掉后意思表达就不够准确了。

（4）拟人。

（5）第一，用来说明湾鳄是吃人的动物，第二为下文写它在其他地方存在作铺垫。

（6）拿鳄与蟒做比较，用以说明蟒袭击人的机会是很少的。

（7）表限止语气，用以说明吃人的鲨很少，只有两种。

（8）形象生动地说明了鱼类中吃人的动物，丰富了文章的内容，增添了文章的情趣。

## 《蝉》

（1）其实它的动作简直像矿工或铁路工程师。矿工用支柱支撑隧道，铁路工程师用砖墙使地道坚固。蝉同他们一样聪明，在隧道的墙上涂上水泥。它身子里藏了一种极黏的液体，可以用来做灰泥。

（2）地穴常常建筑在含有汁液的植物根须上，为的是可以从那里取得建筑用的汁液。

（3）"臃肿"，言其肥大而笨，写出它的形态，因其大故能贮满汁液。"肥重"，言其重，因其重，故能把烂泥挤进干土的罅隙。

（4）外层的皮开始由背上裂开，里面露出淡绿色的蝉体。头先出来，接着使吸管和前腿，最后是后腿与折着的翅膀。这时候除掉尾部，全体都出来了。

（5）是为了防御某种特别的危险——蚋。

（6）危险重重——只要有一点风就能把它吹到硬的岩石上，或车辙的污水中，或不毛的黄沙土，或坚韧得无法钻下去的黏土上。天冷了，迟缓就有死亡的危险。（许多是在没有找到以前就死去了。）

（7）拟人。

## 《眼睛与仿生学》

（1）视觉仿生的依据是眼睛，而人们最熟悉、印象最深刻的，便是人的眼睛。所以作者先从人眼的构造和功能及其在仿生学中的意义谈起，然后再谈其他动物的眼睛及其特殊功能。这样的说明顺序易于为读者理解。

（2）比较说明的方法。拿人眼与照相机比较。先用"人眼的光学系统跟照相机十分类似"，极简略地说明两者的相似处，再介绍不同处。

（3）对比手法。

（4）敏捷地发现具有特定形状的运动目标，准确地确定目标的位置、运动方向和速度，并能选择最佳的攻击时刻。

（5）否。虾、蟹、蜂、蚁、蝇等节肢动物的眼睛都是复眼。

（6）仿生学是在生物科学与技术科学之间发展起来的，用生物体结构与功能的原理，去改善现有的或创造新型的机械系统、仪器设备、建筑结构和工艺过程的一门新兴边缘科学。

# 说明文的概念

## 一、说明文知识概说

说明文是客观地说明事物的一种文体，以解说或介绍事物的形状、性质、成因、构造、功用、类别等或物理的含义、特点、演变等为主要内容。通过对实体事物的解说，或对抽象事理的阐释，使人们对事物的形态、构造、性质、种类、成因、功能、关系或对事理的概念、特点、来源、演变、异同等有所认识，从而获得有关的知识。

说明文说明目的在于给人以知识，或说明事物的状态、性质、功能的特征，或阐述事理。说明文以说明为主要表达方式来解说事物、阐明事理，兼用记叙、描写、议论。它通过揭示概念来说明事物特征、本质及其规律性。说明文的中心鲜明突出，文章具有科学性、条理性，语言确切生动。

如果我们读到下面这样一篇文章，看题目"3D打印的革命性"，立刻就会生出许多疑问：什么是"3D打印"呀？因为它毕竟是这个时代的新鲜事物，读过文章，可能就接受了新知识；为什么称它为"革命性"呢？这个该是它的意义和价值了吧，读过文章后，会不会对它产生浓厚兴趣呢？这种打印技术与现有的技术有什么不同？在科学日新月异发展的今天，这种技术一定会走进我们的生活，为我们服务，不懂一定不行……这种种疑惑，如果在读过文章后明白了，那就表明文章真正"说明"了，我们也读懂了。否则，作者与读者的交流就有了障碍。

### 3D打印的革命性

3D打印源自100多年前的照相雕塑和地貌成形技术，是一种不需要传统刀具和机床就能打造出任意形状、根据物体的三维模型数据制成实物模型的技术，被认为是一项改变世界的新技术。

3D打印使用的不是传统的"墨"，而是那些能发生固化反应的材料，比如树脂、塑料、陶瓷、金属等，因而能"打印"出实实在在的三维立体模型，就像童话中的"复制机"一般神奇。这将使工厂彻底告别车床、冲压机、制模机等传统工具，从而转变为一种以 3D 打印为基础的成本更低、研发周期更短的生产方式。英国《经济学家》杂志曾刊发题为《第三次工业革命》的文章，称 3D 打印标志着第三次工业革命的到来。以目前的发展情况判断，3D 打印之后，必将是社会制造业的迅猛崛起。

据报道，国外目前已经通过 3D 打印技术成功地"打印"出了自行车、汽车、电控飞行器等物。现今，3D 打印也应用于珠宝制造和模型制作，在时装业、电影业、建筑业等 10 多个不同的行业显示出了十足的魅力，并大大改变了美国制造业的格局。其实，众多的 3D 打印创业者此前早已落户以虚拟经济著称的纽约市，即便在 2008 年金融危机的情况下，3D 打印还是拉动了当地的萧条经济，为经济增长贡献了力量。

3D 打印的应用并不止于工业制造，它在医学界也有着广阔的发展前景。如果它用来打印的"墨"是一个个活体细胞，那么，只要获得相关器官的切片数据，该器官就可以被"打印"出来。这并非天方夜谭，<u>在去年举行的全球科技娱乐设计大会（TED）上，美国维克森林再生医学院博士安东尼就向人们展示了这样一个肾脏模型打印的过程。据他介绍，他们正在进行一个更大胆的试验，直接用打印机在人体伤口上进行修复式"打印"，如果取得成功，这将是医学领域的重大进展</u>。

文章读过了，我们应该相信它是能"说明"的，但我们读懂了没有？作为考题，主要是文章用来考查我们的阅读的。正确作答，就表明我们真的读懂了。然后，以文章的写法为范，可以做我们自己的文章了。

1. 下面对选文内容的理解与分析，不正确的一项是：

A. 第二段画线句子运用了打比方的说明方法，生动形象地说明了 3D 打印机能精准地"打印"原物的特征。

对该题正误的判断，涉及说明文概念中的"说明方法"。说明方法是说明文中一项重点知识，任何一篇说明文，运用到的说明知识应该是多种。根据说明对象和说明目的需要采取不同的方法进行说明。

B. 第二段中"3D 打印标志着第三次工业革命的到来"的表述，很好地佐证了第一段末尾"（3D 打印）被认为是一项改变世界的新技术"的说法。

这一选项的判断告诉我们，解读说明文和阅读其他文体的文章一样，必须具备一定的文法段法的相关知识和能力，它涉及的应该是说明文的条理性。

C. 第四段画线句子运用了举例子的说明方法，印证了前面"如果它用来打印的'墨'是一个个活体细胞，只要获得相关器官的切片数据，该器官就可以被'打印'出来"这一说法。

这项应该是前两项所考查知识能力的综合。

D.3D 打印可以广泛地应用于不同行业，选文介绍了它在工业制造领域的应用情况。

这项考查涉及的是说明文的说明对象和范围。如果正面理解，就应该回答这样的问题：根据本文介绍，3D 打印主要应用于哪些方面？

本小题的答案应该是 D 项，因为从本文说明的 3D 打印技术的应用领域来看，除了选项中说的"工业制造领域"外，还有"在医学领域的应用情况"。

2. 结合选文，请找出 3D 打印的优点有哪些（不少于两点）。

这个题考查的，就是题目中的"革命性"的内涵。和以前的其他打印技术相比较，它到底发生了哪些变化，有了什么进步，能代表打印技术的前景吗？它涉及的是说明文对象的特征。

通过对全文内容的分析和理解，可以把文中谈到的相关内容按题目要求做出以下归纳：（1）3D 打印使用的不是传统的"墨"，而是那些能发生固化反应的材料；3D 打印是一种成本更低、研发周期更短的生产方式；（2）3D 打印带来了制造业的迅猛崛起，为经济增长贡献了力量；（3）3D 打印能打印出器官，可在人体伤口上进行修复式"打印"，在医学界有着广阔的发展前景。

3."3D 打印与普通打印机的工作原理基本相同，只是打印材料有些不同"中的加点词语"基本"能否删除？为什么？

这个题涉及的是说明文的语言特点，具体说，就是准确性。"基本"一词看似含糊，实则准确，修饰限制性的副词的使用一般具备这个特点。既然是限制性的，而且能够表现说明语言的准确性，就不可删除了。学习说明文，"语言"特点是不可少且极重要的一项知识。

4.3D 打印技术有着广阔的发展前景，将给我们的生活带来许多便利。除文章所举的例子外，请你再举出两个生活方面的具体例子。

这是一道活学活用的考查题，看上去比较开放，其实必须是建立在真正掌握"3D 打印技术"这个概念的基础上，所举的例子也得符合"有着广阔的发展前景"和"将给我们的生活带来许多便利"两个条件。

真正读懂这篇文章，还会涉及说明文的许多概念。比如文体的具体分类，选择说明的角度，说明对象的概念（定义），说明时的顺序等。由此看来，学会写作前先学会阅读，学会阅读前先得掌握说明文的相关概念知识。

说明文主要是通过对客观事物或事理的介绍说明，达到以知识教人的目的。

与记叙文、议论文相比，说明文更强调科学性、客观性。说明文以客观、准确为基本要求，强调知识性和科学性。

说明文的范围比较广泛，如科普读物、知识小品、解说词、说明书等均属于说明文。

根据概念，我们可以对说明文做出以下两方面的理解：

1.所谓说明文，就是以说明为主要表达方式来解说事物、阐明事理而给人以知识的文章，它通过对实体事物的解说，或对抽象事理的阐释，使人们对事物的形态、构造、性质、种类、成因、功能、关系或对事理的概念、特点、来源、演变、异同等有所认识，从而获得有关的知识。以说明为主是说明文与其他文体从表达方式上相区别的标志。

如《海洋是未来的粮仓》一文：

人口剧增，资源短缺，这是当今人类面临的最严重的环境问题之一。显然，能否妥善地解决这一问题，直接关系到人类未来的生死存亡。

资源短缺的表现之一，是可耕土地资源不足，粮食生产的增长赶不上人口的增长。正是出于这样的考虑，许多人纷纷发出警告：地球将无法养活超过 100 亿的人口。然而，一些乐观的人士反对这种危言耸听的说法。他们认为，虽然陆地上可耕地的开发已近极限，但地球还有广阔的海洋可供开发，大海完全有可能成为人类未来的粮仓。

读这篇文章，我们可获知大海对我们食物的重要性，它教给我们怎样从大海中获取粮食，而不是告诉我们在大海中发生了什么事，也不是借大海来抒发我们的某种感情。

2.在各种文章样式中，说明文体是一种相对独立的类别。在人们的社会生活中，说明文越来越显示出它的重要作用和实用价值。现实生活充分表明，说明文不是一种无足轻重的文章形式，而是运用极为广泛的常用文体，它与人们的生产、工作和生活的关系相当密切，而且由于社会生活的需要，说明文正在大量涌现。

看下面说明文的片段，就能知道它在我们的生活中起到什么样的作用了。

1.附生现象是指两种生物虽紧密生活在一起，但彼此之间没有营养物质交流的一种生命现象。

2.星座能影响人的性格吗？

3.在超市里买东西的时候，你会主动去看包装上的食品说明吗？怎么看懂食品说明，要看的是哪些项目？

4.我们都知道细菌无处不在，即使是我们认为洗得很"干净"的手上也充满了细菌。虽然多数细菌是无害的，但再多无害甚至有益的细菌，也改变不了有害细菌让我们寝食难安的事实。

5.宣德炉从宣德时期开始烧造，一举成功，此后五百年来名声不减，以至于不管哪个朝代铸造的这种铜炉，都叫宣德炉。这一点跟景泰蓝一样。

6.丝绸之路，简称丝路，是指西汉时，由张骞出使西域开辟的以长安（今西安）为起点，经甘肃、新疆，到中亚、西亚，并联结地中海各国的陆上通道。

7.蜘蛛是地球上最古老的生物之一。人类祖先很早就知道蛛丝强韧耐用，可以用它织成渔网。今天，波利尼西亚、汤加等太平洋岛国的居民，仍在使用这种原始工具捕鱼。

8.2011年12月，美国密歇根大学的昆虫学家希恩等人通过全球顶级学术杂志《科学》，向全世界公布了一个重大发现——和人类一样，纸巢蜂能够认识同伴的脸孔！

下面我们试着从说明这种表达方式的角度，按说明文的发展历史来了解一下所谓说明文的概念。

我国有文字记载的历史是漫长的，一直没有说明文的名称。《尚书》以后，文化典籍浩如烟海。先是叙述与描写逐渐发达：从《诗经》中搜集到的叙事诗，到《春秋》及其《左传》故事与《国语》言论，再到诸子百家、楚辞、秦汉散文，说明性的文字只是零散地分布在叙述、描写类文章之中，况且只是片言只语，配合叙事与描写而出现。比如《弹歌》，是一首远古时期的歌谣。

《弹歌》：断竹，续竹；飞土，逐宍。（宍：古字的"肉"字）

诗中原意是：断竹——就是把竹子断开，续竹是把竹子用皮子或绳子连接起来做成弓；飞土，就是用土捏成弹丸，逐宍（肉），就是用做成的弹弓去打猎。

这是一首远古民歌，反映了原始社会狩猎的生活。这首民歌，用精练的语言概括了"弹"生产制造的过程和"弹"的用途，表现了劳动人民的智慧和聪明，用"弹"来猎取食物的喜悦心情。

"断竹，续竹"，是歌咏"弹"的生产制作过程。这就是先将竹竿截断，然后用弦将截断的竹竿连接两头制成弹弓。这样，"弹"的制作完成了。一副"弹"便摆在了我们面前，虽是简单、粗糙的，但却表现了劳动人民的智慧和聪明才智，也表明了社会文明的进步。

有了"弹"，一场狩猎活动开始了："飞土，逐肉"。一颗颗弹丸从弹弓中射出，击中了一只只猎物，人们欢乐地追逐着，满载而归。"飞土"，是指将泥制的弹丸射出。"逐肉"是说猎手们追赶被击伤的鸟兽之类的猎物。

再看《诗经》里描绘周文王的祖父率领部族在岐山脚下建立国家的情景。

敛土盛土，其声沙沙；填土倒土，其声轰轰；捣土夯土，其声登登；削高拍平，其声砰砰；百堵垣墙，一齐动工；丈二大鼓，难胜其声。

从诗中不难看出，这既是对劳动场面的描写，也是对整个劳动工序的说明。

先秦时期，《山海经》主要介绍地理知识，因而数量较多地出现了不少"说明"文。比如这些篇目：

山经：南山经、西山经、北山经、东山经、中山经

海经：海外南经、海外西经、海外北经、海外东经、海内南经、海内西经、海内北经、海内东经、大荒东经

到了汉代，司马迁的《史记》中有"十表"与"八书"，这才完整地出现了"说明"的文章品类。《史记》中的"表"虽不算是规范的文章，但其功能完全是"说明"；"八书"已经是名副其实的说明文了。从这个意义上来说，司马迁应该是我国说明文的开山祖师了，在古代，他最早这样完备而详细地写出如此规模的说明文。

《史记》中的表，相当于我们历史课本中的"大事年表"，主要记录某一历史时期发生的一些大事，对于想了解这段历史的人来说，当然是求之不得的好资料了。

"书"是个别事件的始末文献，它们分别叙述天文、历法、水利、经济、文化、艺术等方面的发展和现状，与后世的专门科学史相近。如《律书》中的一段话：

律数：九九八十一为宫。三分去一，五十四以为徵。三分益一，七十二以为商。三分去一，四十八以为羽。三分益一，六十四以为角。

（译文）律数：五声之间的比例关系，以九九八十一作为宫的大小，将八十一分为三分，除去一分，余二分得五十四就是徵。将五十四分为三分，加上一分，得四分，为七十二，就是商。把七十二分为三分，除去一分，余二分为四十八就是羽。将四十八分为三分，加上一分，得四分为六十四就是角。

汉赋是汉代的重要文章形式，虽然它的主要表达方式并不是说明，但其兴盛也带动了说明类表达手法的发展，这一时期，说明手法得到了一定的"进步"。如《鹦鹉赋》片段：

惟西域之灵鸟兮，挺自然之奇姿。体金精之妙质兮，合火德之明辉。性辩慧而能言兮，才聪明以识机。故其嬉游高峻，栖跱幽深。飞不妄集，翔必择林。绀趾丹觜，绿衣翠衿。采采丽容，咬咬好音。虽同族于羽毛，固殊智而异心。配鸾皇而等美，焉比德于众禽？

（译文）这是来自西域的灵鸟啊，它具有自然而奇特的身姿。洁白的羽毛体

现它绝妙的气质啊，火红的嘴喙闪耀着明亮的光辉。性情智慧而善于人言啊，才智聪明而常有预见。因此它嬉游于高山峻岭，栖立于幽谷深林。高飞时不胡乱集群，翱翔时必选择佳林。深青带赤的脚趾配以红红的嘴，碧绿的衣衫饰以青翠的彩衿。神采奕奕的美丽容颜，更有清脆美妙的鸣声。虽同属于鸟类一族，却有着不同的智慧和相异的心性。它有资格与凤凰媲美，其他的鸟儿怎么能与之比较德行？

这段文字的意旨主要在于描摹鹦鹉的外貌和习性，但我们可以看出它明显地穿插了说明手法。由此可见，要达到描写或赞颂的写作目的，有时还必须依赖说明手法。

南北朝时期，出现了我国第一部农业百科全书《齐民要术》，它是综合性农书，中国古代五大农书之首，记述了黄河流域下游地区，即今山西东南部、河北中南部、河南东北部和山东中北部的农业生产，概述农、林、牧、渔、副等部门的生产技术知识。它是我国第一部说明文巨著，我国说明文文体发展史上的又一座里程碑式的创造。下面是这部书中的一些谚语：

1. 天气新晴，是夜必霜。

2. 有闰之岁，节气近后，宜晚田。

3. 耕锄不以水旱息功，必获丰年之收。

4. 湿耕泽锄，不如归去。

5. 以时及泽，为上策也。

6. 有闰之岁，节气近后，宜晚田。

7. 大率欲早，早田倍多于晚。

8. 小雨不接湿，无以生禾苗；大雨不待白背，温辗则令苗瘦。

这些谚语凭着科学性，不仅在当时对人们的工作和生活具有积极的指导意义，即便在今天，也有着极高的参考价值。

随着北宋科学技术的发展，以说明表达手法为主写成的巨著《梦溪笔谈》，可以说全面地夯实了说明文的文体基础。该书中的《活板》就是经典的说明文例文。

### 活板

板印书籍，唐人尚未盛为之。五代时始印五经，已后典籍皆为板本。

庆历中有布衣毕昇，又为活板。其法：用胶泥刻字，薄如钱唇，每字为一印，火烧令坚。先设一铁板，其上以松脂、蜡和纸灰之类冒之。欲印，则以一铁范置铁板上，乃密布字印，满铁范为一板，持就火炀之，药稍熔，则以一平板按其面，则字平如砥。若止印三二本，未为简易；若印数十百千本，则极为神速。常作二铁板，一板印刷，—板已自布字，此印者才毕，则第二板已具，更互用之，瞬息可就。每一字皆有数印，如"之""也"等字，每字有二十余印，以备一板内有重复者。不用，则以纸帖之，每韵为一帖，木格贮之。有奇字素无备者，旋刻之，以草火烧，瞬息可成。不以木为之者，文理有疏密，沾水则高下不平，兼与药相粘，不可取；不若燔土，用讫再火令药熔，以手拂之，其印自落，殊不沾污。

昇死，其印为予群从所得，至今保藏。

（译文）用刻板印刷书籍，唐朝人还没有大规模采用它。五代时才开始印刷五经，以后的各种图书都是雕版印刷本。

庆历年间，有位平民毕昇，又创造了活板。它的方法是用胶泥刻成字，字薄得像铜钱的边缘，每个字制成一个字模，用火来烧使它坚硬。先设置一块铁板，它的上面用松脂、蜡混合纸灰这些东西覆盖它。想要印刷，就拿一个铁框子放在铁板上，然后密密地排列字模，排满一铁框就作为一板，拿着它靠近火烤它；药物稍微熔化，就拿一块平板按压它的表面，那么所有排在板上的字模就平展得像磨刀石一样。如果只印刷三两本，不能算是简便；如果印刷几十乃至成百上千本，就特别快。印刷时通常制作两块铁板，一块板正在印刷，另一块板已经另外排上字模，这一块板刚刚印完，那第二板已经准备好了，两块交替使用，极短的时间就可以完成。每一个字都有几个字模，像"之""也"等字，每个字有二十多个字模，用来防备一块板里面有重复出现的字。不用时，就用纸条做的标签分类标出它们，每一个韵部制作一个标签，用木格储存它们。有生僻字平时没有准备的，马上把它刻出来，用草火烧烤，很快可以制成。不拿木头制作活字模的原因，是木头的纹理有的疏松有的细密，沾了水就高低不平，加上同药物互相粘连，不能取下来；不如用胶泥烧制字模，使用完毕再用火烤，使药物熔化，用手擦拭它，那些字模就自行脱落，一点也不会被药物弄脏。

毕昇死后，他的字模被我的堂兄弟和侄子们得到了，到现在还珍藏着。

明代开始，我国发生了资本主义萌芽，社会经济的发展对文学提出了新的要求，"说明"这种表达方法成为科学技术发展的重要助力与媒介，说明文于是蓬勃发展起来。李时珍的《本草纲目》就是以说明为主要表达手法写成的医学巨著。到了明朝末年，出现了《核舟记》这样的经典作品。

## 核舟记

### 魏学洢

明有奇巧人曰王叔远，能以径寸之木为宫室器皿人物，以至鸟兽木石，罔不因势象形，各具情态。尝贻余核舟一，盖大苏泛赤壁云。

舟首尾长约八分有奇，高可二黍许。中轩敞者为舱，箬篷覆之。旁开小窗，左右各四，共八扇。启窗而观，雕栏相望焉。闭之，则右刻"山高月小，水落石出"，左刻"清风徐来，水波不兴"。石青糁之。

船头坐三人：中峨冠而多髯者为东坡，佛印居右，鲁直居左。苏黄共阅一手卷，东坡右手持卷端，左手抚鲁直背；鲁直左手执卷末，右手指卷，如有所语。东坡现右足，鲁直现左足，各微侧，其两膝相比者，各隐卷底衣褶中。佛印绝类弥勒，袒胸露乳，矫首昂视，神情与苏黄不属；卧右膝，诎右臂支船，而竖其左膝，左臂挂念珠倚之，珠可历历数也。

舟尾横卧一楫。楫左右舟子各一人：居右者椎髻仰面，左手倚一衡木，右手攀右趾，若啸呼状；居左者右手执蒲葵扇，左手抚炉，炉上有壶，其人视端容寂，若听茶声然。

其船背稍夷，则题名其上，文曰："天启壬戌秋日，虞山王毅叔远甫刻"。细若蚊足，钩画了了，其色墨。又用篆章一，文曰："初平山人"，其色丹。

通计一舟，为人五；为窗八；为箬篷、为楫、为炉、为壶、为手卷、为念珠，各一；对联题名并篆文，为字共三十有四；而计其长，曾不盈寸。盖简核桃修狭者为之。嘻！技亦灵怪矣哉！

译文：明朝有个特别手巧的人名叫王叔远，能够用直径一寸的木头，雕刻房屋、器具、人物，以及鸟兽、树木、石头，没有不顺着木头原来的样子模拟那些东西的形状，各有各的情态。王叔远曾经赠送给我一个用桃核雕刻成的小船，原来刻的是苏东坡坐船游览赤壁。

船从头到尾长大约八分多一点，高大约两粒黍子左右。中间高起并开敞的部分，是船舱，用箬竹叶做成的船篷覆盖着它。旁边开着小窗，左右各有四扇，一共八扇。打开窗户来看，雕刻有花纹的栏杆左右相对。关上窗户，就看到右边刻着"山高月小，水落石出"，左边刻着"清风徐来，水波不兴"，用石青涂在刻着字的凹处。

船头坐着三个人，中间戴着高高的帽子并且有很多胡须的人是苏东坡，佛印在他的右边，鲁直在他的左边。苏东坡、黄鲁直一起看一幅书画横幅。苏东坡用右手拿着书画横幅的右端，用左手轻抚鲁直的脊背。鲁直左手拿着横幅的末端，右手指着书画横幅，好像在说什么话。苏东坡露出右脚，黄鲁直露出左脚，各自略微侧着身子，他们互相靠近的两个膝盖，各自隐蔽在书画横幅下面的衣褶里面。佛印极像弥勒菩萨，敞开胸襟露出两乳，抬头仰望，神态表情和苏东坡、黄鲁直不相关联。佛印平放着右膝，弯曲着右臂支撑在船上，并竖起他的左膝，左臂挂着念珠靠着左膝，念珠可以清清楚楚地数出来。

船尾横放着一支船桨。船桨的左右两边各有一个船工。在右边的人梳着椎形的发髻，仰着脸，左手靠着一根横木，右手扳着右肢趾头，好像大声呼叫的样子。在左边的船工右手拿着蒲葵扇，左手摸着炉子，炉子上面有个壶，那个人的眼睛正看着茶炉，神色平静，好像在听茶水烧开了没有的样子。

那只船的背部稍微平坦，就在它的上面刻上了姓名，文字是"天启壬戌秋日，虞山王毅叔远甫刻"，（字迹）细小得像蚊子脚，一勾一画清清楚楚，它的颜色是黑的，还刻着篆文图章一枚，文字是："初平山人"，它的颜色是红的。

总计一条船上，刻有五个人；刻有窗户八扇；刻有箬竹叶做的船篷，刻有船桨，刻有炉子，刻有茶壶，刻有书画横幅，刻有念珠各一件；对联、题名和篆文，刻有文字共三十四个。可是计算它的长度，竟然不满一寸原来是挑选桃核中又长又窄的雕刻成的。噫，技艺也真灵巧奇妙啊。

从以上我国文学尤其是说明文的发展历程来看，说明作为一种表达方式，早已存在并被广泛运用，但是，作为一种文体的术语，在这个漫长的历史时期中，并没有被明确提出，古人也并不知道这个文体概念。

近代以来，西方科学技术突飞猛进，其发展成果通过文字等形式不断传入我国。这方面的众多著作，均以说明为主要表达形式而流传于世界，说明文开始进入了兴旺发达的阶段。

说明文这一概念是在写作学发展、文章分类细化的20世纪70年代出现的。

简要了解说明文的发展历程，可以引发我们对古代说明文的认知与重视，增强阅读与运用的自觉性，当然也有助于全面而有效地继承祖国的文化与科学遗产。

古代说明性的文章阅读，在跨越了文言文障碍之后，其方法和现代说明文阅读基本上是一样的。无非就是抓准说明对象、理清结构层次、掌握对象性质特点、了解说明方法等等。古代说明性的文章一般较短，结构层次也并不复杂，只要读通了文句，就能较好地把握。

初中课本中的《核舟记》、高中课本中的《芙蕖》，算是比较长的说明性文章了，但与现代说明文比较起来，还显得非常简单。如果能读懂它们，就说明我们已经具备了一定的阅读说明文的能力。

请看《芙蕖》及试题：

芙蕖与草本诸花，似觉稍异；然有根无树，一岁一生，其性同也。《谱》云："产于水者曰草芙蓉，产于陆者曰旱莲。"则谓非草本不得矣。予夏季以此为命者，非故效颦于茂叔，而袭成说于前人也；以芙蕖之可人，其事不一而足。请备述之。

群葩当令时，只在花开之数日，前此后此皆属过而不问之秋矣，芙蕖则不然。自荷钱出水之日，便为点缀绿波，及其劲叶既生，则又日高一日，日上日妍，有风既作飘摇之态，无风亦呈袅娜之姿，是我于花之未开，先享无穷逸致矣。迨至菡萏成花，娇娇欲滴，后先相继，自夏徂秋，此时在花为分内之事，在人为应得之资者也。及花之既谢，亦可告无罪于主人矣，乃复蒂下生蓬，蓬中结实，亭亭独立，犹似未开之花，与翠叶并擎，不至白露为霜，而能事不已。此皆言其可目也。可鼻则有荷叶之清香，荷花之异馥，避暑而暑为之退，纳凉而凉逐之者生。至其可人之口者，则莲实与藕，皆并列盘餐，而互芬齿颊者也。只有霜中败叶，零落难堪，似成弃物矣，乃摘而藏之，又备经年裹物之用。是芙蕖也者，无一时一刻，不实耳目之观；无一物一丝，不备家常之用者也。有五谷之实，而不有其名；兼百花之长，而各去其短。种植之利，有大于此者乎？

1. 从文中来看，芙蕖就是＿＿＿＿＿＿，又名＿＿＿＿＿＿。

2. "可目"的意思是＿＿＿＿＿＿，芙蕖之"可目"是按照＿＿＿＿＿＿顺序来说明的。

3. "芙蕖之可人"表现在哪几方面？

4. 李渔写荷花和周敦颐写荷花最主要的不同是＿＿＿＿＿＿。

5. 此文和《南州六月荔枝丹》一样，也具有一定的文学性。请举例加以说明。

下面我们对文章和题目作简单的分析：

文章只有两段，全文是总—分—总的结构。

从标题和首段内容来看，第一段提出说明对象——"芙蕖"，从首段末句"请备述之"来看，重点段第二段的内容，表明说明重点——"可人"（即后文归结的"种植之利"）；所以首段为"总"。文章先说明芙蕖与草本诸花"一岁一生，其性同也"；接着引《花圃》介绍芙蕖别名，由下文看来，作者说明的是"草芙蓉"而不是"旱莲"（自荷钱出水之日，便为点缀绿波）；最后表明自己写"芙蕖"不同于周敦颐（茂叔），不是"袭成说于前人"，二是要说明芙蕖的"可人"之处。

从整体结构看，第二段应为"分"，承接"芙蕖之可人，其事不一而足"分项说明，但此段本身也是先分后总的结构。作者先从芙蕖的"可目""可鼻""可口""可用"四方面分别说明，表现出芙蕖与"草本诸花"的不同特点；然后归结，芙蕖"有五谷之实，而不有其名；兼百花之长，而各去其短"，认为"种植之利"，"有大于此者乎？"所以，第二段中末句的"总"，既是对本段内容的收束，也是对全文"可人"这一特点的总结。

作者在说明过程中，运用了分类别和做比较的方法，使说明条理清晰、层次分明，并且鲜明地突出了芙蕖的特点。在说明中，作者还运用了描写、议论、抒情等表达方式，增强了说明的文学性，也表达了作者对"芙蕖"的喜爱赞美之情。

这样，我们就从文体特点上把握了全文。在此基础上，可以试着完成题目，看能否学以致用了。

1题：考查说明对象的确定和理解，由第一段的《花谱》解说和下文的"自荷钱出水"，可知"芙蕖"即"水芙蓉"，也就是"荷花"。

2题：考查重点词义的理解、说明顺序。"可目"这一层描写了荷钱、荷叶、荷花、莲蓬的姿态，说是可以享受"无穷逸致"，即可判定作者说明的是芙蕖的欣赏价值，所以"可目"一定是"适合欣赏"的意思。由"出水""茎叶既生""菡萏成花""花之既谢""乃复蒂下生蓬"可以明白，作者在"可目"这一层中是按照芙蕖的生长过程（或是按顺序）来说明的。

3题：考查段落结构和说明结构。我们对第二段的内容层次进行分析，就可知"可人"包括"可目""可鼻""可口""可用"四个方面。

4题：考查说明的角度，需要运用比较方法。抓住首段"予夏季以此为命者，非故效颦于茂叔，而袭成说于前人也；以芙蕖之可人，其事不一而足。"这一关键句，分析全文，可以看到，李渔是客观实际地介绍芙蕖的本身特点和价值；而周敦颐则是表达自己的主观感受，表现的是荷花所体现出来的精神风格。（意思对即可）

5题：考查说明文的分类知识和语言特点。本文的文学性首先表现在对芙蕖的描写上，如写荷叶"有风既作飘摇之态，无风亦呈袅娜之姿"、写荷花"娇娇欲滴"、写莲蓬"亭亭独立"，形象生动地表现出芙蕖的优美姿态，突出了芙蕖的"可目"。其次表现在文学性的语言，如"有风既作飘摇之态，无风亦呈袅娜之姿""避暑而暑为之退，纳凉而凉逐之生"等等，既充分显示了芙蕖的特点，又富有诗意音韵之美。

最后，请赏析这篇与生活密切相关的说明文。进一步了解说明文的功用。

### 你了解空气清新剂吗？

近日，河南长垣县一家 KTV 发生火灾，起火原因竟是电热器烘烤空气清新剂致其爆燃。此事引发人们对常用空气清新剂的重新认识。

很少有人想到空气清新剂会是一种易燃易爆物品。液体空气清新剂其实是一种气雾剂，其中的抛射剂，包括不燃性和可燃性两类。前者为氟烃类物质（如氟利昂），后者为低级饱和性碳氢化合物（丙烷、丁烷等）和醚类（二甲醚）。此外，也有使用压缩性气体增加气雾剂罐中压力的产品。由于许多气雾剂和喷雾剂原液中含有可燃性物质，所以无论在生产、运输和使用过程中，都可能发生爆炸。

在现实生活中，不少家庭为了防止居室产生污浊空气，往往用"香"来除臭。单从名字上看，空气清新剂应该能使空气清洁、气味清新。其实不然，空气清新剂名不副实，它是靠香味来遮掩异味，并不能真正改善空气的质量。它释放到空气中，本身就是一种污染物质，会在去除某种污染物或多或少的同时引入新的污染物（如氟利昂等）。早在2012年9月，中科院专家就对市面上常见的空气清新剂进行检测发现，绝大部分空气清新剂，超过40%的成分是萜类化合物，而这些化合物会与空气中的臭氧反应，生成甲醛和粒径小于0.1微米的超细微粒。

研究发现，带有某种馨香气体的某种挥发性溶剂被人体吸收后，会很快被吸收并侵入神经系统，使人产生"镇静"感。专家分析，这种药效与中枢神经镇静剂相近，当嗅者体验到某种快感后，会产生精神依赖。成瘾者选择自己喜欢的溶剂，强制性地每日重复吸入，结果引起慢性中毒。

因此，专家建议，除非特殊需要，应尽量减少空气清新剂的使用，尤其在日照强烈，易于生成臭氧的夏秋季节。当然，专家也特别强调，并不是市面上所有的空气清新剂都有毒害作用。如果选择较为知名的空气清新剂品牌，其成分是从天然植物中提取的，不含氯氟烃，或许会更可靠些。

从生活中的灾难入题，使人们意识到了解空气清新剂的重要性，这是说明时选择的角度。以传授知识为主，结合现实生活，文章是知识小品，它只是客观说明一个对象，是事物说明文，语言是平实、严谨的。除首段的引入外，先谈它的实质，再谈它在生活中的错误应用，然后谈它的危害性，最后提出建议，当然是逻辑顺序了。文章根据充足，分析充分，令人信服。可见，为达到说明的目的，既遵循了说明文文体知识的要求，又充分运用了说明文的不少必要手段，这样，就体现了说明文的许多特点，达到了良好的说明效果。